해방후 울릉도·독도 조사 및 사건관련 자료해제 II

– 1947년 조선산악회 울릉도·독도 학술조사 관련 신문·잡지 및 기타 자료 –

이 책은 2019년 대한민국 교육부와 한국연구재단의 지원을 받아 수행된 연구임.(NRF-2019S1A5B8A02103036)

영남대학교 독도연구소 자료총서 13
해방후 울릉도·독도 조사 및 사건관련 자료해제 II
– 1947년 조선산악회 울릉도 · 독도 학술조사 관련 신문·잡지 및 기타 자료 –

초판 1쇄 발행 2022년 10월 5일

편역자 ㅣ 최재목·이태우·김은령
발행인 ㅣ 윤관백
발행처 ㅣ 선인

등록 ㅣ 제5-77호(1998.11.4)
주소 ㅣ 서울특별시 양천구 남부순환로48길 1 1층
전화 ㅣ 02)718-6252 / 6257   팩스 ㅣ 02)718-6253
E-mail ㅣ sunin72@chol.com

정가 49,000원

ISBN 979-11-6068-707-1 94910
      978-89-5933-697-5 (세트)

· 잘못된 책은 바꿔 드립니다.

영남대학교 독도연구
자료총서 13

해방후 울릉도·독도 조사 및 사건관련 자료해제 II

－ 1947년 조선산악회 울릉도·독도 학술조사 관련 신문·잡지 및 기타 자료 －

최재목·이태우·김은령 편역

머리말

1

영남대 독도연구소에서 이번에 발간하는 독도자료총서 13권은 『해방 이후 울릉도·독도 조사 및 사건 관련 자료해제Ⅱ』이다. 이 책은 1947년 조선산악회의 울릉도·독도 학술조사 관련 신문·잡지 및 기타 자료를 모아 국한문혼용체로 된 당시의 원문을 국내 처음으로 현대문으로 번역한 것이다. 1947년 조선산악회 울릉도·독도 학술조사대의 조사활동과 감회, 조사후 보고기 등 당시 국내 언론에 보도된 관련 기사 내용을 모아 소개하고 이를 현대문으로 번역하여 가독성을 높였다.

이미 우리 연구소에서는 2017년에 독도자료총서 4권으로 『해방 이후 울릉도·독도 조사 및 사건 관련 자료해제Ⅰ』(이하 『자료해제Ⅰ』)을 간행한 바 있다. 1948년 독도폭격사건 관련 정부행정문서 자료를 모아 번역·해제한 자료집이다. 그러나 시기적으로 보면 이번의 『해방 이후 울릉도·독도 조사 및 사건 관련 자료해제Ⅱ』가 시기적으로 앞선 자료들을 수록하고 있는 셈이다.

더구나 2017년 발간된 독도자료총서 4권은 비매품 한정판으로 제작되었던 탓에, 학계와 관계, 시민단체 등 많은 관심 있는 분들의 수요에 부응할 수 없었다. 이에 독도자료총서 13권의 권말에 부록으로 독도자료총서 4권(『자료해제Ⅰ』)을 함께 수록하기로 하였다. 따라서 그동안의 아쉬움과 부담감을 덜 수 있게 되었다.

2

1947년은 대한민국의 독도영유권을 대내외적으로 널리 알리고 대한민국 전 국민이 최초로 한국령 독도의 존재를 인식할 수 있게 된 해이다. 또한 독도 영토주권에 대한 국가적, 국민적 인식이 언론 매체를 통해 확산될 수 있었고, 특히 독도를 우리 국토의 일부로 재확인하기 위한 과도정부와 학계의 노력이 조선산악회를 중심으로 시작된 해였다는 점에서 중요한 의미를 갖는다.

이 책에 소개된 자료들에서 확인할 수 있듯이 일제강점기하에서 해방을 맞은 직후인 1947년 과도정부가 기획하고 추진한 울릉도·독도 학술조사는 독도현대사의 시작과 함께 독도에 대한 한국의 실질적·실효적 지배의 서막을 연 획기적 학술조사활동이었다고 평가할 수 있다.

3

이 책은 본문 3장과 부록으로 구성되어 있다.

제1장에 수록된 자료들은 대부분 1947년 조선산악회 울릉도·독도 학술조사대 활동에 대한 신문 보도기사로 1947년 8월 조선산악회 탐사가 본격적으로 조사활동을 시작한 직후부터 이들의

조사활동 상황을 집중적으로 보도하고 있다. 이들 보도 자료는
『서울신문』을 비롯, 중앙에서 발행되는 『동아일보』·『조선일보』·
『한성일보』와 『공업신문』 등에서 보도한 신문기사로 학술조사대
의 울릉도 현지 활동에 대한 보도와 학술조사대의 결과물인 '귀
환보고 강연회'와 '울릉도 보고전'에 대한 소식을 전하고 있다.

　제2장에 수록된 자료들은 1947년 8월 조선산악회 울릉도·독
도학술조사대가 현지 조사 활동과 관련해 신문지상에 발표한 기
고문이다. 당시 학술조사대에 함께 참여했던 전문가들이 학술조
사 보고문 형식으로 기고한 기사들이 많이 실려 있음을 알 수 있
다. 내용면에서 보면 조사활동 후의 감회와 결과보고 성격의 기
사가 많다. 기고문에는 처음 울릉도를 찾는 감회부터 울릉도 생
활 풍습, 바다생물, 식물은 물론 차후 울릉도의 발전에 대한 제
안까지 다양한 형식으로 된 조사단의 답사 글이 수록되어 있다.

　제3장에 수록된 자료들은 1947년 조선산악회 울릉도·독도 조
사 관련 자료 중에서 신문지상이 아닌 잡지에 발표한 글과 이 조
사활동을 기획하고 주최한 기관인 〈조선산악회〉에서 발행한 관
련문서 등 8편의 글을 수록하고 있다. 마지막에 수록한 「울릉
도·독도 학술조사대」는 『한국산악회50년사』(1996)에 실렸던 글
로 울릉도·독도학술조사대의 활동성과를 종합정리하여 소개하
고, 조사대 활동의 성과와 의미를 평가하고 있기에 함께 실었다.

　마지막으로 부록 편에는 앞서 언급한 바와 같이 기존에 발간
한 독도자료총서 4권 『해방 이후 울릉도·독도 조사 및 사건관련
자료해제 I 』을 재수록 하였다.

4

이 책에 수록된 신문·잡지 기사자료와 조선산악회 발행 문서 자료는 국립중앙도서관 대한민국 신문아카이브, 외교부 독도자료실, 동북아역사재단 독도연구소 자료실 등 웹사이트상에 공개된 자료들과 「아단문고」에서 제공해준 자료의 도움을 받아 이루어졌음을 밝혀둔다.

1947년 조선산악회 학술조사대 활동과 관련해 이 책에서 소개되지 못한 신문기사들도 여러 건이 있었다. 그 이유는 75년 전에 발행된 신문의 기사들이 글자를 판독하기 어려울 정도의 상태였기 때문이다. 또한 편역자들의 노력에도 불구하고 아직까지 발굴하지 못한 자료들도 적지 않을 것이다. 이 책에 수록되지 못했지만 앞으로 추가 발굴되는 자료들을 모아서 증보판에서는 더 많은 자료가 소개될 수 있기를 기대한다.

마지막으로 어려운 출판사의 여건에도 불구하고 이 책이 출간될 수 있도록 수고와 노력을 아끼지 않으신 도서출판 선인의 윤관백 사장님 이하 편집진들에게 감사의 마음을 전해드린다.

2022. 10. 5.
편역자 일동

〈일러두기〉

◆ 이 책은 1947년 조선산악회 울릉도·독도학술조사 활동에 관한 신문
자료와 잡지 및 한국산악회 보고서 자료를 수록한 것이다.

◆ 배열은 신문보도자료·신문기고자료·잡지 및 기타 순으로 하였다.
신문자료는 날짜순으로 배열하였다.

◆ 기사 내용은 띄어쓰기, 외래어 표기 등 현대의 한글 맞춤법에 따라
교정하였다.

◆ 한자는 한글로 바꾸고 한글만으로 이해가 어려운 글자는 한글(한자)
로 병기하였다.

◆ 검색 사이트를 통해 해당 기사나 관련 기사를 쉽게 찾아 볼 수 있도
록 기사 제목은 원문 그대로 실었다.

◆ 인쇄 상태가 좋지 않아 알아 볼 수 없는 글자는 'ㅁ'로 표기하였다.

목 차

II. 신문 기고자료

III. 잡지 및 조선산악회 자료

부록

| 해설 |

조선산악회(한국산악회)의
울릉도·독도 조사활동(1947~1953)

　광복 후 한국정부는 영토주권 수호를 위해 독도를 관리하기 위한 노력을 꾸준히 기울여 왔는데, 그 일환으로 이루어진 것이 1947~1953년 3차에 걸친 조선산악회(한국산악회) 울릉도·독도 학술조사단의 파견이다. 물론 1947년 제1차 울릉도·독도 학술조사는 당시 미군정 치하에서 과도정부의 주도적 계획에 의해 실행되었다기 보다는 조선산악회의 계획과 준비가 먼저 진행되던 중, 독도영유권과 관련한 과도정부의 독도조사의 필요성이 시급하게 되어 공동으로 조사대를 파견한 것으로 볼 수 있다.[1]

　아래 표에서 확인할 수 있듯이 3차에 걸쳐 진행된 학술탐사일자는 총 32일이며, 참가인원은 총 177명이다. 독도에 대한 조사를 실시한 일자는 총 4일이다. 그렇지만 2차 조사 때는 독도에 도착하기 직전 미공군기의 '독도폭격'으로 인해 아쉽게 되돌아올 수밖에 없었다. 조사계획을 수립하고 실행했던 '조선산악회'는 2차 조사 때부터는 '한국산악회'로 명칭을 바꾸어 조사를 계속 수행했다.

---

1) 홍성근, 「1947년 조선산악회의 울릉도학술조사대 파견 경위와 과도정부의 역할」, 『영토해양연구』 23, 2022.6. 129~165쪽 참조.

〈표 1〉 조선산악회(한국산악회) 울릉도·독도 학술조사일자 및 참가인원

구분	울릉도·독도 전체 조사일자	참가인원 (단장)	독도조사일자	비고
1차 조사	1947.8.16.~ 1947.8.28.(13일)	80명 (송석하)	1948.8.20. (1일)	조선산악회, '남면 독도' 표주 세움
2차 조사	1952.9.17.~ 1952.9.28.(12일)	36명 (홍종인)	1952.9.22. (1일)	한국산악회, 미공군 독도폭격으로 독도 인근에서 사진 촬영 후 철수
3차 조사	1953.10.11.~ 1953.10.17.(7일)	61명 (홍종인)	1953.10.14.~ 1953.10.15. (2일)	한국산악회, 영토표 지석 설치
계	총32일	총177명	총4일	

울릉도·독도 학술조사단의 공식 명칭과 관련해서 당시 언론 기사를 보면 '학술조사대' 또는 '학술조사단'이라는 명칭을 언론사 마다 각기 다르게 사용하고 있다. 1차 조사 때는 '학술조사대'라는 명칭이 좀 더 많이 사용되고 있지만, 2차와 3차 조사 때는 '학술조사단'으로 명칭을 단일화해서 쓰고 있다. 아무래도 '조사대'보다는 '조사단'이 정부에서 공식적으로 파견한 전문연구자들로 구성된 단체라는 의미와 성격을 보다 강하게 드러낸다고 볼 수 있다. 따라서 '한국령 독도'를 재확인하기 위한 동일한 목적의 조사활동을 두고 조사단에 대해 상이한 명칭을 사용할 경우 혼동이나 오해의 소지가 있기 때문에 이하에서는 1차~3차 조사에 공통으로 '울릉도·독도 학술조사단'으로 명칭을 통일해서 사용하고자 한다.

1. 1947년 제1차 울릉도·독도 학술조사
(1947.8.16.~1947.8.28.)

제1차 울릉도·독도 학술조사단[2]은 1947년 8월 16일부터 8월 28일까지 약 2주일간 조선산악회(한국산악회의 전신) 주최로 조사활동을 진행하게 되었다. 학술조사단의 일원으로 조사활동에 참여한 국사관장 신석호는 당시 학술조사단 출범 상황과 관련해 다음과 같이 진술하고 있다.

독도는 … 1945년 9월 5일자 미국의 최초의 대일방침을 발표하여 「일본의 주권은 본주(本州) 북해도 구주(九州) 사국(四國)의 4대도에 한한다」 하였고, 동년 10월 13일자 연합군최고사령부의 공시 제42호로서 일본인의 어업구역의 한계선을 결정한 맥아더 라인(MacArthur Line)을 발표하였는데 그 선이 독도 동방 12해리상을 통과하였으므로 우리는 독도가 당연히 우리나라 영토로 편입된 줄 알았다. 그런데 1947년(단기 4280년) 7월 11일에 미극동위원회가 … 대일기본정책을 발표하게 되자 일본은 독도를 일본영토라고 여론을 일으켰다. 이에 우리나라에 처음으로 독도문제가 일어나 동년 8월 16일부터 약 2주일간 한국산악회 주최로 제1차 학술조사단이 독도에 가게 되었으며 정부에서도 여러 가지 초치를 취하였다.[3]

---

2) 1947년 미군정 과도정부 하에 조직된 "조선산악회" 주최 「제1차 울릉도·독도 학술조사대」는 1948년 정부수립 후 "한국 산악회"로 명칭을 변경하고, 제2차(1952년), 제3차(1953년) 「울릉도·독도 학술조사단」을 구성하여 조사를 계속하였다.
3) 신석호, 「독도의 내력」, 『독도』, 대한공론사, 1965. 16쪽.

1947년 미 극동위원회가 "대일기본정책"을 통해 일본의 영토를 "본주(本州) 북해도(北海島) 구주(九州) 사국(四國)의 제도(諸島)와 금후 결정될 수 있는 주위의 제소도(諸小島)에 한정"할 것이라고 발표하였다. 이에 따라 샌프란시스코평화조약 이전에 일본의 영토를 최대한 확장하려던 일본은 독도를 자국영토라고 주장하게 되었다. 이 소식을 접한 과도정부는 독도영유권을 재확인하고 독도를 조사하기 위해 1947년 8월 16일부터 8월 28일까지 조선산악회 주최로 제1차 울릉도·독도 학술조사단을 독도로 파견하게 되었다.[4]

1947년 8월초 과도정부는 안재홍(安在鴻) 민정장관(民政長官)을 위원장으로 하는 '독도에 관한 수색위원회'를 조직하였으며, 8월 4일에는 중앙청에서 관계 공무원·전문가 합동회의를 개최하였다. 회의를 통하여 역사적 문헌 발굴과 현지조사 등 2가지 과제를 결정하고 독도조사단을 파견하기로 결정하였다. 이렇게 볼 때 1947년 "울릉도학술조사 계획"은 조선과도정부 민정장관 안재홍의 명령으로 "조선산악회 주최, 문교부 후원"으로 이루어진 것으로 볼 수 있다. 그렇지만 조선산악회 문서를 보면 그동안 산악회 사업으로 진행해오던 '제4회 국토구명사업'의 일환으로 이미 1946년 가을부터 울릉도 조사를 계획하고 준비하던 중 과도정부의 요청이 시의 적절하게 이루어져 공동으로 조사단을 구성하여 파견했고 볼 수 있다.

1947년 제1차 울릉도·독도 학술조사단은 과도정부 독도조사

---

4) 유하영, 「조선산악회 울릉도 독도 학술조사의 국제법상 의미와 증거 가치」, 『동북아연구』 35권 2호, 조선대학교 동북아연구소, 2020. 67~68쪽.

단 4명(국사관장 신석호, 외무처 일본과장 추인봉, 문교부 편수관 이봉수, 수산국 기술사 한기준)과 조선산악회장 송석하(宋錫夏)를 대장으로 한 각 분야 전문가 63명, 경상북도청 공무원 2명, 제5관구 경찰직원 11명을 포함하여 총 80명에 달하는 대규모 학술조사단이었다.[5]

조선산악회에서 작성한 「1947년 8월 울릉도학술조사」 계획서에는 이번 학술조사가 조선산악회 주최, 문교부 후원으로 이루어졌음을 밝히고 있다. 4쪽으로 된 이 계획서에는 학술조사의 취지, 일정표, 각 반의 편성과 과제, 도민위문행사, 보고와 연구발표 순으로 이루어져있다.[6]

이 계획서 자체에는 의도적으로 '울릉도 학술조사'라고만 한정되어 '독도' 조사에 관한 내용이 포함되어 있지 않은 것으로 보이나 독도조사단 파견이 미리 예정되어 있었던 것으로 보인다. 이 문서의 계획표상에는 8월 22~23일 '자유탐사'를 하는 것으로 일정표상에 나타나 있지만 실제로는 자유탐사가 독도 학술조사를 위한 것이었다. 변화무쌍한 독도주변의 기상상황으로 인해 독도조사 일자를 확정하지 않고 '자유탐사'로 정해놓았다가 1947년 8월 18일 울릉도에 도착 직후 기상상황이 좋은 8월 20일을 정해 가장 먼저 독도 조사를 실시하였다. 하루 24시간도 되지 않은 짧은 조사시간이었지만 조사단은 독도를 실지 조사한

---

5) 신석호, 「독도소속에 대하여」, 『사해(史海)』 제1권 1호, 1948.12. 90쪽; 홍종인, 「울릉도 학술조사대 보고기(1), 『한성일보』, 1947.9.21.; 한국산악회, 「울릉도 독도 학술조사대」, 『한국산악회50년사』, 1996. 81~82쪽 참조.
6) 조선산악회, 「1947년 8월 울릉도학술조사」, 1947.8.

후에 독도가 한국영토 임을 확인시켜주는 2개의 표목을 세우고 돌아왔다.

1947년 제1차 울릉도·독도 학술조사는 기본적으로 조선산악회의 계획과 준비 하에 과도정부의 전폭적인 지원이 함께 이루어진 민·관 협동조사라고 할 수 있다. 특히 독도영유권과 관련하여 제1차 울릉도·독도 학술조사는 과도정부가 민정장관을 위원장으로 하는 '독도 수색위원회'를 조직하고, 이 위원회가 관계기관·전문가 회의를 통해 독도현지조사단 파견을 결정한 점, 또 조사단의 조직과 구성, 그리고 8월 16일 서울을 출발한 조사단이 8월 18일 포항에서 해안경비대 소속 대전환(大田丸)호에 승선해 울릉도로 향한 점 등은 당시 학술조사가 정부 차원의 "승인과 지원"에 따른 공식조사활동이었음을 입증하는 것이다.[7]

8월 16일부터 28일까지 13일 간의 울릉도·독도 종합답사 후 서울로 귀환한 조사단은 보고강연회와 전람회 개최, 조사보고서 작성과 언론 보도, 개별적 신문·잡지 기고와 자료공개 등 다양한 방식으로 조사결과를 결산, 정리하였다. 그러나 조사단의 활동 결과물들이 한국전쟁 과정에서 대부분 소실되거나 망실되어서 상세한 활동내용과 활동 전모를 밝히는데 어려움이 따른다. 아쉽지만 현재까지 남아 있는 신문·잡지 및 약간의 문서를 통해 학술조사단의 활동 내용을 파악하는데 그칠 수밖에 없다.

아래에 소개하는 표는 학술조사를 마친 후 신문·잡지·문 등 여러 매체를 통해 울릉도·독도의 인문·자연·지리·사람·학술조

---

7) 박현진, "독도 실효지배의 증거로서 민관합동 학술과학조사 - 1947년 및 1952~53년 (과도)정부·한국산악 회의 울릉도·독도조사를 중심으로 -." 『국제법학회논총』 제60권 3호, 2015, 65쪽.

사계획 등을 소개한 기사 또는 자료의 목록이다.

1947년 울릉도·독도 학술조사단 활동 관련 신문·잡지 기사 및 자료 목록
• 「왜적 일본의 얼빠진 수작」, 『대구시보』, 1947.6.20. • 「판도에 야욕의 촉수 못 버리는 일인의 침략성」, 『동아일보』, 1947.7.23. • 「독도문제 중대화」, 『동아일보』, 1947.8.3. • 「우리의 국토 추 일본 과장 담」, 『동아일보』, 1947.8.3. • 「울릉도답사대, 조선산악회서 파견」, 『한성일보』, 1947.8.3. • 「독도는 우리 판도, 역사적 증거문헌 발견, 수색회서 맥사령(司令)에 보고」, 『동아일보』, 1947.8.5. • 「독도는 우리 땅, 사적 증거문헌 발견」, 『동광신문』, 1947.8.7. • 「독도조사단 16일 등정」, 『대구시보』, 1947.8.17. • 「울릉도학술조사대 출발」, 『자유신문』, 1947.8.20. • 「울릉도학술조사대, 현지착 활동에 착수」, 『서울신문』, 1947.8.22. • 「독도를 탐사」, 『대구시보』, 1947.8.22. • 「울릉도학술답사대, 독도답사, 의외의 해구 발견」, 『조선일보』, 1947.8.23. • 「동해 신비경인 독도의 생태에 황홀, 산악회조사대」, 『자유신문』, 1947.8.24. • 「성인봉을 답파, 과학하는 조선」, 『공업신문』, 1947.8.28. • 「독도는 이런 곳」, 『남선경제신문』, 1947.8.27. • 「독도는 이런 곳」, 『남선경제신문』, 1947.8.28. • 권상규, 「동해의 孤島 울릉도기행(1)」, 『대구시보』, 1947.8.27. • 권상규, 「울릉도기행(2)」, 『대구시보』, 1947.8.29. • 「독도사진공개, 본사 최촉탁 촬영」, 『대구시보』, 1947.8.30. • 「독도사진」, 『대구시보』, 1947.8.31. • 송석하, 「수력발전도 가능」, 『자유신문』, 1947.9.1. • 「독도 가제에 대하여」, 『자유신문』, 1947.9.1. • 석주명, 「울릉도의 연혁」, 『서울신문』, 1947.9.2. • 석주명, 「울릉도의 자연」, 『서울신문』, 1947.9.9. • 석주명, 「울릉도의 人文」, 『신천지』 제3권 제2호, 1948년 2월.

- 「울릉도사진」, 『대구시보』, 1947.9.3.
- 「울릉도사진」, 『대구시보』, 1947.9.4.
- 「울릉도사진」, 『대구시보』, 1947.9.5.
- 특파원, 「절해의 울릉도: 학술조사대 답사①」, 『조선일보』, 1947.9.4.
- 김원용, 「울릉도의 여인」, 『서울신문』, 1947.9.6.
- 「울릉도조사대의 귀환보고강연회」, 『서울신문』, 1947.9.9.
- 「울릉도보고, 10일에 강연회」, 『공업신문』, 1947.9.9.
- 구동련, 「울릉도기행(1) 포항지국 구동련」, 『수산경제신문』, 1947.9.20.
- 구동련, 「울릉도기행(2) 포항지국 구동련」, 『수산경제신문』, 1947.9.21.
- 구동련, 「울릉도기행(3) 포항지국 구동련」, 『수산경제신문』, 1947.9.23.
- 구동련, 「울릉도기행(4) 포항지국 구동련」, 『수산경제신문』, 1947.9.24.
- 「울릉도 학술조사대 보고기(1) 홍종인」, 『한성일보』, 1947.9.21.
- 「울릉도 학술조사대 보고기(2) 홍종인」, 『한성일보』, 1947.9.24.
- 「울릉도 학술조사대 보고기(3) 홍종인」, 『한성일보』, 1947.9.25.
- 「울릉도 학술조사대 보고기(4) 홍종인」, 『한성일보』, 1947.9.26.
- 방종현, 「독도의 하루」, 『경성대학 예과신문』 13호, 1947.9.28.
- 「독도의 국적은 조선, 입증할 엄연한 증거자료 보관」, 『공업신문』, 1947.10.15.
- 「울릉도 보고전」, 『서울신문』, 1947.11.5.
- 「울릉도전시회에 도민대표가 상경」, 『대구시보』, 1947.11.8.
- 홍구표, 「무인독도 답사를 마치고(기행)」, 『건국공론』 11월호(제3권 제5호), 1947.11.
- 홍종인, 「울릉도보고전을 열면서」, 『서울신문』, 1947.11.15.
- 윤병익, 「가제(於獨島)」, 『서울신문』, 1947.11.15.
- 윤병익, 「가제(於獨島)」, 『서울신문』, 1947.11.18.
- 울릉도학술조사대장 송석하, 「고색창연한 역사적 유적 울릉도를 찾어서!」, 『국제보도』, 1947.12.
- 홍종인, 「동해의 내 국토, 슬프다 유혈의 기록: 답사회고」, 『조선일보』, 1948.6.17.

- 신석호, 「독도소속에 대해서」, 『사해』, 제1권 제1호, 1948년 12월호.
- 조선산악회, 「1947년도 조선산악회 사업개황(보고)」, 1947.
- 조선산악회, 「위원 피선 및 제22회 위원회 소집 통지의 건」, 1947. 5.12.
- 조선산악회, 「해안경비대 공문」, 1947.7.30.
- 조선산악회, 「1947년 8월 울릉도학술조사」, 1947.8.
- 한국산악회, 「울릉도 독도 학술조사대」, 『한국산악회50년사』, 1996.

2. 1952년 제2차 울릉도·독도 학술조사 (1952.9.17.～9.28.)

1947년 조선산악회 주최로 실시되었던 제1차 학술조사에 이어, 1952년에는 단체명을 한국산악회로 바꾸어 제2차 독도조사단이 다시 구성되었다. 1952년 1월 18일 한국의 "해양주권선언"('평화선' 또는 '이승만 라인')이 있은 직후, 1952년 1월 20일 일본 외무성은 성명을 발표하고, 독도에 대한 일본의 영유권 주장을 또다시 들고 나왔다. 일본 외무성은 "강화조약에서 우리에게 귀속된 우리의 독도까지도 한국에 속하게 될 것"이라고 주장하였는데, 여기서 일본이 "독도가 일본령에 귀속되었다"고 주장한 것은 매우 주목할 만한 부분이었다.[8]

1952년 제2차 울릉도·독도학술조사에서도 정부와 산악회가 공동으로 조사단을 구성하였다. 한국산악회 주최와 문교부·외무부·국방부·상공부·공보처 후원으로 구성된 이 조사단의 명

---

8) 유하영, 앞의 논문, 69쪽.

칭은 공식적으로 "울릉도·독도 학술조사단"이었다. 박병주 교수
가 국회도서관에 기증한 「(단기 4285년 7월) 울릉도·독도학술
조사단 파견계획서」·「(단기 4285년 9월」 울릉도·독도학술조사
단 파견계획서」에 1952년 독도학술조사단이 구성된 과정을 소
상히 파악할 수 있는 내용이 잘 나타나 있다.[9]

한국산악회는 제2차 학술조사단 파견에 앞서 성명서를 발표
하였는데, 「울릉도·독도 학술조사단 출발에 제(際)하여」라는 이
성명서에서 조사단 파견의 목적이 "독도가 우리 울릉도의 부속
도서로서 우리 영토"[10]임을 밝히는 것이라고 대내외에 천명했다.

제2차 울릉도·독도 학술조사단은 총 36명으로 구성되었다.
2차 학술조사단의 대장은 1차 학술조사 때 부대장이었던 홍종인
(洪鐘仁)이 대장을 맡게 되었다. 2차 학술조사 때에는 잠수부도
동행하였다. 조사단과 함께 간 잠수원에는 해녀도 17명이 포함
되었다. 이때 해녀 잠수부들이 동원된 이유는 독도 주변 지형에
대한 자세한 조사를 하기 위해서였다.[11]

당시 정부는 조사단에 범정부적 지원을 제공하였다. 조사단은
태풍으로 인해 예정보다 5일 늦게 9월 17일 부산항에서 교통부
부산해사국 등대순항선 진남호(鎭南號: 305톤)에 승선하여 다
음날 울릉도 도동항에 도착하였다. 그런데 측량·측지반 박병주
의 조사보고에 따르면 1952년 9월 22일 독도인근 해상에 도착

9) 정병준, 『독도1947』, 돌베개, 2010. 829쪽.
10) 한국산악회, 「鬱陵島·獨島 學術調査團 출발에 際하여」, 『1952~
1953년 독도 측량−한국산악회 울릉도 독도 학술조사단 관련 박병
주 교수 기증자료−』, 국회도서관 편, 날짜 미상, 122~123쪽.
11) 김정태, "한국산악회30년사" 중 「1951년 9월 18일~26일: 제주도파
랑도학술조사대 파견」." 한국산악XI(1975·1976년호), 1977, 35쪽.

했을 때 군용기 3대가 나타나 진남호의 존재를 무시한 채 계속 독도를 폭격하였다. 어쩔 수 없이 조사단은 상륙을 포기하고 독도 주위를 순회하며 사진만 찍고 철수하였다. 당시 홍 단장의 전문(電文)에 의하면 학술조사단은 측지반을 중심으로 약 3일간 독도에 체류하며 조사활동을 펼칠 계획이었다.[12]

당시 상황을 한국산악회 부회장인 홍종인(洪鍾仁)은 다음과 같이 보고하고 있다.[13]

보고서

1. 한국산악회의 울릉도 독도 학술조사단 일행 36명은 교통부 소속선 진남호로 16일 오전 무사히 울릉동 동항구에 도착하여 19일 곧 독도로 향할 예정이었으나 독도에는 최근에도 미군비행기가 틀림없으리라고 인정되는 비행기 1대가 폭탄을 던져서 출어중의 어민이 화급히 퇴피(退避)치 않을 수 없었다는 사실을 알게 되어 본조사단에서 즉시 해군본부 총참모장에게 이 사실을 통지하는 동시에 본조사단의 안전한 항해를 보장하기 위하여 공군관계당국에 연락하기를 청탁하고 19일의 행동을 유예하고 있음.
2. 독도의 폭격사건인 즉 지난 9월 15일 오전 11시경 울릉도 통조림공장 소속선 광영호가 해녀 14명과 선원 등 합 33명이 소라 전복 등을 따고 있던 중, 1대의 단발비행기가 나타나서 독도를 두 번 돌면서 4개의 폭탄을 던졌는데 이 때문에 어민들이 곧 퇴피에 착수하자 비행기는 남쪽 일본 방향으로 날아갔다는 것이다. 독도 출어에 대해서는 울릉도 어민들이 간절히 원하는 바, 이어서 4월 25일 한국공군고문관을 통하여 미군 제5공군에 조회했던바 5월 4일부터 독도와 그 근

---

12) 박현진, 「독도 실효지배의 증거로서 민관합동 학술과학조사 – 1947년 및 1952~53년 (과도)정부·한국산악회의 울릉도·독도 조사를 중심으로 –」, 70~71쪽 참조.
13) 외무부정무국, 『독도문제개론』, 1955, 43쪽.

방에 출어가 금지되었다는 사실이 없고, 또 극동군의 연습폭격목표
로 되어 있지 않다는 회답이 있어서 한국 공군총참모장으로부터 경
상북도를 통하여 울릉도에도 통보되었던 것임에도 불구하고 이번에
하등의 경고도 없이 폭탄투하가 있었기 때문에 울릉도 도민들은
1948년 6월 30일[14]의 30명의 사망자를 낸 미공군의 폭격사건의 참
담한 지난 기억을 다시 생각하고 불안공포를 느끼며 미군당국의 통
보를 믿기 어렵다는 생각을 가지고 있다.

3. 독도의 어업상황을 듣건대 금년 봄에는 미역 만도 2억 엔 이상을 뜯
고, 지금도 소라와 전복이 많이 묻혀 있는 것을 확인하고 가난한 어
민들은 그 채취를 위하여 정부고위층에서 신속히 안전책을 강구하
여 보장해 주기를 갈망하고 있다. 우리정부의 관계관으로서는 절해
고도의 국민으로 하여금 믿을 것을 믿게 하여 생활근거를 더 유리하
게 해결시켜 주도록 함이 있어야 할 것으로 본다.

4. 본조사단의 해군총참모장으로부터 우리 공군당국과 미 해군당국과
의 만전의 연락결과의 통지가 있기를 기다려 불일 중 독도로 출발하
여 측지반을 중심으로 한 일부단원은 3일간 독도에 체재하여 작업
을 진행할 예정이다.

조사단장 홍종인

제2차 학술조사단에게 범정부 차원의 지원이 있었는데 총예
산은 정부예산 2,957만 9,000원과 한국산악회 자체 예산 300만
원을 포함해 총 3,257만 9,000원이 책정되었다. 자체예산 300만
원은 참가자 60명의 등록금(회비) 5만 원씩을 계산한 것이며 이
를 제외한 예산 부족액은 2,975만 9,000원이었다.[15]

---

14) 1948년 6월 8일 있었던 독도폭격사건 일자의 오기임. 미군의 독도
폭격사건으로 인해 사망한 울릉도와 동해안 연안 어민들의 숫자는
현재까지 16명으로 밝혀져 있다.

15) 유하영, 앞의 논문, 71쪽 참조.

10월 9일에는 부산시의회 의사당(부산시청 회의실)에서 제2차 울릉도·독도 학술조사 보고강연회를 개최했다. 이 강연회에서는 학술조사단원으로 참가했던 전문가들의 발표가 있었다. 홍종인이 「독도문제」, 박병주가 「독도측량계획」, 유홍렬이 「역사상으로 본 독도」, 홍이섭이 「독도이야기」, 김원용이 「울릉도의 유물과 유적」, 이지호가 「울릉도의 땅과 사람」, 전찬일이 「동해수산과 독도」, 임기홍이 「울릉도의 식물과 육수(陸水)」, 김정태가 「독도조사 운행(運行)」을 각각 발표하였다.[16)]

3. 1953년 제3차 울릉도·독도 학술조사 (1953.10.11.~1953.10.17.)

1953년 5월~7월 사이에 일본 해상보안청·수산시험장의 순시선·시험선 등이 수시로 독도 해역을 불법침입하고 독도 불법상륙을 저질렀다. 1953년 5월 28일 일본인의 독도 불법상륙과 한국 어민의 철수 강요 및 불법심문, 6월 27일 역시 독도 불법상륙과 한국 어민 철수 강요 및 불법심문, 그리고 일본 영토 표목 설치 등은 식민지 트라우마를 안고 있었던 모든 한국인들을 분노케하였다. 특히 7월 3일 경북경찰국이 일본이 세워 놓은 '일본령' 주장 표목·게시판을 철거한 사실이 언론 등을 통해 확인되자 한국 국내 여론은 급격히 악화되었다.[17)]

1953년 7월 7일 외무부는 국방부에 일본정부가 독도에 '일본

---

16) 「독도조사단 9일 보고회 개최」, 『동아일보』 1952.10.8.
17) 정병준, 『독도1947』, 829쪽.

령 표식'을 세웠는지 확인하기 위해 해군함정을 파견해달라고
요청했다. 이에 따라 국방부는 사건조사를 위해 7월 8일 해군군
함 한 척을 독도로 파견했고, 이 군함은 약 일주일간 초계활동을
벌였다. 7월 10일 경상북도의회는 대통령에게 독도 수호를 위한
적극적 조치를 건의했다.[18]

일본이 이러한 도발적 행동을 취한 것은 당시 진행 중이던 제
2차 한일회담(1953.4.15.~7.13.)과 깊은 관련이 있다. 일본은
한일회담과 어업협상을 진행하는 한편으로 독도에 대한 불법침
입과 한국인 심문 등 강제력을 동원하고 있었던 것이다. 한마디
로 외교와 실력을 함께 행사한다는 전략이었다.

1953년 7월 8일 국회 제19차 본 회의는 "산악회를 포함한 강
력한 현지조사단을 독도에 파견함에 원조하라"는 결의를 채택했
다. 이 결의에 따라 한국산악회가 제3차 조사단 파견계획을 추
진하도록 하였다. 한국산악회는 1953년 7월과 9월 2차례에 걸
쳐 제3차 울릉도·독도 학술조사단 재파견 계획서를 작성, 정부
의 적극적인 후원 하에, 대원 38명과 경상북도청 공무원 3명과
울릉도 관계자 20명 등 총 61명으로 조사단을 구성하였다.[19]

제3차 울릉도·독도 학술조사단 파견의 목적과 과제는 1952년
조사에 비해 보다 명확해졌다. 1953년도에는 일본의 독도 불법
점거와 영토표지 설치 등이 공공연하게 진행되고 있었기 때문에
조사단의 파견목적 제1항이 독도와 인근 수역에 대한 조사로 제
시되었다. 3차 학술조사에서 중점적으로 조사한 부분은 독도와

---

18) 유하영, 같은 글, 73쪽 참조.
19) 국회도서관(박병주) 편, 『박병주 교수 기증자료』(1953년 7월 계획
　　서), 143쪽.

부근 수역의 과학조사(지질, 기상, 해양, 생물, 수산, 역사, 지리) 및 독도 측지와 지도 작성 등이었다. 이것은 1947년 및 1952년 조사의 미비점을 인식하고 이를 보완하기 위한 중요한 진전인 동시에 국제법 측면에서도 실효지배의 증거자료 생산을 목적으로 한 것이었다.[20]

현재 국회도서관에는 1953년 독도조사와 관련해 두 개의 계획서가 남아 있다. 1952년의 경우처럼 한국산악회는 7월과 9월 두 차례 계획서를 수립했다.[21] 한편 한국 영토임을 알리는 독도 표지는 최초 1947년 8월 20일 제1차 학술조사단이 동도에 두 개의 표목을 세웠는데, 오른쪽 표목에는 '조선 울릉도 남면 독도(朝鮮 鬱陵島 南面 獨島)'라고 썼고, 왼쪽 표목에는 '울릉도, 독도 학술조사대 기념(鬱陵島, 獨島 學術調査隊 紀念)'이라고 썼다.[22] 그러나 조사단이 독도조사를 마치고 돌아간 후 독도에 불법 상륙한 일본인들은 이 표목을 철거하고 '일본영토 표목'을 설치하였다. 이후 독도의용수비대와 독도경비대가 독도에 주둔 할 때까지 한일 간에 뺏고 재설치하는 '표목전쟁'이 반복적으로 이어졌다.

1953년 10월 15일 제3차 울릉도·독도 학술조사단(단장 홍종인)은 전해인 1952년 제2차 울릉도·독도 학술조사단이 설치하려고 준비했지만 미군의 독도폭격연습으로 인해 설치하지 못했던 암석재질의 영토표지석을 독도에 설치하고 돌아왔다.

---

20) 유하영, 위의 논문, 74쪽 참조.

21) 『박병주교수 기증자료』, 143~153, 155~159쪽.

22) 정병준, 앞의 책, 138~139쪽 참조. 특히 139쪽 홍종인이 촬영한 영토표목 사진 참조.

〈그림 1〉 1947년 제1차 울릉도·독도 학술조사단이 설치한 표목

4. 울릉도·독도 학술조사 활동의 의의

　1947년 8월 16일~28일 13일간의 울릉도·독도 학술조사를 마치고 돌아온 조사단의 활동 결과는 신문과 잡지 등 대중매체를 통해 국민들에게 알려졌다. 지금까지 이 글에서 소개한 1947년

울릉도·독도 학술조사 관련 자료들을 검토해보면, 울릉도·독도 학술조사 실시 전후 국내 신문·잡지 등을 통해 학술조사단의 출발소식과 함께 울릉도·독도의 인문·자연·지리·사람 등을 소개한 자료들이 주종을 이룬다.

조사단 관련 신문보도기사와 신문기고문을 합쳐 현재까지 파악된 신문기사 건수는 총 47건에 이르며, 1947년 8월 조선산악회 울릉도·독도 학술조사단이 본격적으로 조사활동을 시작한 직후부터 집중적으로 보도하고 있음을 알 수 있다.[23] 이들 신문기사 자료를 보면(2021년 12월 31일 현재)『대구시보』11건, 『서울신문』9건, 『한성일보』5건, 『동아일보』4건, 『자유신문』4건, 『수산경제신문』4건, 『공업신문』3건, 『조선일보』3건, 『남선경제신문』2건, 『동광신문』1건, 『경성대학 예과신문』에서 1건씩 확인된다.

이 밖에도 잡지에 소개된 '울릉도·독도 학술조사단'의 조사결과는 해당분야 전문가들의 조사보고 기사와 논문으로 작성되어 『신천지』, 『건국공론』, 『국제보도』, 『사해』에 각각 수록되어 있다. 특히 조선산악회에서 작성한 문서 4건에는 전년도인 1946년 가을부터 이미 울릉도·독도 학술조사를 위해 조직적이고 체계적으로 준비한 과정들이 잘 나타나 있음을 확인할 수 있다.

1947년 조선산악회와 과도정부가 함께 실시한 울릉도·독도 학술조사는 해방 후 한국(과도)정부의 영토주권 수호를 위한 확고한 의지 표명이었다. 또한 1947년 학술조사는 한국(과도)정부

23) 지금까지 소개된 자료는 2021.12.31 현재까지 1947년 울릉도·독도 학술조사단 활동 관련 조사된 자료이다. 향후 지속적인 관련 자료의 조사·발굴을 통해 자료들을 추가·보완 해나가야 할 것이다.

의 행정적, 실질적 독도 관리 시작을 알리는 첫 출발점이었다는 점에서 이어지는 1953년~1956년 독도의용수비대 활동과 함께 현대 독도수호사의 상징적 의미를 가지고 있다고 하겠다.

해방 후 독도에 대한 실효적 지배의 시발점이 된 1947년 조선 산악회와 1952년~1953년 한국산악회의 울릉도·독도 학술조사 활동의 의의를 다음과 같이 정리해 볼 수 있다.

첫째, 1947년 울릉도·독도학술조사는 이후 대한민국 국민과 정부의 독도인식·정책과 관련해 중요한 이정표가 되었다. 과도 정부와 조선산악회 독도조사의 결과는 1948년 한국정부 수립이 후 한국의 독도인식과 여론형성, 독도정책수립의 시금석이 되었 다고 할 수 있다. 1947년 학술조사를 계기로 독도문제의 중요성 과 분쟁가능성, 한국영유권의 역사, 증거문헌, 일본 침략의 구 체적 실상 등을 명확히 인식할 수 있게 되었고, 이에 대해 적극 적으로 대처해야 한다는 전 국민적 공감대를 형성하게 되었 다.[24]

둘째, 학술조사단이 펼친 활동 중 특히 중요한 의의를 가진 활동은 이들이 독도가 한국령임을 확인하는 표목을 설치했다는 것이다. 독도 표목설치는 한국의 독도영유를 확고히 하는 동시 에 독도에 대한 실효적 지배의 근거를 확고히 세운 것이라고 볼 수 있다.[25]

셋째, 1947년 울릉도·독도 학술조사는 해방 후 과도정부와 한국민이 독도주권수호의 중요성을 인식하고 그에 대한 국민적 자각과 의지를 형성하였고, 또한 독도수호를 위한 적극적 준비

---

24) 정병준, 『독도1947』, 153쪽.
25) 정병준, 같은 책, 138쪽.

와 대처를 보여준 획기적 조사였다는 점에서 그 의의를 찾을 수 있다. 또한 1952년~1953년 조사도 한국전쟁의 혼란을 틈타 일본이 독도에 대한 야욕을 노골적으로 드러내면서 도발을 자행하던 시점에서 실시된 것이었다. 정부 산하 문교부, 외무부, 국방부, 공보처의 후원 하에 독도에 대한 학술·측량조사를 실시한 것은 독도에 대한 대한민국 정부의 단호한 주권수호 의지를 대내외에 과시하는 동시에 정당한 국가기능의 행사를 통한 실효지배를 확고히 한 것이었다.[26]

넷째, 1947년 울릉도·독도 학술조사단의 활동은 과도기적 시기에 펼쳐진 민관 합동 관할권 행사의 "사실"이며, 이는 대한민국 영토를 지키는 국제법적·국내법적 해석과 적용의 사례라고 할 수 있다. 따라서 향후 일본에 관한 외교적 협상에서 기초 근거로 활용될 수 있게 되었다는 점에서 또한 중요한 의의를 가질 수 있다.[27]

이상과 같이 해방 후 1947년~1953년에 걸친 3차례의 울릉도·독도 학술조사는 독도현대사의 시작과 함께 독도영유권을 재확인하고, 독도에 대한 한국의 실효적 지배의 서막을 연 획기적 학술조사활동이었다고 그 의의를 평가할 수 있다.(작성: 이태우)

---

26) 박현진, 같은 글, 82~83쪽.
27) 유하영, 같은 글, 87쪽.

【참고문헌】

김정태, "『한국산악회30년사』 중 「1951년 9월 18일~26일: 제주도파
　　　랑도학술조사대 파견」." 한국산악XI(1975·1976년호),
　　　1977.

국회도서관 편, 『1952~1953년 독도 측량−한국산악회 울릉도 독도
　　　학술조사단 관련 박병주 교수 기증자료−』, 2008년 8월.

박현진, 「독도 실효지배의 증거로서 민관합동 학술과학조사 −1947년
　　　및 1952~53년 (과도)정부·한국산악회의 울릉도·독도조사
　　　를 중심으로−」, 『국제법학회논총』 제60권 3호, 2015.

송호열, 「1947년 독도 학술조사에 대한 지리적 고찰」, 『한국사진지
　　　리학회지』 제25권 제3호, 2015.

신석호, 「독도소속에 대하여」, 『사해(史海)』 제1권 1호, 1948.12.

＿＿＿, 「독도의 내력」, 『독도』, 대한공론사, 1965.

외무부정무국, 『독도문제개론』, 1955.

유하영, 「조선산악회 울릉도 독도 학술조사의 국제법상 의미와 증거
　　　가치」, 『동북아연구』 35권 2호, 조선대학교 동북아연구소,
　　　2020.

이기석, 「한국산악회의 1952년 '울릉도·독도 학술조사단 파견계획
　　　서」, 『영토해양연구』 제14권, 동북아역사재단, 2017.

정병준, 『독도1947』, 돌베개, 2010.

조선산악회, 「위원 피선 및 제22회 위원회 소집 통지의 건」, 외교부
　　　독도자료실, 1947.5.12.

조선산악회, 「1947년 8월 울릉도학술조사」, 1947.8.

한국산악회, 「울릉도·독도 학술조사단 출발에 제(際)하여」, 『박병주
　　　교수 기증자료』, 국회도서관 편.

한국산악회, 「울릉도 독도 학술조사대」, 『한국산악회50년사』, 1996.

홍성근, 「1947년 조선산악회의 울릉도학술조사대 파견 경위와 과도

정부의 역할」, 『영토해양연구』 23, 2022.6.
홍종인, 「울릉도 학술조사대 보고기(1)」, 『한성일보』, 1947.9.21.

| 화보 |

<사진 1> 제1차 울릉도·독도 학술조사대 단체사진(1947.8.16.)
(▶사진: 한국산악회)

<사진 2> 제1차 울릉도·독도 학술조사대원이 독도에서 물을 긷고 있
는 모습(▶ 사진: 『매일신문』 2009.9.23. 1면)

<사진 3> 독도조사단은 전면에 '독도獨島 LIANCOURT', 그리고 뒷면에 '한국산악회 울릉도·독도학술조사단 Korea Alpine Association 15th. Aug. 1952'라고 쓴 화강암 표지석을 설치하였다. 사진 인물은 홍종인 단장

<사진 4> 현재의 독도 표지석은 한국산악회가 2015년 6월 정부의 "국가지정문화재 현상변경허가"를 받아 동년 7월 6일 복원 설치한 것이다

<사진 5> 1953년 제3차 울릉도·독도 학술조사단원들의 단체사진

〈사진 6〉 모닥불 앞에 모인 울릉도·독도 학술조사단원들(1953년)

Ⅰ. 신문 보도자료

1. 「왜적(倭賊) 일인(日人)의 얼빠진 수작」, 『대구시보』(1947.6.20)
2. 「판도(版圖)에 야욕(野慾)의 촉수(觸手) 못버리는 일인(日人)의 침략성」, 『동아일보』, (1947.7.23)
3. 「독도문제 중대화」, 『동아일보』(1947.8.3)
4. 「우리의 국토 추 일본과장담」, 『동아일보』(1947.8.3)
5. 「울릉도답사대, 조선산악회서 파견」, 『한성일보』(1947.8.3)
6. 「독도는 우리 판도, 역사적 증거문헌 발견, 수색회서 맥사령(司令)에 보고」, 『동아일보』(1947.8.5)
7. 「독도는 우리 땅, 사적 증거문헌 발견」, 『동광신문』(1947.8.7)
8. 「독도조사단 16일 등정」, 『대구시보』(1947.8.17)
9. 「울릉도학술조사대, 현지착 활동에 착수」, 『서울신문』(1947.8.22)
10. 「독도를 탐사」, 『대구시보』(1947.8.22)
11. 「울릉도학술조사대, 독도답사, 의외의 해구발견」, 『조선일보』(1947.8.23)
12. 「성인봉을 답파, 과학 하는 조선」, 『공업신문』(1947.8.28)
13. 「독도사진공개, 본사 최촉탁 촬영」, 『대구시보』(1947.8.30)
14. 「독도사진」, 『대구시보』(1947.8.31)
15. 「울릉도사진」, 『대구시보』(1947.9.3)
16. 「울릉도사진」, 『대구시보』(1947.9.4)
17. 「울릉도사진」, 『대구시보』(1947.9.5)
18. 「울릉도조사대의 귀환보고강연회」, 『서울신문』(1947.9.9)
19. 「울릉도 보고, 10일에 강연회」, 『공업신문』(1947.9.9)
20. 「독도의 국적은 조선, 입증할 엄연한 증거자료 보관」, 『공업신문』(1947.10.15)
21. 「울릉도 보고전」, 『서울신문』(1947.11.5)
22. 「울릉도전시회에 도민대표가 상경」, 『대구시보』(1947.11.8)
23. 「울릉도학술조사대 출발」, 『자유신문』(1947.8.20)

【자료소개】

　이 장에 수록된 자료들은 대부분 1947년 조선산악회 울릉도·독도 학술조사단 활동에 대한 신문 보도기사로, 기사 건수는 총 23건에 이르며, 1947년 8월 조선산악회 탐사가 본격적으로 조사활동을 시작한 직후부터 집중적으로 보도가 되고 있음을 알 수 있다.

　이들 보도 자료를 보면 『대구시보』에서 9건, 『서울신문』 3건, 『동아일보』 4건, 『공업신문』 3건과 『조선일보』, 『동광신문』, 『자유신문』, 『한성일보』에서 각 1건씩 보인다.

　『서울신문』을 비롯, 중앙에서 발행되는 『동아일보』·『조선일보』·『한성일보』와 『공업신문』은 학술조사대 울릉도 현지 활동 보도와 학술조사대의 결과물인 '귀환보고 강연회'와 '울릉도 보고전'에 대한 소식을 전하고 있다.

　특히 울릉도가 속해 있는 경북지역인 대구에서 발행되는 『대구시보』의 47년 6월 20일자 기사 외 8건에서는 조사단 파견, 독도탐사, 전시회관련 보도와 함께 울릉도 독도의 사진을 싣고 있다. 이 중 독도 사진은 광복 후 언론 매체를 통해 소개된 최초의 독도 사진으로 중요한 자료적 가치를 가지고 있다.

1. 倭賊日人의 얼빠진 수작—鬱陵島近海의 小島들, 『대구시보』(1947.6.20.)

■「왜적 일인의 얼빠진 수작, - 울릉도 근해의 작은 섬들」

해방 후 만 2년이 가까운 오늘에 이르기까지 조국의 강토는 남북으로 분할되고 이 땅의 동족들은 좌우로 분열되어 주권 없는 백성들의 애달픈 비애가 가슴 깊이 사무치는 이즈음 영원히 잊지 못할 침략귀(侵略鬼) 강도 일본이 이 나라의 정세가 혼란한 틈을 타서 다시금 조국의 한 섬을 삼키려고 독아(毒牙)를 갈고 있다는 악랄한 소식 하나가 전해져 3천만 동포의 격분에 불 지르고 있다. 즉 간흉한 침략귀 일본이 마수를 뻗친 곳은 경북도내의 울릉도에서 동방 약49리(哩, 마일) 지점에 있는 독도(獨島)란 섬으로서 이 섬은 좌도와 우도 두 개의 섬으로 나누어 있는데, 좌도는 주위 1리(哩) 반이며 우도는 주위 반리(哩)에 지나지 않는 무인 소도(小島)이기는 하나 해구(海狗), 해표(海虎), 어패(鰒貝), 감곽(甘藿) 등의 산지로 유명하다고 하는데, 이 우리의 도서를 해적 일본이 저희 본토에서 128리(哩)나 떨어져 있으면서도 뻔뻔스럽고도 주제넘게 저희네 섬이라고 하며 최근에는 시마네현(島根縣) 사카이이항(境港)의 일인 모(某)가 제 어구로 소유하고 있는 모양으로 금년 4월 울릉도 어선 한 척이 독도 근해로 출어를 나갔던 바 이 어선을 보고 기총 소사를 감행한 일이 있다고 한다.

그러면 여기에 이 두 도서가 조국의 일부분인 유래를 조사해 보면 한말 당시 국정이 극도로 피폐한 틈을 타서 1906년(광무 10) 음력 3월 4일 일인들이 이 도서를 삼키려고 시마네현으로부터 대표단이 울릉도에 교섭 온 일이 있었는데 당시 동 도사(島

司)는 도 당국에 이 전말을 보고하는 동시 선처(善處)를 청탁해 온 문서가 아직도 남아있으므로 본 도지사 최희송(崔熙松)씨는 이 증거 문헌과 실정을 19일 중앙 당국에 송달하여 국토의 촌토 (寸土)라도 완전히 방위할 것과 이 독도의 소재를 널리 세계에 선포토록 요청하였다고 한다.(외교부 독도자료실)

2. 版圖에 野慾의 觸手 못버리는 日人의 侵略性,『동아일보』(1947.7.23)

(▶ 자료 출처: 외교부 독도자료실)

■「판도에 야욕의 촉수 못 버리는 일인의 침략성」

　　동해바다 울릉도 동남 49마일 지점에 있는 두 개의 무인도인 독도가 있는데 그 좌도는 주위 1마일 반이 되고, 우도는 반마일이 되는 조그마한 섬으로 이 섬은 오랜 옛날부터 우리의 어업장으로서 또는 국방기지로서 우리의 당당한 판도에 속하였던 것이다. 그런데 요즘에 와서는 일본 시마네현(島根縣) 사카이(境)에 사는 일인이 동섬은 자기 개인의 것이라고 조선인의 어업을 금하고 있으며, 또한 일인은 우리의 영해에 침입하고 있어 울릉도 도민들은 경북도를 거쳐 군정당국에 진정을 해왔다. 그런데 이 섬은 소위 한일합병 전인 1906년(광무10)에도 일인 관헌이 불법 상륙하야 조사를 하고 간 일이 있어 그 당시 조선정부 내외에서

는 물의가 분분하였으나 그 뒤 소위 한일합병이 되자 이 문제가
흐지부지되어 일인들은 원래 자기네들 영토라고 관망 믿어왔던
것이다. 그러나 일단 해방이 된 오늘날에 있어서는 지리적으로
나 역사적으로 당연히 우리의 판도 내에 속할 것이다.(외교부 독
도자료실)

3. 「獨島問題 重大化」, 『동아일보』(1947.8.3.)

(▶ 자료 출처: 외교부 독도자료실)

■「독도문제 중대화-수색위원회 조직고자 협의」

　일본인이 우리의 판도 안 울릉도 동해에 있는 독도에 또다시 야욕의 마수를 뻗치고 있다는 것은 기보한 바 있었는데 과도정부서는 이 문제를 중대시하야 민정장관이 위원장이 되고 독도에 관한 수색위원회를 조직하여 4일 상오 10시부터 중앙청 민정장관실에서 그에 대처하기 위한 협의를 하기로 되었다.(외교부 독도자료실)

4. 「우리의 國土 秋 日本課長談」, 『동아일보』 1947.8.3.)

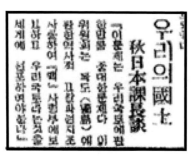

▶ 자료 출처: 외교부 독도자료실)

■ 「우리의 국토 추 일본과장 담」(『동아일보』, 1947.8.3.)

이 문제는 우리 국토에 관한 만큼 중대한 문제다. 독도에 관한 역사적 고찰과 현지조사를 하여 맥아더 사령부에 보고하고 우리 국토라는 것을 세계에 선포하여야 한다.(외교부 독도자료실)

5. 「鬱陵島踏査隊, 朝鮮山岳會서 派遣」, 『한성일보』(1947.8.3)

▶ 자료출처: 외교부 독도자료실

■「울릉도답사대, 조선산악회서 파견」

동해의 고도(孤島)요 우리 국토의 동편 끝 울릉도에 학술조사 대를 파견함은 조선산악회(朝鮮山岳會) 금년도 하기(夏期) 사업으로, 오는 16일 서울을 출발 18일에 포항(浦項)을 경유하여 전후 2주간 우리 학계의 중진을 망라하여 마침내 결행하게 되었다.

일찍이 절해의 고도로서 자연과 풍토, 문화에서 대륙지대와 다른 특이한 점이 많고, 육지와 떨어져 있어 전쟁 중은 물론 해방 후에도 내륙과의 교섭이 매우 드문 이 섬에 강력한 학술진을 파견하여 그 전모를 밝히려는 것은 뜻깊은 일이므로 각 방면의 성원과 기대가 크다고 하는데, 각 방면의 편성은 다음과 같다고 한다.

사회과학반 A (역사지리, 경제, 고고, 민속, 언어) ▶ 사회과 학반 B (생활실태조사) ▶ 생물학반 A 식물 ▶ 생물학반 B 동물 ▶ 지질광물반 ▶ 농림반 ▶ 의학반 ▶ 수산반 ▶ 기상반(氣象 班) ▶ 보도촬영반 ▶ 본부(本部) (총무장비, 식량, 수송)

6. 「獨島는 우리版圖-歷史的 證據文獻을 發見, 搜索會서 맥司令에 報告」, 『동아일보』 (1947.8.5.)

■ 「독도는 우리 판도-역사적 증거문헌을 발견, 수 색회서 맥사령(맥아더 사령부)에 보고」

중앙청에서는 독도문제를 중대시하고 수색위원회를 조직하였 다는 것은 기보한 바이거니와 4일 민정장관실에서 동위원회에서는 관계방면 권위자들이 다수 합석한 이래 첫 회의를 열어 독도가 우리의 판도라는 유력한 증거물을 얻었다. 즉 역사적 증거문헌과 독도가 강원도 행정구역에 편입된다는 일인의 지리학논문이 발견되었다. 이리하야 동위원회에서는 주도치밀한 조사를 거듭하여 "맥"사령부에 보고하기로 되었다.(외교부 독도자료실)

7.「獨島는 우리 땅─ 史的 證據文獻 發見」,
   『동광신문』(1947.8.7.)

(▶ 자료 출처: 외교부 독도자료실)

■「독도는 우리 땅─ 사적 증거문헌 발견」

　중앙청에서는 독도문제를 중대시하고 수색위원회를 조직하였는데 3일 민정장관실에서 동위원회에서는 관계방면 권위자들이 다수 참석한 이래 첫 회의를 열어 독도가 우리의 반도이라는 유력한 증거물을 얻었다. 즉 역사적 증거문헌과 독도가 강원도 행정구역에 편입된다는 일인의 지리학 논문이 발견되었다. 이리하야 동위원회에서는 주도면밀한 조사를 거듭하여 맥사령부에 보고하기로 되었다.(외교부 독도자료실)

8. 「獨島調查團 十六日 登程」, 『대구시보』 (1947.8.17)

(▶ 자료 출처: 국립중앙도서관 대한민국 신문 아카이브)

■ 「독도조사단 16일 등정」

울릉도 근해에 있는 독도의 영유문제는 중앙에서도 민정장관 주관으로 교섭위원회가 조직되어 독도에 대한 조사를 진행하고 있는 바, 16일 중앙으로부터 4명으로 된 조사단이 모여 현장에 출발케 되었다고 하는데, 이와 동시에 경북도에서도 권지방 과장과 직원 1명이 이 조사단에 참가하여 실지조사를 할 것이라고 한다.

9. 「鬱陵島學術調査隊, 現地着 活動에 着手」, 『서울신문』(1947.8.22)

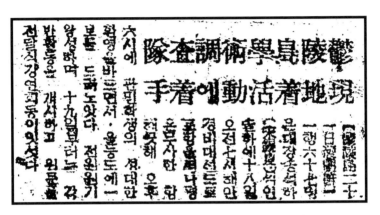

(▶ 자료 출처: 『서울신문』)

■ 「울릉도학술조사단, 현지도착 활동에 착수」

울릉도 21일 파견단 일행 67명은 대장 송석하(宋錫夏)의 인솔 하에 18일 오전 7시 해안경비대 선도로 포항은 떠나 평온무사한 항해 끝에 오후 6시에 관민학생의 성대한 환영을 받으면서, 울릉도에 한 발짝 들여놓았다. 전원 원기 왕성하며 19일부터는 각 반 활동을 개시하고 임무전달식 강연회 등이 있었다.

10.「獨島를 探査」,『대구시보』(1947.8.22)

(▶ 자료 출처: 국립중앙도서관 대한민국 신문 아카이브)

■ 독도를 탐사【울릉도 22일 현지발 전송】

　　18일에 울릉도에 도착한 울릉도학술시찰단 일행은 19일 그곳에서 위문품의 전달과 강연회를 개최하고 중앙청 각 국장과 제5관구 경찰청 홍경위 등 일행과 본섬에서 응원으로 참가한 도사(島司) 서장 치안관 등 72명이 20일 새벽 4시 반에 출발하여 문제의 「독도」를 탐사하고 「해구」 세 마리를 잡는 등 시찰을 하고 오후 8시 반 울릉도에 귀환하였는데, 20일 낮에는 본섬의 주된 봉우리인(성인봉)을 답파(踏破)하기 위해 오전 7시에 나왔다.

11. 「鬱陵島學術調查, 獨島踏查, 意外의 海 狗발견」, 『조선일보』(1947.8.23)

(▶ 자료출처: 『조선일보』 뉴스라이브러리)

■ 「울릉도학술조사, 독도답사, 의외의 해구발견」

  방금 울릉도에 과학의 탐구를 하고 있는 조선 산악회 학술조
사일행은 20일 독도답사대를 조직하여 새벽 4시 30분 해안경비
대의 대전호로 울릉도「도동」항구를 떠나 항해, 약 4시간 반 만
에 삼봉도를 거처 오전 9시 50분경 독도에 도착하여 생물과 지
리에 관한 귀중한 수확을 얻었다.

  특히 동도(東島)에서는 조선에서 보기 드문 해구를 많이 발견
하였다고 한다. 동도를 여지없이 조사한 일행은 같은 날 오후 3시
반 경 섬을 떠나 울릉도로 무사히 귀환하였다고 한다.

12. 聖人峯을 踏破, 科學하는 朝鮮, 『공업신문』(1947.8.28)

(▶ 자료 출처: 국립중앙도서관 대한민국 신문 아카이브)

■「성인봉을 답파, 과학하는 조선」

【울릉도에서 조선산악회 학술조사대 제공 = 나리동(羅里洞)에서 25일 출발】

울릉도에 도착한지 제4일인 21일은 의학반을 제외한 전원이 울릉도에서 제일 높은 성인봉에 올라가 도내 답사를 시작하였다. 아침 7시 기상 후 도동에서 출발하여 성인봉 정상에 도달한 것은 12시경. 해발 983미터의 정상에 오르니 울릉도의 전모를 한 번에 살필 수 있다.

그중에서도 일본인 군사기지로 일반이 범접치 못하다가 오늘에야 비로소 사진과 스케치 등으로 학술적으로 답사기록을 하게 된 것은 실로 이번의 새 기록이 될 것이다.

분화구 성인봉에서 남으로 바다까지 이르게 논과 산이 둘러쌓여있고 가운데 아늑한 분지가 있는데 이 평화로운 분지는 일찍이 일본인이 비행기지를 만들려던 곳이다. 우리조사대는 성인봉에서 두 대로 나눠 A반은 남양동으로, B반은 서편 나리동으로 내려가 숙소를 정했다. 거기서 무선반은 양 대의 활동상황을 서로 연락하는 것이다.

13. 「獨島寫眞公開— 本社 崔囑託 撮影」, 『대구시보』(1947.8.30)

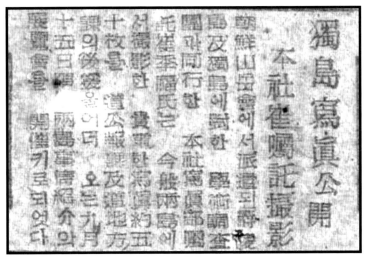

(▶ 자료 출처: 국립중앙도서관 대한민국 신문 아카이브)

■ 「독도사진 공개— 본사 최촉탁 촬영」

조선산악회에서 파견된 울릉도와 독도에 대한 학술조사단과 동행한 본사사진부 최촉탁(崔季福)[28]씨는 이번에 양도(兩島)에서 촬영한 귀중한 사진 약 50매를 도(道) 공보과와 도지방과의

28) 최계복(1909~2002): 1930~1940년대 대구를 중심으로 활동한 1세대 사진작가로 한국 근대 사진사에 한 획을 그은 작가. 『대구시보』촉탁기자로 1947년 울릉도·독도조사대에 동행하며 사진 촬영을 하여 최초의 독도사진을 남겼다.

후원을 얻어 오는 9월 15일에 양도 사정소개의 전람회를 개최하
기로 하였다.

14. 「獨島寫眞」, 『대구시보』(1947.8.31)

– 최계복 본사특파원 촬영

(▶ 자료 출처: 국립중앙도서관 대한민국 신문 아카이브)

■ 「독도사진」– 최계복 본사특파원 촬영

동해의 한복판에 있어 절해의 무인고도로 전인미답(前人未踏)의 처녀섬 독도에 과학조사의 날카로운 매스는 찔러진다. 섬 전체가 용암으로 흙이라고는 별로 없고, 따라서 나무도 전혀 없는 이 섬은 해구 외톨이들의 평화로운 안식처가 되어있으며 앞으로 국토방위의 최전선이 될 것으로 보이고 있다. 그리고 이 용암의 소군도(小群島)는 천인의 극몽(劇夢)에 의한 절경의 집단으로 마치 선경과 같은 황홀감을 주는데 이 독도는 앞으로 우리의 판도(版圖) 속에 나타나 그 존재를 알리게 될 것이다.(사진은 독도의 전경과 그 옆에 있는 관음도와 답사대에 잡힌 해구)

15.「鬱陵島寫眞」,『대구시보』(1947.9.3)

(▶ 자료 출처: 국립중앙도서관 대한민국 신문 아카이브)

■ 「울릉도사진」

- 본사 최계복 특파원 촬영

동백꽃의 그윽한 향기 속에 잠긴 동해바다 한복판에 있는 평화의 독도. 울릉도라면 의례히 오징어를 연상하게 하고 오징어라고 하면 당연히 울릉도를 생각하게 하는 오징어의 섬, 울릉도. 이 섬 1만 5천의 도민은 너나 할 것 없이 모두가 오징어잡이를 하며 살다가 오징어잡이로 죽어가고 있다. 그러나 그들은 마음 놓고 오징어 한 마리를 못 먹는다고 한다. 오징어 한 마리는 곧 그 대가로 몇 개의 감자나 양식을 가져다주기 때문에.

(사진 위–잡은 오징어를 고르는 광경, 중간–오징어 건조, 아래–같은 섬의 천부동 항구)

16. 「鬱陵島寫眞」, 『대구시보』(1947.9.4)

▶ 자료 출처: 국립중앙도서관 대한민국 신문 아카이브)

■「울릉도사진」

– 본사 최계복 특파원 촬영

갈매기 우는 소리! 파도치는 물결 소리 속에 섬아가씨들의 정서는 아롱거린다. 바닷가 험상궂은 바위들에서 졸졸졸 흘러내리는 청수! 이 물은 도민의 생활수이며 천하유일의 세□장이기도 하다. 역사에서도 보지 못할, 찾지 못할 아득한 그 옛날 이 섬은 화산의 하나였다는 것을 말하는 절암(絕岩) 사이에는 동백의 열매들이 부드러운 섬 아가씨들의 손길을 기다리고 있다.(사진 위는 물 긷고 빨래하는 섬아가씨와 다투어 맺어진 동백 열매)

17. 「鬱陵島寫眞」, 『대구시보』(1947.9.5)

▶ 자료 출처: 국립중앙도서관 대한민국 신문 아카이브)

■ 「울릉도사진」

– 본사 최계복 특파원 촬영

울릉도라면 바위와 동백꽃과 오징어만을 생각하는 사람이 있다면 그것은 커다란 잘못이다. 그것은 천하의 고도인 이 섬에도 비록 좁기는 하지만 역시 논도 있고 밭도 있어 조물주는 그 완비한 수법을 다해놓았기 때문이다. 올해는 이 섬에도 풍년이 왔다고 지붕이 납작한 농가에서는 농사바라지에 여념이 없다.(사진 맨 위는 섬의 부락과 농가 가운데와 아래는 나리분지–(수도작지))

18. 「鬱陵島調査隊의 歸還報告講演會」, 『서울신문』(1947.9.9)

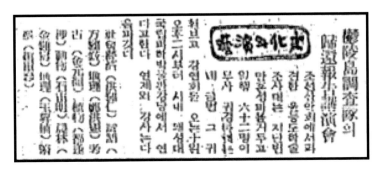

(▶ 자료 출처: 외교부 독도자료실)

■ 「울릉도조사대의 귀환보고강연회」

조선산악회에서 파견한 울릉도학술조사대는 지난번 많은 성과를 거두고 일행 62명이 무사 귀경하였는데 금번 그 귀환보고강연회를 오는 10일 오후 2시부터 시내 왜성대[29] 국립과학박물관 강당에서 연다고 한다. 연제와 강사는 다음과 같다.

사회경제(홍종인) 언어(방종현) 지리(정홍헌) 고고(김원룡) 식물(도봉섭) 동물(석주명) 농림 (김종수) 지리[지질](옥승식) 의학(조중삼)

---

29) 남산 소재 구 총독부 건물

19. 「鬱陵島 報告, 十日에 講演會」, 『공업신 문』(1947.9.9)

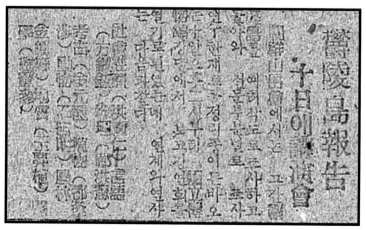

(▶ 자료 출처: 국립중앙도서관 대한민국 신문 아카이브)

■ 「울릉도 보고, 10일에 강연회」

조선산악회에서는 그간 울릉도를 여러 각도로 조사하고 돌아와 전문부분별로 조사〈인수〉한 자료를 정리 중이던 바, 오는 10일 오후 2시부터 국립박물관 강당에서 보고강연회를 열기로 하였 는데 연제와 연사는 다음과 같다. 사회경제(홍종인) 언어(방종 현) 지리(정홍헌) 고고 (김원룡) 식물(도봉섭) 동물(석주명) 농림 (김종수) 지질(옥승식) 의학(조중삼)

20. 「獨島의 國籍은 朝鮮, 立證할 嚴然한 證據 資料도 保管」, 『공업신문』(1947.10.15)

▶ 자료 출처: 국립중앙도서관 대한민국 신문 아카이브

■ 「독도의 국적은 조선, 입증할 엄연한 증거자료도 보관」

왜적 일본은 또 다시 조선을 엿보고 저 악랄한 마수를 뻗치고 통단 울릉도 동방 39리 해상에 있는 독도(독섬)를 엄연한 조선의 영토임에도 불구 이것을 자국 영토라 하여 다시 한번 조선 사람을 놀라게 한 사실을 이미 보도한 바 있거니와 그 □이에 대한 우리로 듣는 각 방면을 통하여 우리의 영토임을 입증할 만반의 준비를 갖추고 있는 이때 이에 대한 방대한 문헌과 동물학상 견지로서도 이것을 입증할 것이 최근 동도를 답사한 조선여행사 부산사무소 주인 이문연씨의 조사로써 판명되어 조□한 주목을 끌게 되었다.

같은 조사에 의하면 동해상의 무인도인 이 작은 섬은 주변 반리 가량에 불과한 고로 원래 지도에 표현되지 않았으나 독도가 일본도근현 은기(오키)보다는 울릉도에 많이 접근되어 있다. 이 조 말에도 이것을 우리 영토로써 확인하고 일본의 침략을 □□하여 당시 울릉도 군수로부터 상부에 대하여 보고한 증거자료도 있다. 이 문헌은 방금 우리 손에 보관되어 있으며 만일 이 독도를 왜적 일본이 끝끝내 자기영토로 주장한다면 그 오인을 다음과 같이 지적할 수 있다.

1, 이조 말기에 국중(國中)이 피폐된 관계로 영유 여부가 분명 치 못하게 된 것.

2, 일본 정부 이래 재도 조선인들은 삼천리강토가 모두 일본에 종속된 사실에 낙심하여 독도의 소속문제를 별로 중요 치 아니한 것으로 생각.

또 이 독도는 무인 소도이나 해구(옷도세이) 기타 해□ 등의 산지이며 패□ 등이 상당히 많아 동해의 보도(寶島)이다. 또 한 가지 중대한 발견은 조선과 대륙 대만에만 분포되어 있고 일본에는 절대로 없는 『대만 흰나비』가 이 섬에 있는 것은 동물학상으로도 조선의 섬인 것을 확실히 증명해준다. 그리고 독도에 대한 문헌은 □일 이것을 발표할 예정이며 하여간 독도는 조선의 영토임을 모든 점으로 보아 의심치 않는 바이다.

21. 「울릉도 보고전」, 『서울신문』(1947.11.5)

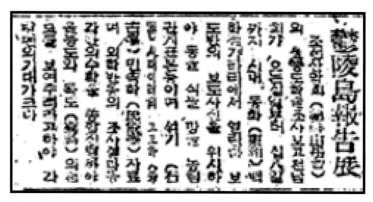

(▶ 자료 출처: 『서울신문』)

■「울릉도 보고전」

조산산악회의 울릉도 학술조사 보고전람회가 오는 10일부터 18일까지 시내 동화백화점 갤러리에서 열린다. 보도반의 보도사진을 위시하여 동물·식물·광물·농림관계 표본 등과, 석기 시대 이래의 고고학과 민속학 자료며 의학반 등의 조사결과 등 각 반의 수확을 종합 진열하여 울릉도와 독도(獨島)의 전부를 보여줄 것이라고 하여 각 방면의 기대가 크다.

22. 「울릉도전시회에 도민대표가 상경」, 『대구시보』(1947.11.8)

(▶ 자료 출처: 국립중앙도서관 대한민국 신문 아카이브)

■ 「울릉도 전시회에 도민대표가 상경」

지난번 조선산악회 학술조사대 일행이 내도(來島)하여, 울릉도의 실정을 탐사한 결과 11월 11일부터 16일까지 서울 동화백화점[30] 4층에서 보고 관람회를 개최하게 되었는데 울릉도에서도 특산해물 오징어 공예품 등을 휴대하고 남면장 홍성국, 도장학사 서호암·도성인, 교육사 정용학 제씨와 이 지역(當地)의 본사 한복석 기자 4인 일행이 같이 전람회에 참가하고자 울릉도를 대표하여 11월 7일 상경하였다.

---

30) 현 신세계백화점 본점

23.「鬱陵島學術調査隊 出發」,『자유신문』
(1947.8.20.)

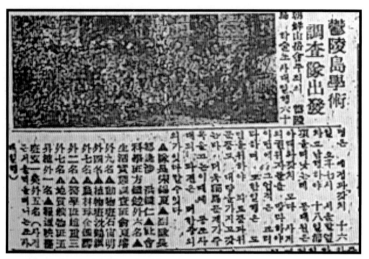

(▶ 자료 출처: 외교부 독도자료실)

■「울릉도학술조사대 출발」

　조선산악회 주최의 울릉도 학술조사대 일행 60명은 예정과 같이 16일 오후 7시 서울발 열차로 남행하여 18일 포항을 떠났는데 동대원은 아래와 같이 모두 다 사계의 권위자들을 망라하여 이번에 그 업적은 크리라 하며, 또한 일행은 도민을 위하여 의료품과 위문품도 대량으로 가지고 갔는바 더욱 독도(獨島) 문제가 주목을 끄는 이때에 동조사대의 파견은 더한층 의의가 있다 할 수 있다.

▶ 대장 송석하 ▶ 부대장 도봉섭 홍종인 ▶ 사회과학반 방종현 외 6명 ▶ 생활실태조사반 유하준 외 9명 ▶ 동물반 석주명 외 4명 ▶ 식물반 심학진 외 7명 ▶ 농림반 김종수 외 2명 ▶ 의학반 조중삼 외 7명 ▶ 지질광물반 옥승식 외 1명 ▶ 보도영화반 현일영 외 5명(사진은 서울역을 떠나는 조사대 일행) (외교부 독도자료실)

Ⅱ. 신문 기고자료

1. 조선산악회학술조사대, 「동해 신비경인 독도의 생태에 황홀」, 『자유신문』 (1947.8.24)
2. 편집부, 「독도는 이런 곳(1)」, 『남선경제신문』(1947.8.27)
3. 편집부, 「독도는 이런 곳(2)」, 『남선경제신문』(1947.8.28)
4. 권상규, 「동해의 고도, 울릉도기행(1)」, 『대구시보』(1947.8.27)
5. 권상규, 「울릉도기행(2)」, 『대구시보』(1947.8.29)
6. 송석하, 「수력발전도 가능」, 『자유신문』(1947.9.1)
7. 특파원, 「절해의 울릉도: 학술조사대 답사(1)」, 『조선일보』(1947.9.4)
8. 김원용, 「울릉도의 여인」, 『서울신문』(1947.9.6)
9. 구동련, 「울릉도기행(1)」, 『수산경제신문』(1947.9.20)
10. 구동련, 「울릉도기행(2)」, 『수산경제신문』(1947.9.21)
11. 구동련, 「울릉도기행(3)」, 『수산경제신문』(1947.9.23)
12. 구동련, 「울릉도기행(4)」, 『수산경제신문』(1947.9.24)
13. 홍종인, 「울릉도 학술조사대 보고기(1)」, 『한성일보』(1947.9.21)
14. 홍종인, 「울릉도 학술조사대 보고기(2)」, 『한성일보』(1947.9.24)
15. 홍종인, 「울릉도 학술조사대 보고기(3)」, 『한성일보』(1947.9.25)
16. 홍종인, 「울릉도 학술조사대 보고기(4)」, 『한성일보』(1947.9.26)
17. 방종현, 「독도의 하루」, 『경성대학 예과신문』 13호(1947.9.28)
18. 윤병익, 「가제(於獨島)(1)」, 『서울신문』(1947.11.15)
19. 윤병익, 「가제(於獨島)(2)」, 『서울신문』(1947.11.18)
20. 홍종인, 「동해의 내 국토, 슬프다 유혈의 기록: 답사회고」, 『조선일보』(1948.6.17)
21. 홍종인, 「울릉도 보고전을 열면서」, 『서울신문』(1947.11.15)

【자료소개】

　　1947년 8월 조선산악회 울릉도·독도학술조사단이 현지 조사 활동과 관련해 신문지상에 발표된 기고문은 모두 21건이다. 당시 학술조사단에 함께 참여했던 전문가들이 학술조사 보고문 형식으로 기고한 기사들이 많이 실려 있음을 알 수 있다. 관련 기사를 보도한 신문으로는 『남선경제신문』, 『대구시보』, 『서울신문』, 『수산경제신문』, 『자유신문』, 『조선일보』, 『한성일보』 그리고 경성대학 교내 신문인 『경성예과신문』 등 총 8종에 이른다.

　　내용면에서 보면 답사의 결과보고 성격으로 볼 수 있으며, 『수산경제신문』에는 포항지국의 구동연이 '울릉도 기행'이란 주제로 울릉도의 풍광과 지리 생활 습속 등을 4번으로 나누어 기고하였다. 그리고 『한성일보』에서는 '학술조사대 보고기'라는 주제로 홍종인의 글을 4번에 나누어 실었다.

　　이처럼 총 8종의 신문지면을 통한 21건의 기고문에는 처음 울릉도·독도를 찾는 감회부터 울릉도 생활 풍습, 바다생물, 식물은 물론 차후 울릉도의 발전에 대한 제안까지 다양한 형식으로 된 조사단의 답사 글이 수록되어 있다.

1. 「東海 神秘境인 獨島의 生態에 恍惚」, 『자유신문』(1947.8.24)

(▶ 자료 출처: 국립중앙도서관 대한민국 신문아카이브)

■「동해신비경인 독도의 생태에 황홀」

　울릉도에서 다시 동남해상으로 38마일 우리국토의 최동단 동해의 무인고도로 조선 산악회 학술조사대 독도답사대 72명은 20일 새벽 5시 10분 동해의 먼동이 터 오를 무렵에 해안경비대의 대전호로 도동 항구를 떠났다. 수평선상에 오른 아침 해의 위관을 마음껏 즐기며 항해 두 시간 여에 우리 앞에 검은 점을 발견할 수 있었으니 이것이 독도이다. 사백 사십여 년 전 선조 때 봉도라고 이 섬을 찾기에 애썼을 실록의 기록을 가진 곳이다. 과연 가관이다. 섬에 접근하니 동과 서의 두 섬은 어깨를 겨누고 조신하게 서있다. 어느 편으로 보나 기암괴석이요 층암단해(層巖斷崖)이다. 높이가 200m 내외로 화산의 분출로 된 것이다. 그중에도 서편 섬은 산 위로 사람이 용이하게 접근하지 못할 형편이다. 섬에 배를 대려 할 때 우리는 모두 환호를 불렀다. 해구 12마리, 옷도세이 2마리가 여기저기 바위사이로 뛰노는 것이다. 동해의 벗이요, 이 국토의 보고가 또 여기 있는 것이다. 특히 이 섬에 흥미를 느낄 때 생물반(生物班)이 환성을 올린다. 이 절해고도에 백합꽃과 나비를 발견할 수 있었다. 각반의 짧은 시간 중 눈부신 활동의 결과 이익물은 약 50여종 그 계통은 역시 울릉도와 완전히 연결되는 것임을 알 수 있다는 것이고, 특히 경이적인 것은 동편 섬에는 직경 71미터 가령의 분화구가 있고 밑으로는 동굴이 뚫어져서 바닷물이 넘나드는 것이다. 암질로 보아 이 역시 백두산으로부터 울릉도로 다시 동해로 뻗은 화산맥줄기인 것이다. 산 밑으로 집을 지은 자리가 있는 것은 60년 피난선의 피난을 위하여 장만되었던 것이라고 하며 산정에 남은 사람의 자취는 왕년 전쟁 중 왜병들이 감시초로 만들었던 것에 틀림없었다. 이와 같이 하여 울릉도에서 항해 4시간 반 오전 9시 50분에 도착하여 오후 3시 반 출범까지 6시간여 서울의 각 대학 각 기관의 각 부문 학자권위를 망라하여 오래 우리 국민의 기억에 희미했던 이 고도의 역사적 탐구를 유감없이 수행한 것이다. 오후 3시 반 섬을 한 바퀴 돌아 다시 울릉도로 올 때 점점 너울거리는

수평선 위에 감실거리는 독도의 자태가 사라질 때까지 새삼스럽
게 국토에 대한 그윽한 애착을 느끼며 잠시도 우리들의 시선이
독도를 떠날 줄 몰랐다.

2. 「獨島는 이런 곳(1)—絶景의 風光가지고 水産資源이 豊富」, 『남선경제신문』(1947.8.27)

獨島는 이런 곳

絶景의 風光가지고 水産資源이 豊富

▶ 자료 출처: 외교부 독도자료실)

■ 「독도는 이런 곳(1)−절경의 풍광 가지고 수산자원이 풍부」

본사에서는 일찍부터 중대한 관심을 모우고 있는 독도의 전부를 소개하고자 조사부를 동원하여 울릉도본사 위재통위품(位在通位品)□고 현지조사의 책임을 마치고 귀임한 제5관구 경찰청 독도실정조사대의 일원인 B씨의 후의와 기타 친절한 재료를 얻어 동방의 보고 독도를 소개한다.

거친 풍랑을 자장가 삼아 본토와 115리(哩, 마일) 떨어진 동해안에 그림자처럼 가로놓인 무인고도라기보다 오히려 풍부한 수산자원과 머지않은 장래 동방으로 뻗어나갈 기지로도 용의하며 봉방(鳳尨)의 절경을 겸비한 섬으로 최근 갑자기 문제와 관심은 모으게 된 독도란 과연 어떠한 곳인가?

사기(史記)를 보면 독도는 고려 태조 3년(일본 기원 1590년)에 울릉도가 비로소 발견되었음을 보아 문제의 독도는 울릉도와는 불가분의 관계를 맺고 있었으며, 현재 '독섬'으로 호명되고 있는 이 섬이 조선 영토가 된 것도 이를 전후해서 아닌가 추측된다.

그러나 당연히 우리의 영토를 주장할 수 있는 이 섬이 무슨 이유로 침략의 원흉인 일본과 새삼스런 시비가 논의되고 있는 것인가? 앞으로 이는 본문으로서 점차 명확히 소개되거니와 첫째, 우리 본토와는 원거리인데 비추어 수산업에 발달된 일본 오키열도(시마네현 부속)와는 근거리 위치에 있는 관계상 그들의 왕래가 번잡한 것과 메이지(明治)로부터 조선의 국권을 장악한 36년간 우리들의 어업권을 빼앗고 이곳에 어류, 해구 등 포획지요 이

섬과는 불가분의 관계를 가진 울릉도 주민의 손이 미치지 못한 것과 풍토상 지상 거주가 불능한 관계를 이를 무인고도로 무관심하게도 파선(破船)구명, 기타로 방치한 데 원인인 것이 아닌가 한다.

우리 국토를 자기내의 개인소유라고 사칭함에 일소(一笑)에 붙여도 좋으려니와 앞으로도 허울 좋은 구실이 백출(百出)된다 하더라도 해방 이래 맥사령부에서 그어 놓은 '맥아더라인'에서 12미(米)[31] 안으로 있는 이 섬은 조선영역이 되어 있을뿐더러 이는 오로지 간직한 우리의 사기와 역사를 충분히 증명한다.(미완)

(외교부 독도자료실)

---

31) 米는 해상의 거리 단위를 나타내는 해리를 말한다.

3. 「獨島는 이런 곳(2)」, 『남선경제신문』 (1947.8.28)

■ 「독도는 이런 곳(2)」

一 위치

동경 131도 111분 2초, 북위 37도 14분 18초(한국수산지111페이지) 조선편서남방 115리 지점 (울릉도와의 거리 39리) 일본도 근현 서북방 1~2리(은기열도와는 80리 거리를 가졌다.)

二 면적

남녀 양도로 형성기 외 몇 십 개의 크고 작은 기암(奇岩)을 합하여 독도라고 부른다. 주□는 1리 반 높이로는 해발 150미터 근접지의 수심은 3미터 내지 10미터나 같은 섬 50미터 거리를 둔 해상의 수심은 동해 제일이라고 하며, 대구리 어선의 망인(網引)이 전연불능 하게 되고 있다 한다.

三 지질

고성과 중성부이며 화성 또는 수성암으로 소금강을 보는 듯한 느낌이다, 도세(島歲)로 보아 울릉도 보다는 젊은 편이다. 사면 주위를 화강, 편□, 점병, 낙암으로 둘렀는데 신선이 살았다는 봉소길은 동굴이 많기로 유명하다. 절정은 소천지를 이루어 있고 수심은 아직까지 수수깨끼를 주고 있다. 이에 한 가지 주목할 만한 것은 정상의 7, 8촌 후로 된 두 섬은 고암(古岩)인 관계로 붕괴될 우려가 농후하다. 해풍과 파도는 가장 거세며 심한 계절에는 선박항해가 불가능하다고 한다.

식수가 전혀 없는 관계상 거주가 불가능하고 어부 말에 의하면 식수를 준비해 가져가거나 빗물을 받아 마시지 않으면 안 된

다는 것이다. (현재 주거지가 한 동 발견되었다.) 전체가 골산
(骨山)임으로 수목은 해송이 15, 6주가 있을 뿐이다. 섬 전체의
경사는 약 70도이며 과거의 분화구의 형태임을 넉넉히 상상할
수 있다.

四 기상과 해류

3월 평균 화씨 40도, 7월 주 73도, 12월 동, 35도 중국천진기
후와 동일시되는데 해류는 화태와 함경 북해연안을 넘물(?) 나
오는 한류가 왕래하며 일본해를 건너오는 단류는 거의 없다 해
도 좋을 만큼 되고 있다.

五 생물

수산물로 생복, 소라, 고동, 미역, 전복 등이 주로 암초에 누
덕이져서 부착되어 있으며 그 양이 무진장이다. 해수(海獸)로는
해구 (옷도세이) 가 대량으로 발견되고 있다.

해구는 울릉도민이 「하지」라고 부르는데 참고 되는 다음 일문
(문장) 「일해신유대口우형, 적오무각, 해산군와견지독행적해지,
우인지다주입수」(一海申有大口牛形, 赤오無角, 海産群臥見之獨
行的害之,遇人之多주入水)

(주, 증보문현비 효 3권 제31의 14. 울릉도기사 중)

六 식물

섬 전체가 화석골산이므로 불모지대나 다음 수종의 식물이 표
착자들을 위로했으리라고 보인다.

흑송(해송) 15, 6주 그 중 10주 정도는 인위적으로 보이고 산

초로는 석죽, 왕해국, 기린초, 각시풀, 해방풍 등 약초도 끼여
있다.

七 역사

독도 발견은 고려 태조 3년 울릉도 발견과 전후하다고 볼 수
있다. 그 후 광무 10년(메이지 39년 2월) 한국통감부가 설치되
자 그와 관련하여 2개월 후에는 이 섬 전 세무감독 국장 경관,
부사 등 10여인을 태운 일본관원이 울릉도에 상륙, 도사(島司)
를 방문하고 전기(前記) 독도를 자기네 것임을 주장하였음으로
도사는 그 다음 날 정부에 보고한 통보문이 지금도 울릉도에 귀
중히 보관되고 있다. 일본지도에 전기 독도를 죽도로 기록되기
는 그 후에 된 안이라고 한다.

통감부 설치 2년 후 당시 조사원 한 명이 「한국수산지」를 저작
하였는데 그 원문 중에는 문제가 된 독도는 조선어업권 지대이
었다고 명백하게 기록되고 있다. 해방이후에는 「맥」사령부가 그
은 「맥아더라인」이 섬에서 12미돌(米突) 지점 밖으로 표시된 것
이라고 한다.(了)(외교부 독도자료실)

4. 「東海의 孤島 鬱陵島行(1) – 仙境에 드러온 感」, 『대구시보』(1947.8.27)

▶ 자료 출처: 국립중앙도서관 대한민국 신문 아카이브)

■ 「동해의 독도 울릉도 행(1), −선경에 들어온 느낌」

[울릉도에서 본사 특파원 권상규 발]

동해의 외로운 섬 우리 경북의 일부이면서 교통 불편으로 말미암아 본토와의 왕래가 빈번치 못해서 일반에게 그 실정이 알려지지 못한 울릉도! 이 울릉도를 알려고 기자는 지난 7월 15일 대구를 출발하여 18일 오후 3시 반에 겨우 포항을 떠나가던 중학산서 하물검사를 마친 후, 죽〈환〉을 경유하지 않고 한 번에 울릉도를 순항하여 달리기 시작하여 다음날 아침 9시경 울릉도 유일의 정박지 도동에 입항하였다. 동구 좌우는 수십 척의 석암이 용립(聳立) 하여 본도 입구의 문기둥이 되고 양편으로 급히 내려 잘린 골짜기 사이에 일본식의 건물들이 즐비한데 경사진 양 도로가 남서사무소 앞에서 합치되어있다. 울울창창한 수림이 덮인 산록의 가가호호는 가까이 발아래 개울물 흐르고 멀리 골짜기 사이로 창파를 바라볼 수 있으나 도시에 살던 자로서는 위선경개(爲先景槪)의 아름다움이 흉금을 상쾌하게 하여 선경에 들어 온 감이 든다. 이제 여기서 우선 본도의 역사를 들어본다.

춘관지에 의하면 본섬은 신라 때 우산국으로서 일명 우릉 혹은 무릉 울릉 등으로 지칭되어 인민이 □한 하고 항상 연해에 침해가 있음으로 지증왕 32년(서기 51리년) 아슬라주 군주 이사부가 목사자군(木獅子群)으로 토벌하여 수항하였고 고려 태조 십□年(952년)[32]에 섬사람이 방물을 헌납하였고 현종13년 도민이, 여진의 침략을 맞아 □래 하였음으로 여주에 덕종 원년에 도주가 그곳의 어부 여러 명을 보내어 내□한 일이 있었고 인종17년

---

32) 952년은 고려광덕 4년이다. 기사의 오류로 보인다.

명주 도감창 이양실이 입도하여 과핵(果核)과 목엽(木葉)의 이상
한 것을 채취하여 헌납하였다한다.

　의종 11년에 도감창을 보내어 거주민의 적부를 조사시켰던바
부적함을 회보했음으로 중지하였다가 후에 다시 울진민을 옮기려
했으나 풍도가 심하여 회환한 일이 있었고 이조 때 세종 20년에
주민 70여명을 체포 귀환 후 무인도를 만들었다가 고종 20년에
〈개탁〉명을 내려 강원, 경상 양도 연해민(沿海民) 다수를 이주
시키고 광무 4년에 군을 만들어 강원도 관하에 두었다가 융희
원년에 경남에 이속시키고 섬 전체를 삼면 (남, 서, 북) 현재 역
동－에 놓아서 섬이라 칭하여 도사(島司)를 두어 다스리다가 해
방이 된 후 도사와 경찰서장이 분직되어 지금에 달했다고 한다.

　본섬에서 동남으로 약 40리를 □한 해상에 본도 소속『독도』
가 있는바 이것에 대하여는 이후 말하고자 한다. 본섬의 위치는
동경 131도로 포항서 124해리 동북 해상에 있으며 항로는 포항
서 강원도 죽항을 경유함이 보통이다.

　관공서는 도시하야 23구 〈경찰〉□ 대구지방심리원등기소 치
안관심판소 우편국 무선전신국측후소 포항 세무서 지서전매서
등이 있으며 기지협동조합 어업조합 외에 이 섬 단독의 발전소
가 있다. 교육기관으로는 우산중학교와 국민학교가 우산 남양,
천부, 장흥, 현포, 태하, 석포의 7개교가 있고 기타 각 면에는
1,2개소의 성인교육기관인 한글강습소가 있다.

5.「鬱陵島紀行(2)- 烏賊魚잡이 億圓臺를 突破」,『대구시보』(1947.8.29)

▶ 자료 출처: 국립중앙도서관 대한민국 신문 아카이브)

■「울릉도 기행(2) −오징어잡이 억원대를 돌파」

−[울릉도에서 본사 특파원 권상규 발]

본섬은 옛날 화산의 분화로 형성된 용암석이라는 설(지금으로 부터 30여 년 전 시찰한 의교사의 설)이 있는데 주위 백리에 있는 해안선은 두 세 개의 장소를 제외하고는 전부 용립된 암석이고, 벽옥 같이 맑은 물이 한 길 넘게 깊다. 항간에 □□되어 있는 향나무는 채취가 금지되어 있을 뿐 아니라 대개 기암절벽 위에 있음으로 벌채가 힘들다. 동백은 □□에 많이 있는데 동절기가 되면 하얀 눈으로 뒤덮인 모든 산에 진홍색 꽃이 장관이라고 한다. 가을이 되면 그 과실을 적취하여 소□동백유를 짜게 된다.

섬 전체가 준□한 산으로 되어 있어서 경작지가 거의 없다. 임야 4,813정, 밭 1,150정은 화전 같은 산기슭과 산 중턱이고, 57정의 논은 인가부근의 근소한 평지를 겨우 전답화 함에 불과하다. 그러므로 농작물은 도민 14,000여명의 식량을 제공할 수 없고 1,420석의 쌀과 이 지역 옥촉에서 마령서와 맥류, 대두가 조금 산출될 뿐이다. 인구는 농업 1,013호 5,784명, 어업 684호에 3,400명 기타 670호에 4,493명, 유동인구 약 1,000명 총합 2,374호 약 15,000명이 어업기(특히 오징어 수확기)가 되면 농가는 물론 기타 사람들까지도 이에 종사한다고 한다.

이제 '오징어' 잡이를 들어보면 소위 왜(일본)말로 '이까'라고 하는 '오징어'는 지방 일대의 유일한 수산물로 연산액 5,6천만 원에 불과한 현상이나 어구기지시설이 충분하게만 되면 능히 □□원을 산출한 수 있다고 한다. 오후 6시경이 되면 나무배 소발동기선에 선승하여 해상 십리 내외의 거리까지 출동하여 밤새 풍랑과 싸우면서 한 사람이 2,3백 혹은 7,8백의 생오징어를 낚시질하여 아침 일찍 귀환하면 대기했던 가족은 일제히 연안에 작은 칼을 가지고 나가 일일이 배를 갈라 내장을 꺼내고 대나무 장대에 꿰어 이를 목책에 걸어 말리게 된다.

날씨가 청명하면 약 2,3일 만에 거의 건조하게 되면 다시 일일이 손질하여 건조작업을 마쳐야 완전한 마른포가 된다고 한다. 만일 잡아온 그 날 날씨가 흐려서(불순해서) 비가 오게 되면 건조를 못 시켜 잡아온 것을 전부 내버리게 된다. 이 울릉도의 여름밤은 오징어의 밤이라 해도 과언이 아닐 만큼 연안에서 바라보면 백야의 오징어잡이 불이 멀리 해상에 명명황황하여 불야성을 이루어서 흡사 대안의 도시를 바라보는 봄 같이 아름답다. 인가 부근은 이 오징어 건조장으로서 거의 공터가 없다. 그 외 봄철에는 '미역' 해초 등의 재취도 많이 하고 그 질도 '오징어'와 함께 다른 곳에 비하여 월등하다.

기후는 바다 위의 섬인 만큼 기온이 낮아 피서하기 적당하나 청명한 날이 적고 구름이슬이 가늘게 끼어 바람이 많고 올해는 가는 비가 잦았다고 한다. 지난 8일 도민 주체로 관민합동회의가 있었는데 이 자리에서 의견 중에 본도 항구를 만들 것과 우산수력발전기만들기회 등이 조직되었다고 하는데 이것이 실현되는 날에는 연료(火木)의 대부족을 보완할 수 있으며 섬 전체를 명랑하게 하고 해산물의 건조를 전력으로 하게 되어 본도산업개발상 일대기 비약하게 될 것이라 한다. 상점은 거의 없고 일용품 몇 가지 있을 뿐이고, 소□하는 소포 한 두개가 있을 뿐이다. 간혹 본섬에서 과실 식기 등은 길가에 펴 놓고 매매함에 불과하며 낚시도구 등은 동해상사회사에서 전□품 전□서에서 배급하고

식량은 도□에서 각 면에 시켜 배급한다.(사진 울릉도 북면 현포
동에 있는 추산과 추산폭포)

6. 「水力發電도 可能」, 『자유신문』(1947.9.1)

(▶ 자료 출처: 국립중앙도서관 대한민국 신문 아카이브)

■「수력발전도 가능」

그간 투고 한 바와 같이 조선산악회 주최의 울릉도조사대는 송석하씨를 대장으로 각계 권위자 약 62명을 망라한 후 ―사회과학반, 생활실태조사반, 동물반, 식물반, 농림반, 의학반, 지질광물반, 보도혈□반― 등을 편성하여 지난 십육일 서울 출발.

가진 불편과 악조건을 물리치고 약 십여 일간에 걸려 각 방면에 대한 전문적 조사를 실시하는 동시에 도민들을 위문하여 기쁘게 하고 예정대로 지난 28일 무사히 서울에 귀환하였다.

울릉도에 대한 탐사는 이번이 처음이지만 그 성과에 대한 대중의 기대가 자못 큰바 교회는 9월 10일이라 하며 현재 각 반은 조사사항을 정리하고 있다는 바, 송석하씨는 30일 그간의 성과를 기자에게 다음과 같이 말했다.

교통이 불편한 이번 조사를 충분케 해준 해안경비대에 특히 감사를 드린다. 울릉도는 우리 국토라고 하지만 본토와의 접촉이 거의 끊어져있는 상태로 도민은 본토를 알고자 매우 애를 쓰고 있었으며 그러한 의미에서 우리를 환영해주었고 강연회까지 개최하였다.

약간의 어선 이외에는 교통기관을 갖지 못한 이 섬은 심각한 식량난을 받고 있는 현상이며 산업으로는 단지 〔오징어〕잡이가 있을 뿐인데 밤이 되면 도민 남녀가 불을 켜가지고 바다로 가 오징어를 잡으며 불바다의 장관을 보여주었다.

특히 도민의 보건 문제는 대단히 불량하였으며 전 도민 대부분이 결핵에 걸려있는데 이들을 치료할 의사는 단지 한 사람 밖에 없는 기막힌 상태였다.

어민조사로 도내에서 수력발전의 가능성이 확인되었다. 그런데 특히 흥미 있는 것은 무인도 독도인데 거기에는 해로 (옷도세이에 비슷한 것)가 살고 있었다. 이상 말한바 울릉도의 긴급한 교통, 문화, 식량, 보건에 대하여 본토의 이해와 절대적 후원이 있기를 바란다.

7. 「絶海의 鬱陵島 -學術調査隊 踏査(1)」, 『조선일보』(1947.9.4)

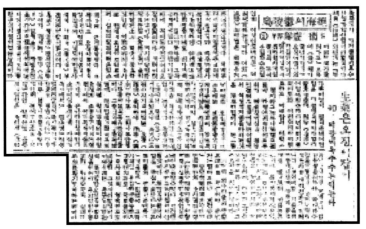

(▶ 자료 출처: 『조선일보』 뉴스 라이브러리)

■ 「절해의 울릉도-학술조사대 답사」(1)

- 생업(生業)은 오징어잡이, 40도 비탈에 옥수수는 익는다.

울릉도가 가진 생명전은 수산업과 임산업이라 할 것이다. 해류(海流)의 관계는 『정어리』 때가 물러가고 노고당어때가 물러가 현재는 오징어잡이의 한 길만이 남아있어 이것은 여름 한 철 4개월 동안의 도내 유일한 수산업인데 이것만도 년산 근 2억원에 달하는 것이다. 어뢰(漁撈)의 방법은 극히 유치한 원시적인 것이다. 저녁부터 새벽까지 일엽편주로 대해의 거센 파도와 싸우는 결사적인 생업이다. 그것도 날씨가 좋지 못하면 쉬게 되고 또 많

이 잡혔다 해도 비가 계속 와서 말리지 못하면 그대로 썩히게 된
다. 금년 지난 장마에 적어도 사천만원의 오징어를 말리다가 썩
혀버렸다는 것이다. 여기에 당면한 식료공업(食料工業)을 위한
발전소의 확충이 필요한 것인데 이번 수원지의 조사로 현재의
50km 왓터에서 10배의 발전이 힘은 있으리라는 근거는 있었
다. 그뿐 아니고 오징어잡이 운용을 미관지방도 가 있을 것이 확
인되어 이것도 이번 조사대의 양화□(養化□) 부분 의존 역할이
될 것이다. 이 같은 어업이 섬의 근해 어업임은 설명의 여지가
없다. 앞으로 좀 더 원양(遠洋) 어업에 착수 한다면 어뢰기술의
지도와 어선의 개방이 필요하고 이에 앞서 어항(漁港) □□비는
□해 필요할 것이다. 현재는 도□(□□))□□□가 싸□조건을 약
간 이용했을 뿐 이외에는 자연이 생긴 그대로 있고 하동항구의
시설이 없는 상태이다.

평지라고는 하나도 없고 전 섬이 □탱 어뢰 □산이고 주위가
해금강 이상의 겸증인□벼으로하여 있는 이 섬에 서식장의 자금
은 바라는 것은 무모한일이다. 논이 겨우 오십에□□□ 그 외에
는 보리와 강냉이라 자이주되물이직여(?) 있는데 강냉이 밭을
40도 이상 경사 □□에까지 심어져 있는 형국이어서 이 접□는
어민의 최대의 자원이 요망한 인신직(?)을 방해하게 만드는 원
인이 되는 것이다. 울릉도는 노래에서 동백(冬柏)을 □□하고 있
으니 그보다도 원산지가 되어 있는 □동을 위하야 □목(□木),
향나무, 느티나무, 단풍나무 등이 섬의 특유한 임산물이다. 그
동안의 왜가 이를 남벌에 또 도민들이 땔감으로 심하면 향나무
를 베어서 밥을 짓고 소금을 구어 내는 형편이어서 아마 목재재
원□ 운반이 곤란한 산 위에만 다소 남아 있을 뿐인데 아직도 옥

지에서는 □대□는 직경 1m이상 급 □□□이격지 안다. 앞으로 공□(□□)□□나무 섬□나무를 도둑 당하였는데 적어도 앞으로 20년간만 양□하면 울릉도의 임산은 조선□(造船□)□□기구 □□로나 섬□□섬을 위하야 막대한 수입을 거둘 것이 이번 노뢰반의 조사로 대□전온기 드러났다 그 외에도 기름을 이곳 동백나무며 약용과 □코재로 옛날부터 이름 난 것이다. 특히 목재지원은 일·러대해전 러시아에서도 넘보고 있었고 그 전후하여 왜인들은 청일전쟁부터 도벌이 심하여 한·일국 보상 문제로 보였던 것으로 보아 그 중요성을 짐작 할 것이다.

그런데 섬사람들의 생활은 대체로 평온하여 극빈자는 없다고 하나 보건상태는 상당히 염려되고 있다. 이번의 학반의 조사결과로 결핵(結核)과 도리흠, 위창□중이 상당히 만성적인 상태에 있음을 알 수 있다. 보건관처에 신중한 고려가 없어서 안 될 것이다. 도민의 생활이 어업을 중심으로 산다는 것은 도민들의 생활이 □면하라는 것을 말하는 일면에 그 결사적인 □감한 생활능력은 공동해의 고도, 국토를 지키는 용사로서의 엄숙하고도 비정한 그것이라 할 것이다. 이에 우리는 울릉도의 발전과 도민 일만 오천의 생활 향상을 위하여 육지의 천만 동포와 위성당국의 심대한 주의를 상기코자하는 바이다.

8. 「鬱陵島의 여인」, 『서울신문』(1947.9.6)

▶ 자료 출처: 『서울신문』

■ 울릉도의 여인

여기 와서 일주일 지났습니다. 여전히 결단이 □□되고 선선한 해풍이 밤낮으로 불어옵니다. □□□□한 □밋□조고□ 십이 느태_ □□□□ □□도 없는 이곳이 □□□ □□好□□살습니다.

지방색을 가장 잘 표현하는 것은 그 지방의 여인네 옷이라는 나의 지론대로 이곳 울릉도에서도 자못 생각할 것을 잊어버리지 않았습니다.

요즈음 이 섬의 사람들은 대부분이 저녁만 되면 조용히 배를 타고 바다로 나갑니다. 그들은 한밤중 오징어_ 이 섬사람들은 「오징어」는 일본말이라 하며 「이까」를 조선말이라 합니다_ 를 잡자는 것입니다. 밤이 되면 이 섬을 둘러 잇는 「이까」 배의 오징어 잡이배 불야성이 현현됩니다. 바닷가에서 바라보면 먼 하늘의 명성이 마치 상□에서 양자강□□이나 보는 듯한 기분을 느낍니다. 새벽해가 떠오를 길에 이 풍경은 □아습니다. 살잖는 밝은 사람이면 하룻밤에 백꼬치_ 20미터나 잡는 답니다. 배가 돌아올 때쯤 되면 사랑 하는 가족 아버지 오빠를 기다리는 여인과 자식이 바닷가를 향합니다. 하룻밤의 무□과 대□□ 기뻐하는 부자 만들어 오는 배를 열렬히 기다리는 여인_ 집으로 인□ □□ 광여입니다. 배속부터 오징어가 바로 눈앞에 던져 나옵니다. 새벽에 잡힌 오징어는 아직 살아서 □함에 잇는 □소한 □□이 가물가물 □□□합니다. 이 새벽 밤에 잡힌 것을 「아사이찌」라 하며 영양분도 저녁에 잡힌 「요이찌」보다 훨씬 많답니다. 바싹 말려도 이틀 식량 충분히 분□할 수 있습니다. 나도 여기 오

면 □으로 오징어 사는 맛은 재밌구려

여인네들은 이 잡혀온 오징어의 내장을 꺼내고 이까를_ 오징어를 꽂는 긴대나무 가지에 꽂습니다. 한 대에 스무 마리씩 꽂아 이것을 한 꼬치라고 부릅니다. □□를 무릅 쓰고 이 작업을 같이 하는 남자도 있으나 대부분은 끝 아침을 먹고 □ 오는 밤에 □□하□ 서둘러 산속 나무 밑에서 깊은 잠에 들어갑니다.

이 섬의 여인들은 피부색이 아주 흽니다. 그것도 □□□의 화장으로 희게 된 불□□한 병적백색이 아니고 천연적인 우아한 흰색입니다. 의학자 아닌 나는 그 요인은 모르겠습니다. 좌우간 방금 잡은 오징어는 유백색을 띄우는데 그보다 흰 손으로 맵시 있게 손질하여 가는 여인의 팔뚝은 참으로 아름답습니다. 일이 끝나면 지게에다 지고 돌아와서 햇볕에 널어 말립니다. 집집마다 오징어가 걸려있고 지붕에 뜨락에 여인네들은 바쁘게 일합니다.

가만히 보면 모두 무표정한 얼굴을 하고 있습니다. 백색과 무표정_ 이것이 이 섬 여인네들의 안색입니다. 뛰어난 미인도 없지만 추녀도 볼 수 없는 것이 또한 특색입니다. 도회지 여자들의 조작한 부자연한 □□를 볼 수 없습니다. 여□□유한 □□한 □□□□이 없는 것은 좋았지만 □□라 할까 향토의 노래가 없는 것은 쓸쓸합니다. 여기는 □□로 □□나 여자나 노래하는 것을 못 들었습니다.

3씨 □금 매미 소리와 바다소리 뿐이 조용한 □□□□ 흔들고 있습니다. 연안엔 기□ 주서□는 십□□각을 펴놓고 있습니다. 답사가 끝나면은 가방을 둘러메고 태하로 나갈 작정입니다.

그러면 재미있는 이야기는 차차로 하고 오늘은 문득 생각나는 대로 몇 마디만 적어두겠습니다. 그러나 3씨 이곳 여자들이 무

표정하고 씩씩하다 하여 남성이나 중성을 연상하지 마십시오 □
수수하지만 따뜻한 감정을 가진 □□에 여성입니다.

1947년 8월 21~23일

울릉도 현포에서.

9.「鬱陵島紀行(1)-浦項支局, 具東鍊」,『수산경제신문』(1947.9.20)

▶ 자료출처: 국립중앙도서관 신문 아카이브)

■「울릉도 기행(1)-포항지국, 구동련」

울릉도의 수산업은 경북도내에서 두드러지는 위치에 있으면서도 그다지 알려져 있지를 못한 곳이다.

이 알려져 있지 않은 동해고도의 어업실태와 그곳 고기잡이들의 사나운 울릉도청 소유선 서수항(瑞穗丸)에 편승하고 파도와 더불어 웃고 우는 생활실정을 정확히 분석하여 설명하고자, 갈바람 몹시 시원하던 어느 초 가을날 한 낮 기자는 월적지 울릉도로 출발하였다.

앙시(怏時) 남동간의 미풍은 130마일 밤낮의 선로 안전을 보여주는 듯하여 바다에 있지 못한 기자를 안심하게 하여준다.

오절 이하의 속력이란 이 배는 가고 가도 물 위에서 포항항이 사라지지를 않는다.

선창에 내려가서 점심을 먹고 이것저것 하는 동안에 영일만 충육리 수면에 나왔는데 이곳의 수심은 25미터 내외라고 하니 소규모 어업이 가장 성행하는 곳이다. 지금도 마침 방배들이 작업을 하고 있다.

배는 점점 영일만 밖으로 나오게 되니 동북간으로 침로를 잡이 일로 울릉도에로 직항 코-스를 취하였다. 많은 왜인을 부자로 만들어주고 혹은 어부를 잡아먹기도 한 동해바다는 지나간 역사는 모른다는 양 무심한 듯이 단조로이 파도만이 오고가고 있을 뿐이다.

어느 새 오후 6시가 넘었는데 해상의 일몰은 아직도 두 시간이 있다.

본토는 멀리 안개 속에 사라지고 침로에는 수평선밖에 아무것도 보이지 않는다.

다만 대양에 나올수록 풍속이 세지고 뱃전에 부딪치는 파도 소리와 타령을 하는 듯 발동기의 종종거리는 소리만이 들릴 뿐이다. 배 안의 사람들은 벌써 피곤한 안색이다.

축유리를 왼쪽에서 보게 되니 겨우 황혼인데 시계는 벌써 8시 반이나 지났다. 이때 우리가 탄 배 앞에 지금 휴어중인 예기선이 작은 배 6척을 끌고 동쪽으로 가고 있다. 이것은 요즘 오징어잡이 배를 예행해주는 것인데, 매 척당 이십 원의 예선비를 받는다고 하니 소업자들의 고애도 부축할 것이다.

만일 견고한 범포가 풍부하다면 이러한 희생을 당치 않더라도 능히 취업할 것이다. 조어장까지 갖다 준 모선이 돌아간 뒤면 어둡고 넓은 바다에서 철야 오징어를 낚다가 아침이 되면 다 터질 듯 한 어획과 생명을 싣고 마을로 돌아가는 그 노력과 모험에 반비례로 한 마리 삼원에도 차지 못하는 대가로 팔고서는 그날 밤이면 또 이렇게 고기잡이를 나온다고 한다.

이리하여 서남의 배에 타서 낚는 사람은 삼칠 혹은 육, 육제의 어획비를 주고라도 하루 밤 오천원 내지 일만 원의 수입을 벌 때도 혹 있다고 한다. 그대들의 살림살이는 항상 헐벗고 굶주리는 것이 소어민의 천부처럼 여기는 수밖에 없다고 한다.

어느 듯 날이 저물어 해상은 밤의 먹장막에 잠기어 사방이 여기저기의 바다에서는 물고기가 파도 속에 잠겼다 나왔다 한다.

그대들은 컴퍼스 하나 가지지 않고 이 먼 바다에까지 나와 수산건국에 말없이 이바지하는 동해 건아들은 기자에게 눈물을 머금게 하여준다. 아침 5시에 잠이 깨어 선장실로 가니 해는 구름 속에 떠있다. 해상의 일출은 빠르다. 저 멀리 수평선에 낀 구름

속에서는 목적하는 울릉도의 머리가 조금 보이고 있었다.

지금 우리 배의 위치는 북위 37도 동경 130도 반이나 될는지 이곳에서 뜻하지 아니한 오천톤급 화물선 한 척이 반 리 앞에서 남으로 내려가는 것을 발견하였다. 선형은 일제인 것 같은데 망원경으로 보아도 아무 표식이 없다.

우리나라에서는 배라면 이다지도 먼 바다를 선해 할 필요도 없을 터인즉 어디서 어느 곳으로 무엇 때문에 가는 배인지 전혀 모르겠으니 영해가 불안하다. 새벽에 본섬은 좀처럼 커지지를 않는다. 지금부터라도 아직 7,8시간 더 항해 해야겠다고 하니 아직 멀다. 아침밥을 먹고 난 뒤 선실로 올라가 젊은 여인 두 사람의 몸차림을 보니 북류 여성임을 알겠다.

요즘 울릉도에서는 오징어 성어기라. 경기가 좋다하여 이 여인들도 울릉도인가? 낚으러 가는 셈인데 동승한 사람에게 물으니 매년 이때면 출가해오는 고기잡이를 해 먹는 사람들(美君)이라고 한다.

한 낮이 되어 배가 본도 서남 해안가 가까이 오니 벌써부터 물가에 널어둔 오징어가 보인다. 간밤엔 대어인 모양이다.

기적을 불며 남쪽인 도동항으로 배 머리를 돌려서 들어가니 화출암(火出岩)이 형성된 본도의 경치는 유난히 아름다운 것이 첫 인상은 옛날에 기자가 본 금강산과 비슷하다는 느낌을 준다. 12시 반 어제 재항을 출범한지 꼭 24시간 만에 기자는 일찍이 울릉도의 섬 위에 발을 떼었다.

10. 「鬱陵島紀行(2)－浦項支局, 具東鍊」, 『수산경제신문』(1947.9.21)

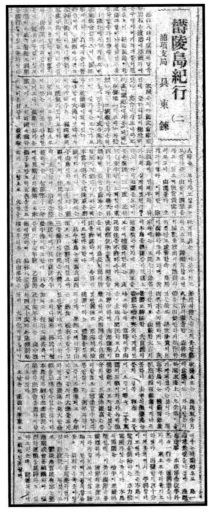

(▶ 자료출처: 국립중앙도서관 신문 아카이브)

■ 「울릉도기행(2)-포항지국, 구동련」

　항구 입구의 동서에 말쑥한 암석은 파도에 침식되어 큰 구멍이 여기저기 뚫어진 것을 보니 절해고도이다. 파도가 얼마나 센지 짐작할 수가 있었다.

　상륙하여서 빠른 걸음으로 어업 조합을 찾으니 최이사께서 반가이 맞아준다.

　잠시 쉬어 여관에 가려고 도동 시가에 나와 경사 15도 평균을 걸었다. 밤길은 거닐지 못할 만한 정도이다. 골짜기 사이에 자리잡은 이곳은 세로로 두 길이 있고, 중간에는 혹독한 층계로 동리를 여행할 수 있도록 되었다.

　가옥은 거의 구식 창고형인데 돌 하나 없이 즐비해있다. 높은 땅에서 보니 바로 영화 「망향」에서 본 「돼패」의 근거지 가즈바와 흡사하다. 홀연한 가운데 지붕과 지붕사이 혹은 시내 바닥 길가에는 모두가 오징어 건조장이 되어있다.

　지난밤에 대어였다면서 이야기 해주는 최이사도 활기가 있어 보인다.

　동해에 조그만 점으로 찍혀있는 이곳에 한번 발을 내니 외딴섬에 왔다는 느낌 보다 오히려 깊고 고요한 골짜기에 돌아온 것 같다.

　최고 성인봉은 보이지도 않고 그보다 낮은 산들이 동네를 싸고 있으며 항상 낮은 구름이 싸고도니 산의 모습을 다 보기가 어렵다. 이러한 험한 외딴 섬에 언제부터 누가 와서 살게 되었던지? 하고 다시 지도를 보니 이곳은 동경 131도 북위 37도 반경에 놓여있다. 동서가 50리라 한다. 청천일랑시(靑天日朗時)면

최근 참 울진에서는 첨망이 가능하다고 하는데 본섬의 별명은 식릉 혹은 우릉라고 하나 일설에는 우산도라고도 한다. 신라 때 이미 주민이 있었는데 포함하여 연안을 침략하여 늘 지증왕 12년 때에 이사부의 헌제로 목사자(木獅子)를 만들어 오색을 물들여서 그 입으로 화염을 분출하게 해서는 이곳에 이르러 스스로 귀순치 않으면 이 맹수를 방출시켜 사살시키겠다고 위협한즉 도민이 출강하였다고 하여 세종 때에는 도민 70여명이 본섬을 근거삼아 다시 돌아왔다.

양변경(犵邊境)하였기에 장군을 보내 포발케 한 뒤는 도민 거주를 불허하다가 그 후 검찰사 이규원이 개척령을 내려 이 섬 장이 도민의 거주를 허락하여서 오늘날에 이르렀다고 한다.

지금 본섬은 남면 북면 사면으로 구획되어있으며 삼천 여 호의 주민은 대부분 어민이며 그 중 개발허가 □□반어이라고 한다. 지금부터 63년 전 을유년 개척에 인하여 □임 팔도각지로부터 온 자유 이민은 부근의 침입을 보지 못한 무구천고의 울창한 삼림지대를 화전하기 시작한 이유로 절세희귀의 큰 나무들은 애석하게도 거의 제거되고 삼엄한 태고의 □□도 충비한 대자연의 □□도 거의 쇠실하게 되었다고 하는데 당시의 우산은 토지가 비옥하고 인구가 약소하여 산해 물질이 풍요하며 화전개간이 자유였던 관계로 동해의 무릉도원이라는 예명을 얻게 되었다.

과연 그때의 우산은 포식난의를 할 수 있었던 별천지이었다고 한다. 그러나 도에 오는 이민이 증가되고 침간도 극심하여 30년 전 부터는 산의 중심부 4,50도 되는 급경사지까지 화전화 되었으나 이 곡식으로는 도민 삼분일의 식량에도 차지 않는지라. 동해해상으로 생업이 옮기게 되었다는 것이다. 현재 본섬에는 □

선 백(百)□□□ 어선 사백 여 척에 지나지 못하나 지난해의 어획고는 공치 생복 □포 고등어 오징어 등 이천 만원의 거액이라고 하는데 어조□판에 오르지 않은 것은 합치면 실제 어획고는 좀 더 할 것으로 상상할 수 있다.

뿐만 아니라 평상 년과 같이 고등어가 풍부히 잡히고 이번 년과 같이 꽁치의 대어를 보게 되면 그 어획고는 막대한 금액을 시현할 수 있을 것이다.

본섬의 자세한 수산 연견은 업자의 간담회를 통하여 알기로 하겠다.

오늘은 어□의 □□로 내주는 □□□으로 도일□□□ 길을 나섰다.

□□ 최이사 수□□금기□외 모든 일행은 도동항을 나와서 동으로부터 돌기로 하였다.

출발한지 삼십 분 못 되어서 저동 앞에 이르렀다.

이곳은 본섬에 전력을 공급하는 수력발전소가 있는 곳이다. 본섬의 □□는 태반이 지□절□인데 이곳의 해안은 종□□하며 연안의 수심이 그다지 깊어 보이지 않고 육지서 일마일 떨어지지 않는 곳에 암석이 우뚝 솟아있다.

그 사이를 묻으면 이것이 방파제가 될 것이므로 울릉도 관민 유민은 제항기성회를 조직하여 맹렬한 운동을 전개하고 있다고 하는데 기자의 눈에도 잘 보일 것 같다.

11. 「鬱陵島紀行(3)- 浦項支局, 具東鍊」
『수산경제신문』(1947.9.23)

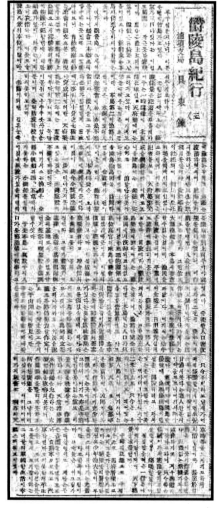

■「울릉도기행(3)-포항지국, 구동련」

투구섬을 지나니 오른쪽 편에 죽도가 보인다. 인가가 3호나 있다는 이 섬도 주위는 깎은 듯한 암벽이다. 섬 중앙은 농토로 되어있어 양곡은 자급하고 남음이 있으나 음료수는 본도의 공급을 받아야한다는 곳이다.

더 가서 관음도 그 사이를 지나니 선창삼본앙 촛대방우라는 곳인데 그 밑에 다다르니 자연조형의 묘미는 기자의 부족한 문장으로 표현할 수도 없다. 동해의 해상공원으로서 탐승객의 종적이 끊이지는 않을 텐데 다만 선로가 멀어 봐주는 사람이 적으니 애차하다.

이곳도 울릉도 팔경의 본위가 아니라서 서두르기로 한다.

끊임없이 닥쳐오는 가을 경치는 기자를 황홀케 해주고, 한 시간여 만에 북면 소재지인 천부항에 배는 들어가고 있다.

여기서도 첫 눈에 띄는 것은 오징어다. 본도 제 2의 어항이란 이곳은 수심이 얕아 대형선을 묶어두기에는 역시 적당하지 못하다.

왜인들도 어떤 필요가 있었던지 일제 때 공사하여 7/10 정도나 완성하였다.

천부축항은 해방 2년째는 거친 파도에 부딪쳐 무너지고 독만이 물위에 우수수 솟아있을 뿐이며 전혀 방파의 역할을 하지 못하고 있다.

겨울이 되면 깊은 눈 속에 험한 길은 묻히고 바다 길은 파도가 억세어 항해를 하지 못하니 지난 세 겨울은 3개월 동안이나 식량 보급이 두절 되어 도민이 생사를 해맨 적도 있었다.

이 곳 면장은 기자를 보고 천부축항 완성을 재촉한다.

그리고 보니 울릉도에는 선박이 안심하고 댈 만한 곳이 하나도 없는 셈이다.

어제 울릉서도사(鬱陵西島司)를 방문하였을 때 영감께 이런 이야기를 들었다.

포화상태에 있는 본도개발은 오직 수산업에 의지할 따름이다. 이것이 이제까지 소규모 어업을 1보도 더 나가지 못하고 있는 것은 항만시설이 없는 까닭이다.

여기서는 어선은 전부 소범선과 4,5둔에 차지 못하는 작은 어선뿐인데 이것은 풍파가 있을 때면 배를 육지에 끌어올려야 파괴를 면하는 것이니 이 작업을 할 때면 인명의 위협이 오는 것이다.

그런 이유로 대형 어선은 본섬에 존재할 수 없는 것이며, 어민들은 풍파를 겁내 평소에도 빠른 바다에 진출하지 못한다고 한다. 일□때라도 울릉도 항만 공사에 대해서는 예산의 문제로 몰각되고 있었으나 이것은 지리적 관계로 고위 고관의 섬에 오는 기회가 없었기 때문이지 이 섬의 가치를 경시한 까닭이 아니었다고 한다.

이 섬 가까운 바다는 차고 따뜻한 물이 같이 있고 충합성 회유 어류 고등어 꽁치 오징어와 고래가 풍부하여 원양어업의 기지 영해보전의 기지로서 무엇보다 먼저 축항의 □□성을 강조 할 수 있다.

우선 본섬 일만 수천의 인구가 전부 어업에 종사하고 있으나 주밀한 인구 밀도를 가졌으면서 풍년이 저 오주월(五個月)에 차지 못하는 작물로써 사러 나가게 되는 것은 수산 생산이 풍부한

까닭이다. 여기서는 태반의 식량과 일용품과 심지어 석탄까지라
도 이입하게 되는 것은 그를 증명하는 것이니 어항만 완전하다
면 본섬에는 인구가 지금보다 갑절로 늘어도 아무 곤란이 없을
것이다.

수중의 □진은 잡어 외화 획득을 하는 곳에 국가발전의 요소
가 있다는 것을 위정 당국은 모를리 없을 텐데 왜 이렇게도 본섬
을 등한시하는지 모르겠다. 나는 도사 입장을 떠나서라도 이것
을 인식토록 종일 노력할 작정이니 우산개발의 관견이란 두란토
물 한 권을 얻어 나왔던 것이다. 지금부터라도 날씨가 어떻게 역
변 할런지 이런 생각을 하니 불안하기 짝이 없다.

감포서 나왔다는 노인 한 분의 이야기를 들으니 여기서 40리
나 동편 바다에 독도란 왜정 때 섬 주위 마을 소□이던 섬을 개
발하려고 와서 있는 분이라고 한다.

이곳은 맥아더-라인에서 12미터 안으로 지금은, 우리나라 영
토로 매여 있는 무인도이나 여기에서 나는 화포 천초 또 해삼 등
은 풍부하여 원격에서 와서라도 작업하기에 충분한 가치가 있는
곳이라고 한다.

그러나 여기도 역시 댈 만할 만한 곳이 없는 이유로 이곳 천부
를 근거 삼아 작업한다고 하나 천부항 역시 수작업선을 이끄는
대형모선을 취용치 못하니 작업 능률을 올리지 못하고 소유한
공물을 그냥 버리는 것과 같다. 이리하여 여러 가지 조□로 이포
의 천초시계를 놓치기도 하니 가차한 일이다. 심지어 전에는 이
곳서 작업을 하던 중 국적없는 비행기가 와서 위협하기로 겨우
도피하여 왔다고 하니 지금쯤은 왜적이 와서 몰래 고기를 잡고
있을런지? 통탄할 일이다.

　점심밥을 먹은 일행은 다시 뱃사람이 되어 천하절경을 구경한다. 여러 봉우리의 풍취 좋고 구멍바위 좋고 마암층벽 좋고 하나같이 그를 다 쓸 수가 없다마는 절벽만의 창벽한 물 위로 소년 어부들이 물을 저으며 지나가는 광경이란 바로 한 폭의 그림이다.

　그대들은 그림 같은데 살면서도 제 딴은 무슨 고민들이 있을지 모르나 자동차도 모르고 기차한 번 타 보지 못한 채 평생을 두고 조그마한 배를 들고 들면서 고기잡이하는 그대들의 단촐한 생활이 행복해보였다.

12. 「鬱陵島紀行(4)-浦項支局, 具東鍊」
『수산경제신문』(1947.9.24)

(▶ 자료출처: 국립중앙도서관 신문 아카이브)

■「울릉도기행(4) -포항지국, 구동련」

현포, 태하, 학포, 수충동을 지나는 바닷가에는 모두 오징어를 널어두었다. 섬 안 아무 곳에서나 오징어가 잘 잡히는 모양이다.

울릉도에 온 지 며칠간 보고 듣는 것은 오징어뿐이다. 밥상에는 오징어, 술안주에도 오징어

벌써 오징어에 싫증이 난다. 그러나 요즘의 어업이란 오징어 잡이 뿐이고 이 섬의 생업이 원래 이것이니 6월부터 12월까지 어기 반년 동안은 항상 이러하다고 한다. 오징어는 낚는다고 하나 실제는 수중에 무리지어 있는 것을 걸어 잡아 올리는 것이다.

전봇대에 달아둔 놉애자 같은 도자 밑에 옆으로 벌어진 철사 양단에 1미터 돌 반 가령되는 실을 둑에 내려두고 그곳에는 연추에 낙수를 많이 잡아맨 것이 오징어 낚는 어구다.

이것을 밤 수중에 넣어서 올렸다 내렸다하면 이까돔보라고 하는 백색도자기에 모여드는 오징어가 걸리는 것인데 잡아 보지 못한 것이 지금은 유감 된다. 언제나 이 섬에는 낚는 어업이 많아 수년 전까지는 정어리가 있었기 때문에 염장해두었다가 하절이 되면 이것을 미끼로 고등어 일본조를 하는데 많은 어획이 있어 본토 혹은 일본으로 수출한 것이 많았다고 하는데 지금은 정어리가 없어서 고등어를 낚지 못한다고 한다.

궁여지책으로 잡힌 꽁치를 시용해보았으나 성적이 좋지 못하다고 단념하고 있다고 하니 만약 이곳의 어항이 완전하다면 청건착선들이 집중해 와서 작업할 수가 있을 터인데 그림의 떡이다.

어제 섬 도리에 피곤하여 늦잠을 자더니 소란한 사이렌 소리에 잠이 깼다.

밖은 비바람이 세다. 폭풍우가 오는 모양이다. 바로 일어나서 창가로 가니 여러 사람이 나와서 어선인양 작업을 하고 있다. 세차게 부딪쳐서는 물곳을 치며 쓰러진다. 물갈이 암석이 아니라면 무엇이라도 한꺼번에 쓰러질 기염이 조축항안도 배를 그냥 두지 못할만하니 이러는 것인데, 전에 기자가 타고 온 항구 밖의 서수환(瑞穗丸)도 지금부터 피난하려고 닻을 올리고 있다. 이런 날씨면 큰 배는 반드시 섬을 돌면서 파도가 덜한 곳을 찾아 다녀야된다고 하면서 창황히 항구 밖으로 어디인지 가버렸다.

이날은 종일 풍우가 계속되더니 밤중에는 좀 덜해진다. 이 모양으로 섬 안 기후는 자주 변한다. 폭풍우도 무사히 지났던가 하였더니 새벽엔 또 사이렌이 불더니 어제 피난 간 서수호가 북면 천부항 밖에서 좌초 하였다는 것이다. 섬에 온지 일주일 만에 항만이 없는 탓으로 조난하는 예를 본 기자는 도민이 다 같이 어항 시설의 중요성을 강조하는 이유를 알 것 같다.

이 날은 당지 해난구조원과 소방대와 전어선이 구조 작업에 착수하였으나 끝내지를 못하고 다음 날 연락해둔 해안경비선 대전호가 묵호기지서 춘천호가 포항기지서 와서 구출해내었다. 멀리서 이런 작업에까지 해주는 해안경비대에 감사를 금치 못하였다.

23일 중으로 나갈 배 하나가 있다고 하니 조용하던 섬살이도 별안간 분주해졌다.

어조에서 열어 주겠다던 수산좌담회도 내일로 결정되었으니 모든 용무는 원만히 끝맺은 셈이다. (끝)

13. 「鬱陵島 學術調査隊 報告記(1)」, 洪鐘仁, 『한성일보』(1947.9.21)

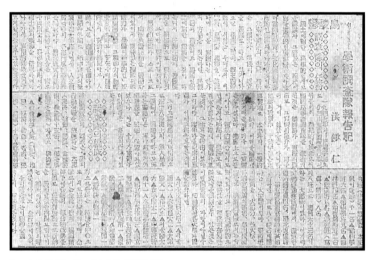

(▶ 자료출처: 외교부 독도자료실)

■ [울릉도 학술조사대 보고기](1), 홍종인

국토에 대한 과학적인 새로운 인식과 보급은 국사(國史)에 대한 비판적인 계몽과 아울러 당면한 교육, 문화운동의 기초 과제의 하나가 될 것이다.

원래 한 국가의 생성과 발전은 그 국토와 민족의 성립을 기저(基底)로 하고 있거니와 오늘 조국재건의 역사적 단계에 서 있는 우리로서는 어□□ 조국애의 정신을 고무하며 이를 실천하는 한 가지 방도를 찾는다면, 민족생활의 원천이요 환경인 국토에 대한 인식을 깊이 하는 데서 민족생활의 발전요인을 과학적으로 구명하는 것이 커다란 요건이 될 것이다.

조선산악회가 스포츠로서 산악등반운동을 전개함에 있어서 규율 있는 편대(編隊)의 조직력과 등반의 과학적인 기술연마 내지 그 정신력의 연마를 하기로 하고, 우선 우리 강역 안에서 교통이 불편하고 인적이 드문 고산 험지를 택하여, 하절기와 동절기로 연중 정례적인 등반사업을 실천하면서 인문자연과학의 각 부문 학문학술대(學問學術隊)를 편성하여 조사연구의 □□작업을 시험하고 있음은 실로 우리 국토를 과학적 해명하여 국토애의 정신을 고취하며 더 나아가서 실용적 효과를 거두고자 하는 데 뜻을 두고 있는 것이다.

1947년의 하기(夏期) 사업으로 소백산맥 학술조사행사의 뒤를 이어 획기적인 규모로 울릉도 학술조사대를 파견하게 된 것은 울릉도가 동해의 고도(孤島)로 그 실정이 소개된 바가 전부터 거의 없었을 뿐만 아니라 왜적(倭敵)과의 전쟁 중 십 수년 간은 군사 요충지로서 본토와의 일반적 왕래가 매우 어려운 관계에 있었기 때문에 더욱 그 실정을 알 수 없었다. 지도상으로 뿐만 아니라 국민적 관심에서도 언제까지나 절해의 고도로 버려둘 수 없다는 점에 착안하였던 것이 그 주된 이유였다. 그리하여 작년 가을부터 의도한 것이 이제 실현을 보았던 것이다.

그리고 울릉도에서 동남향으로 해상 48해리에 있는 무인도로 그 귀한이 문제되리라고 전해지는 독도행은 실행 전까지는 외부 발표를 시종 보류하고 있었으나, 이는 우리가 당초부터 계획해 온 기습적인 여정이었던 것이다.

〈조사대의 편성〉

학술조사대의 편성은 조사대의 행동 전반을 통할(統轄)하는 본부(本部)(대장, 지휘, 총무, 식량장비, 수송 등 15명, 일부는 학술반을 겸무)가 있고, 학술반에는

▶ 사회과학 A반 (역사, 지리, 경제, 사회, 고고, 민속, 언어) 10名 ▶ 사회과학 B반 (생활실태조사 본부원이 겸무) 11명 ▶ 동물학반 6명 ▶ 식물학반 9명 ▶ 농림반 4명 ▶ 지질광물반 2명 ▶ 의학반 8명 ▶ 보도반(사진, 무전) 8명, 모두 8반으로 총 인원 63명이라는 대부대였다. 여기에 남조선 과도정부에서 파견한 독도조사원 4명, 경북도청 직원, 제5관구 직원(第五管區職員) 기타를 포함하면 실로 80여 명에 달하는 대가족이었다. 학술반 대원은 대부분 각 대학, 각각 국립기관의 학자와 전문기술가들로, 학술조사대로서는 금후(今後)에도 대내·외적으로 유감없을 정도의 유능한 권위자를 망라할 수 있었던 것은 이번 조사대의 자랑이 아닐 수 없었다. 즉 동원된 각 대학과 기관을 소개하면

▶ 서울문리과대학 2 ▶ 서울상대 1 ▶ 수원 농대 2 ▶ 대구사대 1 ▶ 약대 2 ▶ 서울의대 6 ▶ 여자의대 1 ▶ 중등교 교원 11 ▶ 수원농사시험소 1 ▶ 국립과학박물관 3 ▶ 국립박물관 1 ▶ 국립지질조사소 2 ▶ 국립방역연구소 1 ▶ 경기도세균연구소 1 ▶ 체신부 무전 1 ▶ □□부 전기기사 1 ▶국립민족박물관 1. 등으로 각 반은 반장을 중심으로 서로 협조 편달하게 되며 전 부대로서는 전원일치의 협동정신 아래 각 반의 종합적 성과를 목표로 항상 유기적으로 행동을 전개할 것을 전제로 했다. 이는 편성에 있어서 한□의 이상뿐이 아니고 전체 일정에서 우

리 조사대는 이 정신을 유감없이 실천해온 것이다.(외교부 독도
자료실)

14. 「鬱陵島學術調查隊報告記(2)」, 洪鐘仁, 『한성일보』(1947.9.24)

(▶ 자료출처: 외교부 독도자료실)

■「울릉도 학술조사대 보고기」(2) 홍종인

일정으로 들어가, 우리는 예상 이상으로 만사가 순조로워지는 것을 먼저 가장 큰 수확으로 생각한다. 첫째, 날씨가 매우 평온하고 쾌청하였던 것은 전 대원의 정열에 넘치는 학구적 태도에 대해 하늘이 베풀어준 고마운 은총이었다고 할 것이다. 배편은

통위부 해안경비대(統衛部海岸警備隊)의 적극적인 지원으로 경비선 대전호(大田號)를 제공받아 전 대원과 방대한 중량의 화물을 쉽사리 수송할 수 있었던 것을 우리는 진심으로 감사하는 바이다.

원래가 이런 사업은 어느 정도 국가나 공공단체의 협조가 없이는 어려운 바이지만, 이번은 특히 해안경비대의 전적인 협력이 있어 대원의 전 행동에 절대적인 힘이 되었던 것이다. 그리고 울릉도 도민이 거의 총동원되다시피 친절을 다해 환영해주어 도내의 숙소 등 각 □에 □하여 심대(甚大)한 협력이 있었던 것이 우리의 행정(行程)을 끝까지 원만케 했던 것이다. 섬사람들의 순박한 인정과 도사(島司) 이하 각계 지도층의 성심 환대에 우리는 언제나 감격을 잊지 못할 것이다. 일정은 다음과 같다.

▶ 8월 16일 오전 강연□반 먼저 출발, 오후 본대(本隊) 출발 ▶ 17일 대구를 경유, 경북교육협회 주최로 사범대학에서 강연회 개최, 오후 포항에 전원 집합 ▶ 18일 오전 7시 포항 출범, 오후 6시 울릉도 도동 도착 ▶ 19일 휴식, 오후 위문품 전달, □□회 개최, 야간 환담회 참석 ▶ 20일 오전 5시 10분 출발, 독도행, 오전 9시 40분 도착, 오후 8시 경 저동(苧洞) 귀착(歸着) ▶ 21일 □□반을 제외한 전원을 □대로 편성, 도내 최고봉인 성인봉 983.6미터에서 A반은 동남쪽으로 하산, 남양동에서 B반은 동북쪽으로 하산 나리동(羅里洞)에서 숙박 ▶ 22일 A반 남양동 출발 대하(臺霞) 숙박, B반 나리동 출발, 천부동(天府洞) 경유, 현포(玄圃) 숙박 ▶ 23일 A반 대하 출발, 현포 경유, 천부동 숙박, B반 현포 출발, 대하 경유, 남양동 숙박 ▶ 24일 오후 전원 저동에 집결 ▶ 의학반은 그 사이 저동에서 2일간, 천부동에서

2일간, 나리동에서 1일간 시료(施療) 조사를 마치고 성인봉 등정 후 저동으로 귀착 ▶ 25일 휴식 □리, 오전부터 우산중학교에서 특별강연 ▶ 26일 오전 9시 반 저동 출범, 오후 10시 반 포항 귀착 숙박 ▶ 27일 오전 오후로 포항 출발, 대구 경유 ▶ 28일 오전 본대 서울 귀착, 섬 체재 중에는 숙소의 제공(□분(分)의 □료(料)와 사(謝)□를 조건으로)을 받을 것, 그 밖에는 일체 본대가 자변(自辯)으로 할 것을 원칙으로 했다. 식량이 원래 부족한 곳이고, 또 본토와의 교통상 일반 물자가 매우 궁핍한 곳이므로 식량은 물론 제반 소요품은 도내 생산품으로서 본토(本土)로 이출하는 것 이외에는 일체 이출행위를 금하기로 했다.(외교부 독도자료실)

15. 「鬱陵島學術調査隊報告記(3)」, 洪鐘仁, 『한성일보』(1947.9.25)

(▶ 자료출처: 외교부 독도자료실)

■ 「울릉도 학술조사단 보고기」(3), 홍종인

　본 조사대의 사업계획은 가장 구체적인 것으로 학술조사 보고서를 발간하는 것으로 마무리할 것이지만, 그 전에 보고강연과 보고전람회, 현지보고의 일반적인 소개, 출판물이 우리에게 부과된 사업절차이다. 보고강연회는 9월 10일 서울과학박물관 강연실에서 매우 성황리에 개최되었고, 다음 전람회는 11월 상순

중 서울에서 개최하고 사정이 허락하면 대구에서도 개최할 예정이다. 전람회는 보도반원들의 막대한 비용과 노력으로 된 사진을 위시해서 각반의 조사자료 전시가 있을 것이고, 학술보고서는 매우 학술적인 입장에서 울릉도의 전모를 소개하여 우리 학계에 하나의 문헌으로 제공하여 많은 분들의 비판을 면하고자 하는 바이다.

그런데 그 전에 울릉도 학술조사의 결론은 무엇이냐는 일반적인 질문을 받으며 우리는 될 수 있는 대로 바삐 간명하나마나 전체적인 골자를 느끼고 있다. 보고강연회에서도 나타난 바 있었거니와 우리는 울릉도 답사 결과, 전원이 공통된 결론을 얻을 수 있었다.

즉

一. 울릉도는 우리 국토에 있어서 동해 방면에서 국력을 발전시킬 유일무이한 거점이다.

一. 그러나 황폐 일로에 있다. 국가적 견지에서 행정상 특별조치와 아울러 국가적 보호시책 없이 방치한다면, 불과 십 수 년 안에 울릉도는 자멸하리라는 것이었다. 이 점을 구체적으로 설명한다면, 또 관계 당국에 헌책한다면(아래와 같다—역자).

一. 교통문제를 해결할 것. 본토와 포항과의 정기항로에 우수한 선박을 취항케 하여 도민으로 하여금 생활, 생업, 문화 일반으로 고도로서의 불안감을 제거하게 할 것. 그리고 도내의 교통에도 적어도 도청이나 도내의 경찰이 도내의 구호와 치안에 사용할 경비구호선을 가지게 할 것.

一. 산업상 본도의 유일한 것인 수산업을 적극 지도할 것. 현재는 근해어업으로 원시적이라고 할 '오징어잡이'에 국한되어 있고 그나마 가공처리 설비가 전무하여 막대한 어획과 노력을 낭비하고 있으니, 당면한 도민의 생활을 위해서라도 어업상 공공시설을 고려하며, 앞으로 원양어업의 기지로 발전하도록 어선, 어구의 개선을 도모할 것이지만, 현재의 700톤 소형어선에 의한 모험과 불안을 제거하며 이에 따른 극히 제한된 어로활동을 증진케 하여야 한다. 그리하여 어업에 의한 수입을 고도로 증대케 하여야 할 것이다.

一. 농업은 40도 이상의 경사산지를 경작하고 있던 현황으로 보아 경지는 대량으로 제한하고 산림지를 보호할 것. 천연의 임산 보고가 개척 이래 왜인의 도벌과 도민의 화전개간 등으로 많이 황폐하여 앞으로 십 수 년을 이대로 방치하면 산림의 황폐는 섬 전체의 자멸을 초래할 것이다. 조림을 장려하여 선박자재와 건축가구재의 도내 자급 내지는 일부 본토로의 이출을 기할 수 있게 되어야 할 것이다. 농가와 반농가의 부업으로 양잠, 견직도 더 지도할 여지가 있을 것이며, 임야 조성과 병행하여 본도의 명산으로 목우를 장려하는 것이 필요할 것이다.

一. 축항과 발전소 확충, 자연조건이 불리하지만 방파제 등 가능한 지점에 축항 시설이 필요하다. 자연적으로 샘솟는 수원지가 있어 수력발전은 약 500키로 대의 증대가 가능할 모양이어서 수신식료공업에 자족할 수 있을 것으로 예견되고 있다.(외교부 독도자료실)

16. 「울릉도학술조사대보고기」(4), 홍종인, 『한성일보』(1947.9.26)

鬱陵島學術調査隱報告

(終) 洪 鍾 仁

(▶ 자료출처: 외교부 독도자료실)

■「울릉도 학술조사대 보고기」(4), 홍종인

一. 보건 관리 도민의 신체 발육상황은 언뜻 보면 건장하다. 그러나 이번 의학반의 조사결과, 의외로 결핵의 침입 정도가 매우 우려되는 상태에 있고, 그 외 안질로 도라홈 위장병이 많은 점 등으로 보아 금후 보건관리와 위생사상을 보급하는 것이 긴절히 요구되고 있으나, 섬 안에는 의사는 단 한 명, 그 밖에 여러 명의 한의사가 있을 뿐이다. 비록 15,000명의 인구 비례로 보면, 본토의 의사 배치비례에 큰 차이가 없다 하더라도 도내의 교통관계로 보아 부족할 뿐더러 현재 도민의 보건관리가 간절한 현상으로 보아 더욱 보건시설의 부족을 느끼는 것이다.

一. 보호시책의 간절성

대략 이런 결론을 내릴 수 있다. 토지로부터 황폐와 자멸의 일로에 있는 울릉도를 살리자고 외친다면, 혹자는 웃으리라. 또 불가능이라고 여겨 일고하지도 않을지 모른다. 막대한 경비도 생각할 것이며 울릉도만이 조선이냐고 하여, 조선 팔도의 모든 현상을 들어 울릉을 위한 국가적 보호시 산의 등반을 불허할지 모른다. 그러나 문제는 동해의 고도 울릉도는 국토상 위치의 중요성, 과거 역사에서도 제정 러시아가, 또 침략국가 일본이 군사적으로 산업적으로 항상 넘보고 동해상의 어떤 기지로 만들려했던 사실로 보던가, 앞으로 우리 재건국가가 오직 평화적인 산업과 문화로 크게 비약하여야 할 것을 생각할 때, 특히 해양으로의 발전, 원양어업의 개척을 생각할 때, 동해의 고도 울릉의 존재는 실로 동해상에 국력을 발전시킬 기지로 하늘이 내려준 고마운 땅임을 알 것이다. 문제는 그 중요성의 인식 여부, 이 점에 있다.

국가적 시책은 반드시 국보만을 필요로 하는 것이 아니다. 국가적 시책의 방향을 명시하여 국력으로서의 산업상 자본과 기술을 능히 유도할 수 있는 데서 효과는 더 클 수도 있다.

그리고 더욱이 보호시책이 긴급히 요청되고 있는 이유는 역시 절해고도이기 때문이다. 육지와의 접근시와 판이하여 자연□□적 현상이 가히 현□□□속한 때문이다. 안정되지 못한 생산과 낮은 기술, 문화로는 그 주민이 가진 환경 안에서 어느 정도의 발전이 가능할 뿐, 그 한계에 도달하면 퇴보, 자멸이 있을 뿐이다.

외부적으로 자본, 기술의 보합 없이는 발전을 기대할 수 없는 것이다. 울릉도는 지금 그 가운데 하나의 현상에 있다는 것이 눈에 뚜렷이 보이고 있다. 그렇다고 그 주민과 그 사회가 완전히 □□□의 약□들이냐 하면 결코 그렇지 않다. 해양에서 선천적으로 훈련된 강고한 생활력이며, 순박한 인심과 그 친화력은 과연 울릉도민만이 가지고 있는 자력 이외의 자본이라 할 것이다. 또 도내의 자연과 무진장의 동해의 수산보고는 그들이 가진 자질을 토대로 개발될 것임을 생각할 때, 도민으로 하여금 하루바삐 외부 자본과 기술을 수입 소화하게 하여 동해상의 거룩한 국토 수호의 □자로, 또 국력 발전의 유일한 선도자로 용감한 그 본분을 다하게 하여야 할 것을 절실히 느끼는 것이다.

□□지방□이며 중앙 당국의 심절한 고려가 있을 것을 기대하며, 또 일반 국민의 관심이 커질 것은 자명하므로, 소루하나마 조사보고의 개괄적인 이 일문을 초하는 바이다.(외교부 독도자료실)

17. 「獨島의 하루」, 방종현, 『경성대학 예과신문』 13호(정해년 추석전야: 1947.9.28)

朝鮮語學論集

獨島의 하루

五六八

問題의 獨島! 궁금한 獨島! 우리는 鬱陵島의 全島內를 돌아 보기 前에 먼저 이 獨島부터 探査하기로 하였다。

八月 二十二日 午前 세時 牛에 우리 一行 六十餘名은 鬱陵島의 島司와 有志들 十餘人을 合한 八十名이나 넘는 多數 人員이 합께 道洞을 出發키로 되었다。

고요한 道洞 海村의 새벽 空氣를 이들의 요란스러운 발자취 소리로 뒤흔들고、 높이 맑은 하늘 가운데는 잔별만이 반짝이는데 거칠던 바다의 波濤조차 으늘 따라 유난히도 잔잔하다。

二千五百年 前에 異斯夫가 木造의 獅子로 이 섬을(그 때 이름으로 于山國을) 討平하고 사람이 살지 못하도록 聖人峰 우둑 솟아 이 섬을 이루었으니 鬱陵島 그 歷史는 까마득한 옛날 新羅 때부터 記錄이 있다 한다。至今부머 一千五百年 前에도 이 聖人峰만은 여전히 있었으리라。우리 一行은 道洞을 떠난지 네時間 半만에 目的地인 獨島의 前海에 이르러 무슨 새로운 發見이나 한 듯이 기쁨에 넘친 소리로 질렀다。

獨島는 한個의 섬으로 된 것이 아니고 東西로 두개의 명어리에 떨어져 있다。우리가 탄 배는 西島의 앞을 서 東島와의 사이에 멀찌기 기대었다。西島를 바라보니 그 위에는 개보다는 귀가 큰 듯한 物形으로 생긴 것이 조선 사람이나 만나서 방금 무슨 소리라도 지르는 듯이 귀를 종그리고 쭈구려 앉아 있고 그 頂上은 三角뿔으

東島를 向하여 「뗌마」를 타고 저어 가니 여기저기 海中에 높이 늘어선 것이 있는데 마치 잔 돌과 「세멘트」를 一솟아 있다。

가지고 人工을 加하여 되는 대로 치쌓은 듯 까딱하면 넘어질 것 같이 솟아 서 있다.

여기서 「뗌마」를 버리고 東島의 西端으로 올라가니 右쪽 구멍 뚫어진 굴을 通하여 멀리 그 밖이 내다보이고 그

아래는 限 없이 맑은 물이 파랗게도 깊어 있다. 이 東島와 西島와의 中間에는 외로이 섰는 沙工바위, 그 뛰로 儼

然한 獅子島가 세 구멍으로 뚫린 한 개의 큰 굴을 그 밑에 두어 이곳에는 特히 맞구멍 뚫린 굴들이 많은 것이 또

한 아무데서나 볼 수 있는 일 같지는 않았다. 우리 一行은 東島의 西端인 頂上의 돌이 부스러져 흐르고 海中의

조약돌이 波濤에 몰려든 이 비스듬한 물가에 짐을 풀어 中食을 마치고 먼지 이 東島로부터 올라가기로 한다.

이 峰은 그리 높지는 않으나 傾斜가 急하여 기어오르는 사람이 코가 닿는 듯 발을 붙일 수가 없고 바위라고 볼

잡으면 부스러지고 풀덩굴이라도 휘잡으면 쥐는 대로 끊어진다. 겨우 頂上이라고 올라가니 꼭대기는 없고 행하

고 휘둥굴게 噴火口가 깊고 둥글게 비어 있어서 마치 漢拏山의 白鹿潭이 頂上에 있다고 하면 이 東島의

깊은 속은 峰中의 海底에 있다고나 할 것이다. 그러므로 이 東島는 속이 없고 껍데기인 절벽기로만 섬일 나 이

돌전메기의 表面에 엷게 흙이 갈리어 이 峰을 이루었으니 여기서 자란 풀은 敷하고, 큰 나무 같은 것은 애초에

없다. 藥學大學校 學長인 都逢涉氏에게 이 獨島의 植物이 얼마나 되느냐고 물었더니 아마 三十五, 六種 밖에

없는 듯하다고 對答한다.

다시 四, 五人은 「뗌마」를 붙잡아 西島로 건너가니 둘 沙汰의 傾斜가 너무 急하여 到底히 올라갈 수는 없고

그 밑으로 돌아가면서 或 飲料水나 있는가 찾아 보았으나 이곳에는 없고 다만 굴이 여기도 세개나 있고 그 앞

으로 數百人을 설 만한 廣場이 波場 없는 날이면 거닐만 하게 되어 있다.

여기서 잠깐 나는 이 섬의 名稱을 생각해 보기로 한다.

이 섬은 至今 우리가 부르고 있는 이름이 뜻하는 것처럼 하나만 있는 獨島도 아니고 오히려 兩島 或은 對島라

獨島의 하루

一 韓國語學論集

고 하여야 될 만하다。對馬島라고 하면 마치 對馬島와도 같이 되어 끝 두섬 即 兩島(日本語로도 우리나라의 名稱 그대로 지금도 부르고 있음)의 「두」와 獨島의 「獨」과를 그 音에 있어서 相似한 點이 있지 않은가도 생각하겠지만 그래도 그렇게 볼일 것은 아니고 亦是 「독」이란 音 그대로 무슨 뜻을 가진 것으로 解釋하는 것이 第一次로 穩當한 順序일 듯하다。

그래서 이 섬과 「독」이란 音을 關聯시키면 爲先 이 섬이 생긴 것으로보아서 그 속이 텅 비고 밑바닥에 물이 갈린 것은 우리들 家庭에서 쓰는 물독에다 比할 것일까? 그 內容으로 보아서 독에 比하여 말하는 것을 잘못이라고 말할 수는 없을 것이다。

그러나 아무리 보아도 外形으로 보아서는 이 섬을 독섬이라고 물독에 比할 수는 없게 되었다。大概 이름 붙이는 것을 보면 海島의 名稱은 그 外形에서 따 오는 것이 많은 만큼 이 섬도 亦是 一般則에 벗어남이 없을 것이라고 생각되며 또 물독에 比한다 해도 兩島인 慣週에는 이런 이름은 좀 어울리지 않는 名稱인 듯 느껴진다。

그렇다고 하여 이 섬의 名稱을 芝峰類說에 記錄된 日本사람이 부르던 竹島를 붙여보거나, 또 近者의 日本人이 亦是 부르는 竹島에다 關聯시키면 이것도 現在의 字音으로는 「죽도」일 터이니 멀다고 보겠고 또 古字音에 「독표」라고 한 것이 이것이 「독」으로 變할 可能性이 없다고 할 수는 없으나 이것 亦是 西部方言 系統이 아닌 이 섬의 方言으로는 可能하다고 보지 못하겠다。

그러므로 나는 以上에서 여러 가지로 따져 보아도 그것들이 아무래도 이 섬의 名稱으로서는 본뜻이 아닐 듯하다。

나는 끝으로 或은 이 섬의 이름이 「石島」의 意에서 온 것이나 아닌가 생각된다。이것은 「돌섬」 또는 「독섬」의 두 가지로 부를 수 있는 것이니 여기서 問題는 이 獨島의 外形이 全部 돌로 된 것같이 보이게 되었다 하는 것과

五七〇

또한 「돌」을 어느 方言에서 「독」이라고 하는가를 解決하면 이 石島라는 名稱이 거의 가까운 解釋이 되리라고

한 것이다. 그런데 이 獨島는 亦是 돌로 되었고 돌뿐이요 오히려 흙이 없다고 하겠다. 그러면 다음으로 「石」

을 「독」이라고 하는 것은 全羅南道의 海岸에서도 이렇게 하는 곳이 있는 만큼 「절구」를 「도구통」이라고 하면 가

「흙」를 「돌」으로, 「다드미돌」을 「다드미독」이라고도 하는 것 等에 비추어 鬱陵島의 地名例와 같이

이 섬은 亦是 石島의 意인 「독섬」이라고 생각된다.

이것은 다만 이 獨島 또는 독섬(현재 독섬이라고 부른다)이 「石島」의 意일 것임을 말하는데 不過한 것이니 모두

한 推定이라 그 原作의 本意를 어찌 그대로 밝히기야 쉬우리라.

여기서 다시 獨島 全體를 돌아 살펴 보면 獨島라는 섬은 簡單히 表現하여 바위 명어리라고 말할 수 있다. 모

두 바위뿐이요, 맞뚫린 굴이 속은 독같이 비어 있고 外面의 傾斜는 急한데 바람은, 언제나 물결을 뒤흔들고

있다. 그러므로 어디 菜蔬 한포기 꽂을데 없고 변변히 조그만 집 한채 세울 자리 없는 참말 보잘 것 없는 섬이

요, 아무 쓰임데 없는 섬이라고 해도 過言이 아닐 것이다.

그러나 다시 한번 우리가 이 섬의 附近 海上을 살펴 볼 때는 거기에는 이름 있는 海獸가 많고 갖은 魚物이 無盡

藏이라고 한다. 星湖僿說에서 보면 水族으로 加支魚란 것이 있어서 바위 틈에 穴居하는데 비늘은 없지만 꼬리

는 달렸고 몸둥어리에 四足이 分明하나 그 後足이 매우 짧으므로 陸地에 오르면 잘 달아나지를 못하고 이것

이 물속에서 갈 때는 나는 듯이 往來하며 지르는 소리를 들으면 어린애의 것과 같으며 살에는 기름이 많아서 짜

서 燃燈에 使用한다고 하였다. 이번에 우리 一行中에서도 이것을 세 마리나 잡아서 標本으로 가져오는 것을 보

았다. 내가 얼른 보아 (專門的이 아니고) 물고기는 아니고 누구나 一見으로 (물개라고 하기에 서슴지 않을 것을 보

다. 그 고기 맛은 돼지고기에 가깝고 그 皮毛는 매우 반지르르하여 貴히 使用됨직하다. 그러나 이것이

獨島의 하루

五七一

아니라는 것을 이 方面 專門家들이 確言하니 亦是 星湖僿說에 所謂 「加支魚」라고 하여 물개와는 區別되는 것이 라고 보겠다.

이 獨島의 近海에는 이것이 큰 놈은 소만하고 작은 것은 개만씩한 것이 水中과 岩上에 여기 저기 보인다. 이

와 같은 여러가지 海中의 産物을 目標로 할 때에 비로소 이 獨島의 價値는 진실로 큰 것이니 우리나라에 이 섬

이 있는 것은 將次 그 쓰임이 크게 있을 것을 豫備한 것이라고 하겠다.

우리 一行은 默默한 가운데 이 섬외 存在가 빛나는 將來를 굳게 빌면서 午後 四時 넘어 다시금 뱃머리를 鬱陵

島로 向하여 돌리었다. (이 草稿는 鬱陵島 旅行報告中의 一節이니 하루의 日記다. 丁亥年 秋夕前夜)

<一九四七年, 京城大學 豫科 新聞 第一三號>

五七二

■ 「독도의 하루」, 방종현

　　문제의 독도! 궁금한 독도! 우리는 울릉도의 전도내(全島內)를 돌아보기 전에 먼저 이 독도부터 탐사하기로 하였다. 8월 22일 오전 세시 반[33]에 우리 일행 육십여 명은 울릉도의 도사(島司)와 유지(有志)들 십여 명을 합한 팔십 명이나 넘는 다수 인원이 함께 도동(道洞)을 출발키로 되었다.

　　고요한 도동 어촌(海村)의 새벽 공기를 이들의 요란스러운 발자취 소리로 뒤흔들고, 높이 맑은 하늘 가운데는 잔별만이 반짝이는데 거칠던 바다의 파도조차 오늘 따라 유난히도 잔잔하다.

　　성인봉(聖人峰) 우뚝 솟아 이 섬을 이루었으니 울릉도 그 역사는 까마득한 옛날 신라 때 부터 기록이 있다 한다. 지금부터 천오백년 전에 이사부가 목조의 사자(獅子)로 이 섬을 (그 때 이름으로 우산국을) 토평(討平)하고 사람이 살지 못하도록 도민의 거류를 금하던 그 때에도 이 성인봉만은 여전히 있었으리라. 목적지인 독도의 가까운 바다(前海)에 이르러 무슨 새로운 발견이나 한 듯이 기쁨에 넘친 소리로 질렀다. 선상에서 바라보니 이 독도는 한 개의 섬으로 된 것이 아니고 동서로 두 개의 덩어리에 떨어져 있다. 우리가 탄 배는 서도의 앞을 지나서 동도와의 사이에 멀찍이 기대었다. 서도를 바라보니 그 위에는 개보다는 귀가 큰 듯한 모양으로 생긴 것이 낯선 사람이나 만나서 방금 무슨 소리라도 지르려는 듯이 귀를 쫑그리고 쭈그려 앉아 있고 그 정상은 삼각암으로 솟아 있다.

---

33) 8월 22일 오전 세시 반은 필자의 오식임. 8월 20일 오전 5시 10분 출발이 정확한 일시임.

　동도를 향하여 「뎀마」를 타고 저어가니 여기저기 해중에 높이 늘어선 것이 있는데 마치 잔 돌과 「시멘트」를 가지고 인공을 가하여 되는 대로 치쌓은 듯 까딱하면 넘어질 것 같이 솟아 서 있다.

　여기서 「뎀마」를 버리고 동도의 서단으로 올라가니 오른쪽 구멍 뚫어진 굴을 통하여 멀리 그 밖이 내다보이고 그 아래는 한없이 맑은 물이 파랗게도 깊어 있다. 이 동도와 서도와의 중간에는 외로이 서 있는 사공바위, 그 뒤로 엄연한 사자도(獅子島)가 세 구멍으로 뚫린 한 개의 큰 굴을 그 밑에 두어 이곳에는 특히 맞구멍 뚫린 굴들이 많은 것이 또한 아무데서나 볼 수 있는 일 같지는 않았다. 우리 일행은 동도의 서단인 정상의 돌이 부스러져 흐르고 해중의 조약돌이 파도에 몰려든 이 비스듬한 물가에 짐을 풀어 중식을 마치고 먼저 이 동도로 부터 올라가기로 한다.

　이 봉우리는 그리 높지는 않으나 경사가 급하여 기어오르는 사람이 코가 닿는 듯 발을 붙일 수가 없고 바위라고 붙잡으면 부스러지고 풀덩쿨이라도 휘잡으면 쥐는 대로 끊어진다. 겨우 정상이라고 올라가니 꼭대기는 없고 휑하고 휘둥글하게 분화구가 깊고 넓고 둥글게 비어 있어서 마치 한라산의 백록담이 정상에 있다고 하면 이 동도의 깊은 속은 봉중(峰中)의 해저에 있다고나 할 것이다. 그러므로 이 동도는 속이 없고 텅빈 껍데기로만 된 셈이니 이 돌껍데기의 표면에 엷게 흙이 깔리어 이 봉을 이루었으니 여기서 자란 풀은 연하고, 큰 나무 같은 것은 애초에 없다. 약학대학교 학장인 도봉섭(都逢涉)씨에게 이 독도의 식물이 얼마나 되느냐고 물었더니 아마 35~6종 밖에 없는 듯 하다고 대답한다.

다시 4, 5인은 「뗌마」를 붙잡아 서도로 건너가니 돌사태의 경사가 너무 급하여 도저히 올라갈 수는 없고 그 밑으로 돌아가면서 혹 음용할 물이나 있는가 찾아보았으나 이곳에는 없고 다만 굴이 여기도 세 개나 있고 그 앞으로 수백 인쯤 설 만한 광장이 파도 없는 날이면 거닐만 하게 되어 있다.

여기서 잠깐 나는 이 섬의 명칭을 생각해 보기로 한다.

이 섬은 지금 우리가 부르고 있는 이름이 뜻하는 것처럼 하나만 있는 독도는 아니고 오히려 양도(兩島) 혹은 대도(對島)라고 하여야 될 만하다. 대도라고 하면 마치 대마도와도 같이 되어 곧 두 섬 즉 양도(兩島)(일본어로도 우리나라의 명칭 그대로 지금도 부르고 있음)의 「두」와 독도의 「독」과를 그 음에 있어서 상이한 점이 있지 않은가도 생각하겠지만 그래도 그렇게 붙일 것은 아니고 역시 「독」이란 음 그대로 무슨 뜻을 가진 것으로 해석하는 것이 제1차로 온당한 순서일 듯하다.

그래서 이 섬과 「독」이란 음을 관련시키면 우선 이 섬이 생긴 것으로 보아서 그 속이 텅 비고 밑바닥에 물이 깔린 것은 우리들 가정에서 쓰는 물독에다나 비할 것일까? 그 내용으로 보아서 독에 비하여 말하는 것을 잘못이라고 말할 수는 없을 것이다.

그러나 아무리 보아도 외형으로 보아서는 이 섬을 독섬이라고 물독에 비할 수는 없게 되었다. 대개 이름 붙이는 것을 보면 해도(海島)의 명칭은 그 외형에서 따오는 것이 많은 만큼 이 섬도 역시 일반원칙에 벗어남이 없을 것이라고 생각되며 또 물독에 비한다 해도 양도인 경우에는 이런 이름은 좀 어울리지 않는 명칭인 듯 느껴진다. 이 역시 부르던 죽도에다 관련시키면 이것도 현재의 자음으로는 「죽도」일 터이니 멀다고 보겠고 또 옛 글자

소리(古字音)로 「득됴」라고 한 것이 이것이 「둑」으로 변할 가능성이 없다고 할 수는 없으나 이것 역시 서부방언 계통이 아닌 이 섬의 방언으로는 가능하다고 보지 못하겠다.

그러므로 나는 이상에서 여러 가지로 따져 보아도 그것들이 아무래도 이 섬의 명칭으로서는 본뜻이 아닐 듯하다.

나는 끝으로 혹은 이 섬의 이름이 「석도(石島)」의 뜻에서 온 것이나 아닌가 생각된다. 이것은 「돌섬」 또는 「독섬」의 두 가지로 부를 수 있는 것이니 여기서 문제는 이 독도의 외형이 전부 돌로 된 것같이 보이게 되었다 하는 것과 또한 「돌」을 어느 방언에서 「독」이라고 하는가를 해결하면 이 석도라는 명칭이 거의 가까운 해석이 되리라고 할 것이다. 그런데 이 독도는 역시 돌로 되었고 돌뿐이요 오히려 흙이 없다고 하겠다. 그러면 다음으로 「돌」을 「독」이라고 하는 것은 전라남도의 해안에서도 이렇게 하는 곳이 있는 만큼 「절구」를 「도구통」이라고하던가 「기(碁)」를 「돌」 또는 「바독」으로, 「다드미돌」을 「다드미독」이라고도 하는 것 등에 비추어 울릉도의 지명 예(例)와 같이 이 섬은 역시 석도의 뜻인 「독섬」이라고 생각된다.

이것은 다만 이 독도 또는 독섬(현재 독섬이라고 부른다)이 「석도」의 뜻일 것임을 말하는데 불과한 것이니 모두 한 추정이라 그 원작의 본의(本意)를 어찌 그대로 밝히기야 쉬우리요.

여기서 다시 독도 전체를 돌아 살펴보면 독도라는 섬은 간단히 표현하여 바위 덩어리라고 말할 수 있다. 모두 바위뿐이요, 맞뚫린 굴이 많고 속은 독같이 비어 있고 외면의 경사는 급한데 바람은 언제나 물결을 뒤흔들고 있다. 그러므로 어디 채소 한 포기 꽂을 데 없고 변변히 조그만 집 한 채 세울 자리 없는 참말

보잘 것 없는 섬이요, 아무 쓰일 데 없는 섬이라고 해도 과언이 아닐 것이다.

그러나 다시 한 번 우리가 이 섬의 부근 해상을 살펴볼 때는 거기에는 이름 있는 바다 동물(海獸)이 많고 갖은 어물이 무진장이라고 한다. 성호사설(星湖僿說)에서 보면 수족(水族)으로 가지어(加支魚)라는 것이 있어서 바위틈에 혈거(穴居)하는데 비늘은 없지만 꼬리는 달렸고 몸뚱어리에 사족이 분명하나 그 후족이 매우 짧으므로 육지에 오르면 잘 달아나지를 못하지마는 이것이 물속에서 갈 때는 나는 듯이 왕래하며 지르는 소리를 들으면 어린애의 것과 같으며 살에는 기름이 많아서 짜서 연등에 사용한다고 하였다. 이번에 우리 일행 중에서도 이것을 세 마리나 잡아서 표본으로 가져오는 것을 보았다. 내가 얼른 보아 (전문적이 아니고) 물고기는 아니고 누구나 일견으로 물개라고 하기에 서슴지 않을 것이다. 그 고기 맛은 돼지고기에 가깝고 그 피모(皮毛)는 매우 반지르르하여 귀히 사용됨직하다. 그러나 이것이 올눌제(膃肭臍)는 아니라는 것을 이 방면 전문가들이 확언하니 역시 성호사설에 소위 「가지어」라고 하여 물개와는 구별되는 것이라고 보겠다.

이 독도의 근해에는 이것이 큰 놈은 소만하고 작은 것은 개만식한 것이 수중과 바위 위에 여기저기 보인다. 이와 같은 여러 가지 해중의 산물을 목표로 할 때에 비로소 이 독도의 가치는 진실로 큰 것이니 우리나라에 이 섬이 있는 것은 장차 그 쓰임이 크게 있을 것을 예비한 것이라고 하겠다.

우리 일행은 묵묵한 가운데 이 섬의 존재가 빛나는 장래를 굳게 빌면서 오후 네시 넘어 다시금 뱃머리를 울릉도로 향하여 돌

리었다. (이 초고는 울릉도 여행보고중의 일절(一節)이니 하루의
일기다. 정해년 추석전야) 〈1947년, 경성대학 예과 신문 제13호〉

(▶ 자료출처: 동북아역사재단 독도연구소 독도연구자료)

18. 「가제(於獨島)」(1), 尹炳益, 『서울신문』 (1947.11.15)

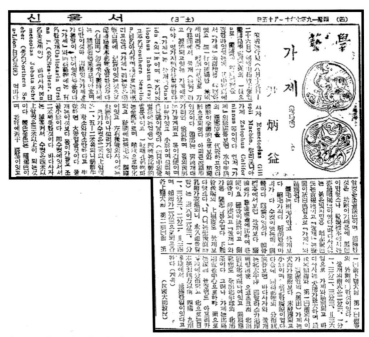

■ 「독도 가제」(1), 윤병익

필자는 금년(팔월 십구일 이십육일) 조선□□□□인 울릉도를 □□□의 한 바 있었는데 □중□도에서 가제의 □□를 □□하였고 또 일행이 포획한 □□ 세 마리를 □□□□로 방금 항간에서 물개(海狗)라고 觀□되고 있는 가제에서 대하여, 몇 가지

소개를 할까 한다.

　〔가제〕는 물개 Otaxidae의 1st 이며 양명이 zilophus Iabatus Gray고 일명 southern Sea-lion 일명 아시카며 한자로는 해구(海狗)라고 쓴다.

　〔가제〕라는 말은 □□□에 □□이 있는 것으로 울릉도에 본래 있는 동물을 말한 것 같다.(석주명) 물론 지금 울릉도에는 개척된 □과 □□지 않으며 다만 이것과 내선 있는 가제를 같은 말이 남아있을 따름이다. 〔가제〕와 같은과 동물에는 유명한 물개 Oallotaria Ursina j.(양명Sea. Bear, 일명 옷도세이), 바다사자 Eumetopias Jubata Sohreber(양명 Northern Sea-Lion, 일명 토도), 먹바다사자 Eumetopbas Gillspii Macbin, 캘리포니아 가제 Zalophus Californianus 등이 있다.

　먼저 〔가제〕의 형태를 보면 수중생활의 적응형을 대표하고 있다. □형이 전체적으로 보아 방□형으로 되어있다. 앞이 큰 □선형인 것이다.

　머리 부분은 □□개 대가리와 흡사하며 봄의 하부는 가늘게 되고 목이 긴 편이며 □□가 있고 소형이며 끝이 빠른 □□이 달렸다.(□日中의 물범에는 없음)

　네 시는 비교적 □□□이고 1□□□□물과는 전혀 다르며 □□으로 □화되고 □간에는 □모의 □□이 있고 좌우 후지의 사이에는 □□□이나 꼬리가 있다.

　크기가 수컷은 1미터 이상 암컷은 1.5~2미터 쯤 되니 조선에서 나는 황소와 암소만 하다고 우□하면 대차 없을 것이다.

　물개는 이것보다 몸이 가늘고 조금 소형이다. 즉 수컷에 있어서 2미터 빠듯한 것이다. 바다사자는 월등히 커서 수컷은 4미터 이상 암컷은 3미터 이상 되는 것이다. □색지색은 □갈색이며 노□에 □간 반점이 있고 암컷은 조금 □색이며 포□한 것은 유□이기 때문에 흑색이 많았으나 □□□본에서는 역시□□□이였다.

「바다사자」는 붉은빛이 많은 □역□ 도는 □□색이고 「물개」는 배 부분이 □백색임으로 〔가제〕와 구별된다. 체모는 상모가 많고 물개보다 솜털이 적다.

포획한 세 마리가 다 수컷이었는데 개체마다 □□이 있었다. 두골□본에서 보면 물개보다 □□□가 □면□□에 비하여 큰 편이요 □골이 장형이고 측 두골이 □□되고 「물개」와 같은 □□을 볼 수 없다.

하□골□단의 상출□도 물개보다 알다니 (나는 생후□□유치가 □□되니 수구□등 말함)는 □□이 이분삼 일분일 삼분삼 이분이 □24며 □□가 이분삼으로 되고 각각 상□견□ 제2□□치 제1□□하□대□ 제1일치 등의 외측에 의한 것이 있다.

물개의 치식은 일분삼 일분일 삼분이 삼분삼 이삼육입으로 가제와 구별되고 바다사자는 견치가 장대하며 최□의 □치와 제1일치의 사이가 □□인데 (黑田) 가제는 견치가 타치보다 미□□되고 소형이며 □기한 □극이 없다.

다음에 동과 동물의 분포상태를 보면 바다사자와 물개는 북태평양 즉 알래스카 연안 베링해경 오코츠크해 북해도이북에 한하여 있고 동과 타 동물도 전부 북반구의 북부 □이다.

그러나 가제는 비도부근을 중심으로 하여 남으로는 □□ 뉴질랜드 아프리카 □□에 분포되고 북으로는 일본 □□지방 이남 4개국 9주 등지에서 포획한 일이 있다고 한다.(계속)

19. 「가제(獨島産)」(2), 尹炳益, 『서울신문』 (1947.11.18)

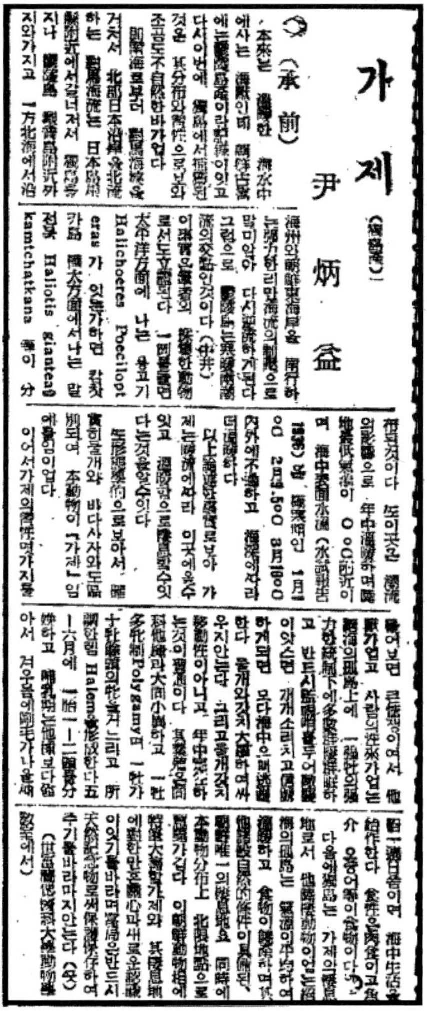

가제
尹炳益

(▶ 자료출처: 『서울신문』)

■ 「가제(독도산)」(2), 윤병익

본래는 온난한 수중에 사는 해수인데 조선의 옛섬에는 울릉도 봉이란 기성(記鯎)이 있고 다시 이번에 독도에서 포획된 것은 그 분포와 습성으로 보아 조금도 부자연한 바가 없다.

즉 남해로부터 부마해협을 거쳐서 북부 일본 연안을 북침하는 대마해패는 일본 대마도 부근에서 갈라져서 독도를 지나 울릉도 □부도 부근까지 와가지고 일방(一方) 북해에서 연해주와 조선 동쪽 연안을 남행하는 강력한 리만 해술의 제□으로 말미암아 다시 돈술(沌述)하게 된다. 그럼으로 울릉도는 한난 양 소류의 교점인 것이다. (中井)

이 동물은 □자의 탐집한 동물로서 입론된다. 일례를 들면 태평양 방면에 나는 용고가 Halichoeres Poecilopteras 가 있는가 하면 캄챳카도 □태 방면에서 나는 말전복 Haliotis gianteal kamtchatkana 등이 분포된 것이다.

또 이곳은 소류의 영향으로 연중 온난하며 땅 최저기온이 □ □□정도이며 해중 표면수온(수시 보고 1936)은 냉한기인 1월 1 □□ 2월 9.5□□ 3월 10□□ 내외에 불과하고 해심에 따라 더 온난하다.

이상 논술한 □□로 보아 가제는 □패에 따라 이곳에 올 수 있고 온난함으로 □도 할 수 있다는 것을 알 수 있다.

또 형태학적으로 확실히 물개와 바다사자와도 구별되어 본 동물이 가제임이 틀림이 없다.

이어서 가제의 습성 몇 가지를 물어보면 큰 겁쟁이여서 타□ 가 없고 사람의 왕래가 없는 동해의 독도 위에 한 마리 강한 수

컷의 강력한 통제 하에 다□군□군□하고 반드시 □패□를 두어 적□이 앗으면 개개소리치고 군□하게 되면 모두 바다로 도피한다.

물개와 강치는 대적하여 싸우지 않는다. 그리고 물개와 강치는 이동성이 아니고 연중 정행하는 것이 보통이다.

이 동물은 동과 타□과 대동소이하고 한 마리 수컷이 다처제 많은 수컷 모두 Folygamy며 한 마리 수컷이 열 마리 수컷□의 수컷을 거느리고 소위 한렘(Halemo) 형성한다.

5~6월에 한 마리가 임신하여 한두 마리를 해산하고 수유기는 다른 동물보다 짧아서 겨우 몸에 체모가 나올 때 □1□일쯤이며 해중 생활을 시작한다.

식성은 육식이고 조개 오징어 등이 먹이이다.

다음에 독도는 가제의 서식지로서 다른 육지동물이 없는 절해의 고도는 기온이 평탄하여 온난하고 식물이 풍부하며 이 지역 천연자연적 조건이 구비된 조선 유일의 서식지요 동시에 본 동물 분포상 북한 지점으로 □□가 깊다.

이 조선 동물상에 □□대적할 가제와 이 서식지에 대한 많은 관심과 새로운 인식이 있기를 바라며 당국은 반드시 천연기념물로써 보호 보존 하여주기를 바라마지 않는다. (끝)

20. 「東海의 내 國土, 슬프다 流血의 記錄: 踏査回顧, 洪鐘仁 記」, 『조선일보』 (1948.6.17)

▶ 자료출처: 『조선일보』 뉴스라이브러리)

■「동해의 내 국토, 슬프다 유혈의 기록: 답사회고」,[34] 홍종인 기록

내 민족을 사랑한다는 정신은 국토를 사랑한다는 정신을 떠나서 있을 수 없다. 망망한 동해의 검푸른 물 우에 불쑥 솟아있는 하나의 점 울릉도에서 동남으로 다시 38마일(哩) 해상의 독도, 사람도 살지 못하는 두 덩어리의 산으로 된 보잘 것 없는 땅이건만 해안경비대 쾌속선으로 4~5시간 만에 이 땅에 발을 올려놓았을 때 여기 또한 내 국토이던가! 하는 감격이 가슴에 북받쳐 오르던 작년 그 여름 그날의 그림 같은 청신한 기억 위에 평화로이 작업하던 수십 명 동포 어선이 무자비한 외국 비행기의 폭격으로 파괴된 어선과 시체는 낭자하고 동포의 피로 이 섬을 물들였을 광경을 생각할 때 우리는 가슴에 억제키 어려운 비운을 느끼게 된다.

바로 작년 8월 하순 조선산악회 주최로 울릉도 학술조사대를 조직하여 우리 학계 각 부문의 중진 등 80명의 대가족이 울릉도와 독도를 실지 답사하였을 때 나는 확실히 내 눈으로 본 것이 있었다.

첫째 울릉도와 독도는 서울서 일본 동경 방면으로 통하는 항공로의 해상표식지가 되어있다는 것이었다. 울릉도에서도 조선 쪽으로 동남으로 가는 미국비행기를 보았거니와 독도에 갔던 날도 오후 세시 반경에 우리 배가 독도를 떠날 때 한 대의 비행기

---

34) 이 글은 1947년 울릉도·독도학술조사대 부대장으로 참가했던 저자 홍종인이 1948년 6월 8일 「독도폭격사건」의 참상을 접한 후 비탄의 심정으로 쓴 글임.

(쌍발기)가 바로 300m(미터) 상공으로 우리 머리 위를 지났다. 우리는 아무 뜻도 없이 손을 들어 외쳐도 보았던 것이다.

독도를 소개하자면 울릉도를 약간 소개해야할 것이다. 우리가 울릉도에서 독도로 가던 날 8월 20일 새벽 5시 아직 동트기 전이었다. 바다는 비교적 안온한 편이다. 바람은 차가웠다. 5리, 내지 10리 밖 먼 바다 가에는 어제 해질 무렵에 바다로 나간 오징어잡이배가 '카바이트' 등불을 밝히고 쪼론히 울릉도를 에워싸고 있다. 이것이 울릉도민의 생활의 전 수단이요 또 이것이 동해 한복판의 우리 국토를 밤새워 지켜주는 바다의 용사인 것을 알아야 한다. 농사라고는 1만5천명 도민의 양식 절반 밖에 못 나는 이곳에서 여름 넉 달 오징어잡이로 육지에서 식량과 일용품을 사들인다. 농사개량이니 산업진흥이니 본토의 중앙청이나 경상북도 도청이라든지 돌아보아주는 바 없는 이곳 울릉도 도민은 묵묵히 바다와 싸우면 근근이 살아간다는 것이 곧 내 땅 내 국토 우리 울릉도 지켜나간다는 가장 거룩한 사명이었던 것이다. 아직 어두운 가운데 해안경비대 대전환(大田丸) 갑판에는 정장 이하 병사들이 정렬하여 새벽바다에 우렁찬 '차렷'하는 호령을 부르고 돛대에 국기를 올리는 것이다. 우리도 경건이 국기에 주목하고 옳지! 우리는 국기를 받들고 우리 민족에게 처음 되는 대부대로 무인절도의 내 국토를 찾으러 가는 것이구나! 하여 더욱 엄숙했다. 이윽고 동편 하늘이 허여니 틔우고 불그스름이 물들어 올 때 동해의 전모를 살피며 멀리 동남으로 거뭏게 보이는 하나의 점을 발견했으니 이것이 곧 독도이었다. 여기서 바다의 장엄은 또 우리 동해의 보배를 간직한 것을 알 수 있었다. 울릉도와 독도와 독도 중간 바다 위에는 여울물같이 물결을 지운 기다란

띠(帶)와 같은 목이 넓은 물줄기를 볼 수 있었으니 이것이 곧 한류(寒流)와 난류(暖流)가 강원도 죽변 근해에서 마주 쳐서 울릉도 북쪽을 돌아 독도 서편으로 빠져 나가는 그것이다. 이 물줄이 본토에서 울릉도를 찾아가는 길이 되고 또 이 한류와 난류의 섞이는 여기에 동해어업의 큰 생명선이 되어있는 것이다.

독도의 옛 이름은 삼봉도(三峰島)라고 했다. 지금으로부터 470여 년 전 성종 2년에 울릉도 방면에 관원을 파견하였을 때 여기에도 사람을 보내어 삼봉도의 세 섬의 봉오리를 보고 왔다는 기록이 실록에 있다. 실지로 우리가 답사하고 두 섬 사이에 돌 뿌리가 들쑥하게 서있는 것이 그럴 듯 했다. 섬은 화산이 터진 이래 수천 년 혹은 몇 만 년 동안에 비바람과 파도에 씻긴 석벽으로 된 산이다. 서편 섬이 약간 높은데 높이가 150미터 가량이고 동편이 100여 미터 되는데 동편 섬은 위로 오를 수 있었다. 화산이 터져 나온 분화구가 무섭게 입을 벌리고 있고, 그 밑으로 뚫어진 동굴 새로는 바닷물이 들고나고 있었다. 산 위에는 모처럼 기다리고 있었던 듯이 흔히 여기서도 볼 수 있는 주황색 백합꽃이 소복이 피어있는 것을 비롯하여 50여종 채집된 식물은 모두 울릉도와 동일한 계통이었다. 태고 시에 동해의 대륙이 무너져 바다 밑으로 내려앉았던 것을 짐작케 하는 것이다. 그리고 일본 오키도(隱岐島)와의 거리는 울릉도와 독도 사이의 거리의 거리보다 7마일이 더 멀다.

물줄기와 어선의 왕래 그리고 성종 이후 또 숙종 이래의 관계가 물론 울릉도에 속한 조선 땅임은 더 말할 것 없다.

우리 일행에는 남조선 과도정부로부터 파견된 독도현지조사대로 국사관 부관장 신석호(申奭鎬)씨와 이봉수(李鳳秀)씨 일행도 있어서 지리적인 조사도 했거니와 산악회 학술조사대에는 동물, 식물, 광물, 지질, 지리반 등 자연과학 각 부분의 학자 전문가들이 있어서 독도가 우리 땅이라는 지도에 나타난 지면을 확인했다. 뿐이 아니고 실지로 독도가 오늘에 있어 모든 모습을 있는 그대로 과학적인 조사기록을 함으로써 우리 국토의 실태를 확인했던 것이다. 혹은 독도의 귀속(歸屬)이 일본측과 문제되는 듯이 도전하는 이가 있으나 이는 문제 아닌 것이다. 특히 이번 불의의 참변으로 동포의 피가 이 땅을 물들였다는 그 사실은 더욱 우리 국토됨을 다시 피로 기록지은 것이다 할 것이다. 지금도 독도 동편 섬에는 우리 산악회와 과도정부 조사대가 세운 뚜렷한 푯말이 서 있을 것이다.

21. 「鬱陵島 報告展을 열면서」, 洪鐘仁, 『서울신문』(1947.11.15)

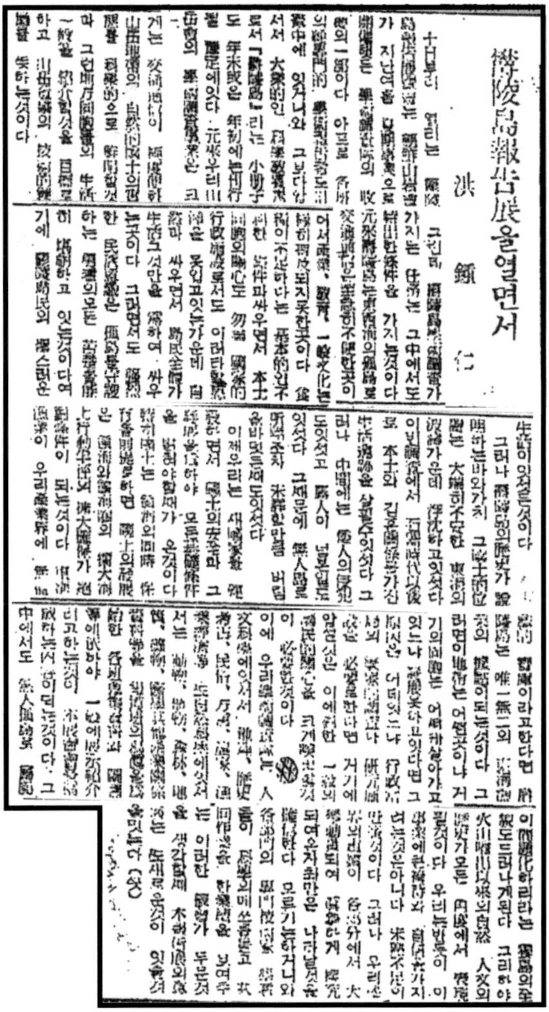

鬱陵島報告展을열면서

洪 鍾 仁

(▶ 자료출처: 『서울신문』)

■「울릉도 보고전을 열면서」, 홍종인

10일부터 열리는 울릉도보고전시회는 조선산악회가 지난여름 하기사업으로 개최했던 학술조사대의 수확의 일부이다. 앞으로 각 반의 순 전문적 학술보고 저술도 작업 중에 있거니와 그보다 앞서서 대중적인 과학 교양책으로서 「울릉도」라는 소책자도 연말 혹은 연초에는 간행될 예정에 있다. 원래 우리 산악회의 학술조사사업은 크게는 교통통신이 불편한 산악지대의 자연적 국토의 실태를 과학적으로 해소할 것과 그런 지방 동포들의 생활 일반을 소개할 것을 목표로 하고 산악대원의 기술적 연마를 뜻하는 것이다.

그런데 울릉도 학술조사가 가지는 임무는 그 중에서도 특출한 조건을 가지는 것이다. 원래 울릉도는 동서해의 고도로 교통통신은 지극히 불편한 곳이어서 산업, 교육, 일반 문화는 극히 발전되지 못한 곳이다. 식량이 부족하다는 기본적인 불리한 조건과 싸우면서 본토 동포의 관심도 물론 국가적 행정시설로서도 이렇다 할 혜택을 못 입고 있는 가운데 자연과 싸우면서 도민 전체가 생활 그것만을 위하여 싸우는 곳이다. 그러면서도 강렬한 민족사관은 고도를 수호하는 용자의 모든 고초를 능히 감내하고 있는 것이다. 여기에 울릉도민의 성스러운 생활이 있었던 것이다.

그러나 울릉도의 역사가 설명하는 바와 같이 그 국토적 위치는 대단히 불안한 동해의 파도 가운데 부침하고 있었다. 이번 조사에서 석기시대 이후로 본토와 깊은 관계를 가진 생활 흔적을 살필 수 있었다. 그러나 중간에는 왜인의 침범도 있었고 러인이 넘본 일도 있었다. 그 때문에 무인도로 소속조차 미상 할 만큼

버림을 받았던 때도 있었다.

이제 우리는 새 국가를 건설하면서 국토의 안전과 그 경영을 위하야 모든 기초 조건을 밝혀야 할 때가 온 것이다. 특히 국토는 진해의 동시 보육을 강제로 하면 국토의 발전은 진해와 진해항의 확대 해상 행동반경의 확대 확보가 절대조건이 되는 것이다. 동해 어업이 우리 산업계에 무제한적 보고이라고 한다면 울릉도는 유일무이의 동해 어업의 거점이 되는 것이다. 그러면 이 지대는 어떤 곳이냐 거기의 동포는 어떻게 살아가고 있느냐 발전 못하고 있다면 그 원인은 어디 있느냐 행정 당국의 국가적 조사나 연구 시설을 필요로 한다면 거기에 앞설 것은 이에 대한 일반의 국민적 관심을 크게 요구할 것이 필요한 것이다.

이에 우리 학술조사대는 인문과학에 있어서 지리, 역사 고고, 민족, 방언, 농가, 어업 경제 등 또 자연과학에 있어서는 동물, 식물, 삼림, 지질, 광물, □학 기타 채약 관계자료 등을 보도반의 사진을 위시한 각반 채집 자료와 도서 등에 의하여 일반에 전시 소개하려고 하는 것이 본 전시보고회를 개최하는 내용이 되는 것이다. 그 중에서도 무인고도로 귀속이 문제화 하리라는 독도의 전모도 드러나게 된다. 그리하여 화산분출 이래의 자연 인문의 역사가 모든 각도에서 표현될 것이다. 우리는 반드시 이 사업에 큰 긍지와 자신을 가지려는 것은 아니다 미숙 부족이 많을 것이다. 그러나 우리 학계의 중진이 각 부분에서 대거 동원되어 진지하게 연구되어 온 것 자체만은 나타날 것을 확신한다. 모르기는 하거니와 각 부문의 전문기술가 학자들이 학문의 메스를 들고 공동 작업을 한 업적을 보여주는 이러한 기회가 드문 것을 생각할 때 본 보고전의 의의는 또 새로운 것이 있을 것을 믿는다.(끝)

III. 잡지 및 조선산악회 자료

【자료소개】

이 장에서는 1947년 조선산악회 울릉도 독도 조사 관련 자료에서 신문지상이 아닌 잡지에 발표한 글과 이 조사활동을 기획하고 주최한 기관인 〈조선산악회〉에서 발행한 관련문서 등 8편의 글을 수록하고 있다.

잡지기고문으로는 먼저 홍구표의 「무인 독도 답사를 마치고(기행)」이 1947년 발간된 『건국공론』 11월호에 실려 있다. 내용은 18일 본토에서 출발하여 21일 포항항을 출발할 때까지의 울릉도 독도 답사에 관한 것으로 울릉도로 가는 동해상에서의 풍광과 동해상에 위치한 무인도인 독도의 위치와 동식물에 대한 것, 그리고 울릉도 독도의 모습과 생활상들을 필자의 감성을 섞어 자세히 밝히고 있다.

두 번째는 학술조사대장인 송석하의 「고색창연한 역사적 유적 울릉도를 찾아서」가 『국제보도』 1947년 12월호에 소개되어 있다.

세 번째는 신석호의 「독도소속에 대하여」라는 논문이 1948년 11월에 발간된 『사해』 1호에 실려 있다. 내용은 '독도의 지세와 산물—독도의 명칭—삼봉도와 독도—울릉도소속문제와 독도—울릉도개척과 독도—일본의 독도강탈—일본영유 이후의 독도'—의 전개로 독도가 한국의 영토임을 밝히고 있다.

조선산악회(한국산악회)에서 생산한 공문서는 모두 5종이다. 「1947년도 조선산악회 사업개황(보고)」는 조선산악회의 연간 사업계획서이며, 여기에는 울릉도·독도 조사활동 전후 계획과 결과보고, 전람회 일정 등이 상세히 제시되어 있다.

「위원 피선 및 제22회 위원회 소집 통지의 건」(1947.5.12)에는 조선산악회가 국토구명사업의 일환으로 울릉도학술조사대 파견을 계획하고 있었음을 알 수 있으며, 「조선산악회→해안경비대 공문」(1947.7.30)은 조선산악회 회장 송석하가 울릉도·독도 학술조사 사업을 위해서 해안경비대사령관에게 학술조사대 수송을 위한 함정 지원을 요청한 공문서이다.

「1947년 8월 울릉도학술조사」(1947.8)는 1947 울릉도·독도 학술조사가 문교부의 후원으로 조선산악회 주최로 추진되었음을 보여주는 문서이다. 학술조사의 취지와 세부 일정표 및 조사반의 편성과 역할을 제시해놓았다.

마지막 「울릉도 독도 학술조사대」는 『한국산악회50년사』(1996, 81~82쪽)에 수록된 글로 울릉도·독도학술조사대의 활동성과를 종합정리하여 소개하고 조사대 활동의 성과와 의미를 평가하고 있다.

1. 洪九杓,「無人獨島 踏査를 마치고(기행)」, 『건국공론』(1947년 11월호, 제3권 제5호)

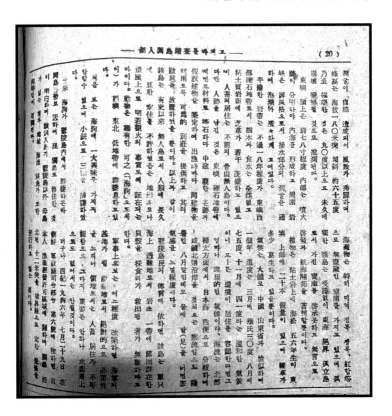

洞窟이 自然 造成되어 風致가 秀麗하며 海藻物은 特히 미역 전복 鹽草 紅합등으로 無盡藏인 寶庫를 가지고 있으며 洞窟은 海拔 一八○米突 傾斜는 約六十五度 乃至 極端한 것은 九○度以上으로 未久에 崩壞 變形될 것으로 推測된다.

東與 頂上은 岩七八寸程度 踏은 分明하야 内海로 屏風格으로 殷成하고 周圍 岩은 漁瀨及 고여있다. 平爽한 岩帶가 東與西

都纏石地帶로 樹木과 若干 茂盛하고 全條없고 粘土質岩面에 芝草와 若干 茂盛하고

이가 明若觀火의 事實로서

안할수 없으며 그다지 不

처음 보는 海狗가 一大興味를 가지고

恰似하며 三月에 華氏三○度 八月에 七五度, 十一月에 四一度라는 氣候 이니 모두는 理想的인 氣候이라, 海流는 北部

寒海北鎭沿岸緩 겨쳐오는 日本海 西便으로 分岐하야 樺太方面으로 北部

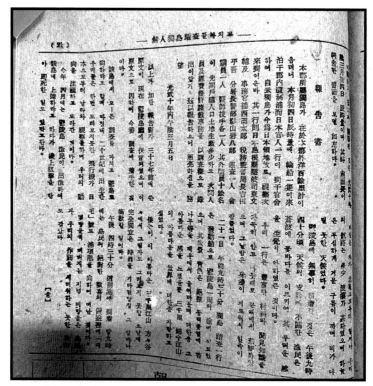

(▶ 자료출처: 아단문고)

■ 「무인독도 답사를 마치고」

   -기행: 무인독도 답사를 마치고 - 홍구표

   역사의 변환은 흐르는 물결을 역류 시키지 못하니, 일제에 유린당하여 우리 강토가 우리 손으로 개척되지 못하고 착취당하였으며, 우리 성과 이름, 역사를 바꾸려는 일제의 압제와 구속인 왜곡의 사실을 인정하지 않을 수 없었던 것은 단지 이 강산에서 생명과 재산을 유지하려면 스스로 인정하는 길과 그 반대로 철창 생활과 죽음을 선택하는 길 이외는 아무것도 없었던 까닭이다.

그러나 나쁜 일을 하는 사람은 마도지석(磨刀之石)과 같아 하루아침에 중국광야를 휩쓸고 그 마수를 동으로 남으로 연장시켰으나 일유소고(日有所顧)하였으니 일제의 패망은 당연한 일이다.

각오도 새로운 해방 2주년 기념일이 지난지도 며칠이 되지 않은 오늘 의의 깊게 중대 사명을 띠고 독도 답사차로 출발하게 된 것은 또한 영광을 금치 못하는 바이나 체험과 눈으로 본 것을 붓대로 바꾸어 몇 글자 기술하려고 한다.

일제 탄압 시기에는 할 수 없었거니와 또한 주권 없는 군정 아래라 할진데 어찌 영토까지 분간을 못할 쏘냐. 울릉도 소속인 독도가 국제영토문제로 기인된 원인은 그 문제를 쓰고 싶던 우리의 글, 하고 싶던 말의 권리 자유를 빼앗긴 까닭이다. 전부터 다각방면으로 이 독도에 대한 참고자료를 연구조사 하던바 드디어 출발의 일자가 닥쳐 온 것이다. 18일 해뜨기 전 독도현지답사단 일행 또 산악회원 일행 약 70여명은 해안경비선 「대전」호(800톤)에 편승하여 갈매기 날고 물새 우는 포항항을 떠나 자약(自若)한 푸른 파도를 가르며 희망에 넘치면서 동으로 향하였다.

푸른 파도에 날으는 갈매기와 잠자코 있는 바다는 우리의 장도를 축복하여 주는 듯이 고요하였고 즐겁게 날았다. 동백꽃 피고 물새 우는 울릉도를 머리에 상상함과 독도에 대한 중책을 생각하니 굳은 심정에 종일 선상의 괴로움도 일시에 해소되는 것을 느꼈다.

그 날 6시10분 울릉도 도동항에 도착하였다. 어선의 나룻배가 무수히 걸려 있으며 이 항구에도 벌써 어둠(暮色)이 잠겨 들었다. 파도치는 물소리와 거센 풍파소리는 동해바다 복판에 독립적으로 있는 이 섬을 위협하는 듯하였다.

거대한 암석으로 구성된 기암절벽을 등지고 있는 어촌민가와 대륙에서 맛볼 수 없는 향기가 또한 나의 코를 찔렀다. 남녀노소를 막론하고 부두로 달려오는 주민들의 우리 일행에 대한 환호는 하늘을 찔렀고 넓은 바다에 우렁차게 울었으며 이 먼 곳에 있는 씩씩하고 굳센 동포를 대면할 때 남모르는 기쁨과 감회 무량하였다. 본도는 본래 내륙과 격리·단절되어 있음과 특수한 풍토 관계인지 한 가정 제도와 같은 섬 생활은 첫 인상을 새롭게 하였다.

이날 밤 각 단체는 안내를 받아 간단한 숙소를 정하고 배멀미로 괴로운 여정을 풀었으며, 바다에는 오징어(이까)잡는 어선이 꽃밭을 이루었을 뿐 아니라 끝없이 넓은 대도시의 전등불과도 같았다.

19일 일찍이 기상하여 바다 공기를 마음대로 마셨으며 밤새 잡은 오징어를 선박에 가득 싣고 귀항하며 부르는 노래와 부녀자가 마중하는 모양은 이 섬에서는 하루 중 가장 기쁜 시간이라고 한다.

밤에는 지방 유지들과 여러 가지 울릉도의 역사와 식량난 등에 관하여 간담회가 있었으며, 현지에서 산출하는 곡물로서는 1년을 통하여 약 5개월간 밖에는 유지하지 못한다는 한편, 울릉도의 1년간의 어업고는 실로 1억 원이 넘는다고 한다.

20일 해뜨기 전 아침 4시, 여름의 아침이라고는 하나 아직도 어둡고 해변에는 안개가 끼여 앞사람을 분간치 못하였다. 독도 답사할 일행은 시간에 어김없이 전원 편승하여 목적지인 독도를 향하여 도동항을 떠난 것은 4시 30분이였다. 이날도 날씨의 혜택을 받아 바다들은 고요히 잠들고 있었다. 오전 9시 30분 기대하던 일행은 비로소 독도에 도착하였다.

전원은 갑판에 올라 "아— 여기가 독도다." 하며 외쳤으나 문자 그대로 동해 한복판에 우뚝 솟아 있는 무인고도이었다. 푸른 파도를 헤치며 애타게 육지(독도)를 그리워하던 중 이 섬을 찾아왔으나 인적은 전혀 없고 다만 갈매기가 사람을 처음 보는 탓인지 또는 잘 왔다고 기뻐하는지 사방으로 날면서 환호하였다. 기존 자료를 통하여 독도에 대한 참고의 몇 가지를 소개하려고 한다.

무인 독도라 하여 혹은 처음으로 발견한 섬으로 생각하시는 분이 계시나 이 섬은 태고로부터 발견하였으며 지도상에는 일본 시마네현 소속으로 있으며 죽도라고 섬 이름을 개명한 것이다.

위치는 울릉도에서 동남 약 39리, 조선본토 강원도 죽변에서 동남 약 115리, 일본 오키열도에서 북서 약 80리, 일본 본토(시마네현 경시)에서 북서 약 131리의 동해 복판에 있다.

이 섬은 동(속칭 여섬) 서(속칭 남섬) 두 개의 섬과 십여 개 기암으로 구성되어 험준한 능선과 거친 낭떠러지 괴암 절벽으로써 등반이 불능하고, 양 봉우리 주위는 약 1리(浬) 반으로 대부분이 벌집 형태로 물속에 잠겨 기이한 경관을 드러내고, 무수한 동굴이 자연 구성되어 풍치가 수려하며 봉우리 높이는 해발 180m 경사 약 65도 내지 심한 곳은 90도 이상으로 오래지 않아 붕괴 변형될 것으로 추측된다.

동도 정상 바위 7, 8촌정도, 내부는 분화 흔적이 분명하여 내해(內海)를 형성하고, 주위 암봉은 병풍격으로서 수면 부분의 동굴을 통하여 바닷물이 가득 고여 있다.

평평한 암대(岩帶)는 불과 18평 정도가 동도 서쪽 조약돌지대
로서 수목과 식수는 전혀 없고 점토질 암면에 지초(芝草)가 약간
무성하고 있으며, 사람과 가축의 거주가 불가능한 골산(骨山)무
인도이다. 다만 사람의 흔적을 남긴 것은 동도 조약돌 지대에 시
멘트 재료로 축석하다 중단한 흔적과 가설 건물을 세워서 출어
시마다 이 건물을 이용토록 가설 시설을 만들고 거의 무단 이용
을 방치하였을 뿐이다. 이상과 같이 이 섬은 유사 이래 무인도로
서 인류에 오랜 역사동안 정주를 불허하였음은 지형으로나 유적
상으로 명약관화의 사실로서 증명되고 있는 바이다. 동물은 희
귀한 가지(「해구」 오또세이)가 서도 동북 저지대에 모여서 서식
하고 있다.

처음 보는 해구에 일대흥미를 가지지 않을 수 없으며 소총으
로 3마리를 포획하였다.

원래 해구가 울릉도 내에서 무리지어 서식하든바 울릉도 개발
로 인하여 현 독도로 이주한 것이 명백하며, 이 무인도(독도)가
울릉도 이외 모도(母島)가 없는 것과 지역, 해류, 이어(餌漁)[35]
가 또한 동일함이 입증된다.

해산물은 특히 미역, 전복, 생복, 홍합 등으로 무진장인 보고
(寶庫)를 가지고 있으며, 고독한 이 섬 독도는 수호(受護) 없이
동해 절계(絶界) 고립도로서 가진 보고를 계시(啓示) 못하고 무
언으로 계발과 항해개척을 고대할 뿐이다.

식물은 점토암상에 해송 5~6년생이 동도 상부에 20본 가량

---

35) 먹잇감

이 있으며 잡초가 다소 갈생(葛生)하고 있을 뿐이다.

기후는 대체로 중국 산동성과 흡사하며 일년 온도는 3월에 화씨30도 8월에 75도, 11월에 41도라는 온화한 기후이니 모든 환경이 거주를 용인한다면 그 얼마나 이상적인 기후이랴, 해류는 북부 화태(樺太) 방면에서 일본해 서편으로 분기하여 함경북도 연안을 거쳐 오는 한류임으로 혹서인 8월달인데도 물에 발을 넣으면 차가운 감을 느낄 정도이다.

울릉도민이 전하는 말에 의하면 독도는 단지 해상 조난지로서 암초 일대에 노출 모여 있는 패곡(貝穀)을 채취하다가 구출된 자가 무수하다고 한다.

군사상으로는 어느 정도 개축하면 해군의 기지가 될 전초지로서는 절대적으로 필요성을 느끼나 영토로서는 사람과 가축의 거주가 불가능함으로 그다지 중요치 않으나 수산업상으로도 없어서는 안 될 것이다.

더구나 서기 1946년 7월29일 재조선 군정청사령부령 제6호에 의하면 일본인 어업경영 허가구역에 관하여 독도 서북편 12미돌(米突)[36]을 경계선으로 정한 각서를 발행하고 있는 것이다.

이 독도가 일본과 관련된 것은 광무10년 음력 3월 4일 진시경이며 그때 남면장(南面長)이 보고한 서면을 보면 이와 같다.

보고서

본 군 소속 독도가 본부 바깥바다 백여리 밖에 있었는데, 이달 초 4일 9시경에 증기선 1쌍이 우리군 도동포에 도착하여 정박하였고, 일본 관원일행이 관사에 도착하여, 스스로 말하기를 독도가 이번에 일본의 영

---

36) 12 마일

지가 되었기에 이번에 시찰차 나온 것이다 하는바, 그 일행은 일본 시
마네현 은기도사 東文輔와 사무관 神西由太郎, 세무감독국장 吉田平
吾, (경찰)분서장 影山巖八郎 과 경찰 1명, (의회)의원 1명, 의사, 기술
자 각 1명, 그외 수행인원 10여인이고, 먼저 가구, 인구, 토지와 생산의
많고 적음을 물어보고, 인원과 경비등 제반 사무를 조사하여 적어 갔으
므로, 이에 보고하오니 살펴주시기를 엎드려 청하옵니다.
　　　－ 광무10년(1906), 병오(丙午) 음력 3월5일(양력 3월 29일)

　　이상과 같은 보고서가 37년 전에 쓴 원문이 현재 울릉도청에
보관되어 있으며, 이 원문으로 인하여 이번 조사에 착수한 것이
다.
　　독도에서 모든 조사를 마치고 울도(울릉도)로 향하려고 할 때
마침내 20세기에 출생한 우리들은 한 번도 보지 못한 비행기가
일본으로부터 날아와 시찰을 하며 우리의 동향을 주시하고 돌아
간 것이다. 금년 4월에는 울릉도 어민이 출어하여 독도에 상륙
하려고 하다가 비행기로부터 저격을 받아 즉사한 일도 있다고
한다.
　　바람은 차차 북쪽으로부터 일어나 우리의 항로는 다소 파도가
심하였으며 하늘은 무심하게 검은 구름이 끼며 비가 내릴 듯한
날씨였다.
　　울릉도에 무사히 도착한 것은 오후 9시40분경, 날씨의 지□
에 관계치 않는 어민은 푸른 파도에 꽃바다를 일으켜 그 두려운
느낌을 생각하지 않은 것이다.
　　우리 일행은 풍부한 재료와 문견지식(聞見知識)을 가득히 안
고 나룻배로 큰 배에 착륙하였으며 그날 밤은 신변이 괴로워서
일찍 잠들었다.

21일 오전 9시 30분 독도 답사일행은 발동선으로 울릉도 일주의 길에 이르렀으며 그 경치가 청색의 절벽, 동백꽃 열매, 향나무 등을 배 위에서 올려다 볼 때 더한층 그 아름다운 감을 느꼈을 뿐 3천리 금수강산의 아름다움을 세계에 더 한층 자랑하고 싶었다.

왜(일본)는 이 아름다운 삼천리강산 방방곡곡에서 그림자도 그려보지 못할 오늘에 완전 독립은 시일을 기다릴망정 그 얼마나 통탄할 일이랴.

오후 4시30분 도동항에 도착하여 빔 9시에는 도민의 절대적인 환희의 전송 속에 「대전」호로 포항항을 향하여 떠난 것이다.

몇 방울씩 떨어지는 저녁 빗방울은 도민과 우리의 작별을 서러워하는 듯한 표정과도 같았다. (끝)

(▶ 자료출처: 아단문고)

2. 「古色蒼然한 歷史的 遺跡 鬱陵島를 찾어서」 (1947.12.1), 송석하(울릉도학술조사대장)

古色蒼然한 歷史的遺跡
鬱陵島를 찾어서 !

鬱陵島學術調査隊提 宋　　錫　　夏

OOLNUNGDO, HISTORIC ISLAND OF
By Song Suk Ha

(▶ 자료출처: 외교부 독도자료실)

■ 「고색창연한 역사적 유적 울릉도를 찾아서」, 『국제 보도』(1947.12.1)

– 울릉도 학술조사대장 송석하

포항에서 수로 1백 24해리 동쪽 바다 속에 세상에서 저버림을 받은 것 같은 울릉도가 역사상에 나타나기는 신라 지증왕 13년 (AD 512)이며 지금으로부터 1,430여 년 전이다. 그 후 고려 태조 13년 (930) 때에는 토민, 백길, 토두 등이 방물을 받쳤으므로 정위와 정조 벼슬을 주었다. 또 의종 11년 (AD 1159)에 명주감창(溟州監倉) 김유립을 보내어 본결과 촌락 기타 7개소와 석불, 철종, 석탑 등은 있으나 주민이 살기에는 불편하다고 보고하였다. 그 후 조선 태종 17년 (AD 1417)에는 안무사 김인우가 울릉도에서 대죽, 수우피, 면자, 검박목 등을 헌상하였다고 한다. 이들 역사적 기록은 이 섬 북서편 유적지역에서 출토하는 유물로 능히 설명할 수 있다. 그러나 세종지리지나 상식적으로 알려진 큰대(大竹), 큰복숭아 같은 것은 지금은 그림자조차 없고 다만 향나무가 옛날의 자취를 말하듯 절벽 위에 겨우 남아있을 따름이다. 울릉도의 사람 연기는 수차의 무인도 시대를 겪은 후 지금으로부터 64년 전에 개척민의 이주로부터 시작하여 현재에 이르렀는데 현존한 당시의 이주민은 겨우 한 사람이 사동(沙洞)이라는데 남아있을 따름이다. 이들의 이주 당시의 산물이던 목재는 그 후 남벌(濫伐)로 인하여 하나도 없고 전도(全島)에 있던 기이한 곽새와 바다의 특산 전복은 지금은 멸종에 가까워 이번 조사에도 발견 못했다.

울릉도에서 다시 동편으로 48해리를 가면 요즘 각광을 받은 독섬(獨島)이 있다. 동서 독섬으로 되어 서쪽 섬이 좀 커서 고도 157미터이며 서도는 분화구가 있으나 지금은 막혀서 그 하부에는 바다물이 들락날락한다. 두 섬의 사이에는 함몰한 잔해가 남아있어 이 잔해를 이번 조사대에서는 사자섬이라고 명명했다.

　역사적으로 조선 성종 3년에서 12년 (1472~1481)까지 10년간 이 섬의 문제가 비등하야 박종원을 경차관으로 해서 우리나라 도잠자(逃潛者)를 찾으려고 한 일이 있으며 부령인(富寧人) 김한경 등이 가서도 도잠민(逃潛民)에 겁을 먹어 상륙 못하고 도형만 그려왔다 한다. 소위 삼봉도(三峰島) 수람(搜覽) 문제이다. 현재 어민의 유일한 생명선적 산업은 오징어 어업이다. 7,8,9월의 석 달 동안은 어민의 거의 전부인 남자는 석양만 되면 발동기선으로 바다에 나가 온 밤 동안 포획해서 아침 일찍 항구에 돌아온다. 이 바다의 혜택이 전도민 1만5천의 생명을 이어준다.(외교부 독도자료실)

3. 「독도소속에 대하여」, 신석호, 『史海』, 1948년 12월호(제1권 제1호)

3. 獨島所屬에 對하여

申 奭 鎬

一 머 리 말

昨年여름에 獨島에 關한 所屬問題가 新聞紙上에 나타난것은 世人이 周知하는바이다 獨島는 東海한복판 鬱陵島東南

獨島所屬에 對하여 (申奭鎬)

八九

獨島所屬에 對하여 (申奭鎬)

東海上四十九浬 北緯三十七度十四分十八秒 東經一百三十一度五十二分二十二秒 地點에 있는 無人孤島로 本來 欝陵島에 屬한 우리나라의 섬이었으나 露日戰爭當時에 日本이 이섬을 强奪한後부터 今日에 이르기까지 日本本土에 屬한섬으로 되어있다 日本의 榼桓로 부터 解放된 今日에 우리는 이섬을 同收하여야 될것은 무말할것도 없는것이다 筆者는 昨年 八月十六日부터 約二週日間 民政長官安在鴻先生의 命令을받고 外務處日本課長秋仁奉氏 文敎部編修士李鳳秀氏 水路局 技術士韓基俊氏와같이 獨島를 實地踏査한일이 있으므로 이一文을 草하여 獨島가 本來 우리나라에 屬한섬이 였든것을 明白히 하려고 한다

二 獨島의 地勢와 産物

獨島는 東西二箇의 主島와 周圍에 碁布한 數十個의 岩嶼로 成立하였는데 二千餘의 水深을 가진 東海의 海底로 부터 바라본다면 마치 촉대와같이 뾰죽하게 소슨섬이다 東西兩島의 距離는 約二百米 東島는 周圍約一浬半 西島는 周圍約一浬 高가 一百五十米內外되는 槪히적은 火山島로서 東島에는 噴火口가 完全히 남어 있어 마치 사발을 젖어 놓은곳 內部가 비여있으며 噴火口底에는 東壁底面으로부터 海水가 流通하고 있다 섬全體가 火成岩으로 成立한까닭에 島上에는 한포기의 나무도 꼬이지 아니하고 다만雜草가 이끝저끝 죽生 하였을뿐이다 島岸은 海佃으로 因하여 바위만드러나 周圍가 모다 斷崖絶壁으로 되여있는 까닭에 島上에 올라갈수 없으며 絶壁에는 奇怪한 洞窟이 많이있고 洞窟과 附近岩嶼에는 가제(可支)俗稱 옷도세이(海驢)가 群撲하고 海底無數한 岩面에는 다시마 전북 소라 海蔘 구성이(靈丹)가 無盡藏으로 蕃殖하고 附近海中에는 오징어 고등어 광어 其他魚類가 많이있다 本島에배른 나일만한 곧은 東島와 西島사 이 밖에없으며 東島西便에 往昔 欝陵島 사람과 日本人이 接을 지었든 자리가 남아있다 그리고 이곧으로 부터 東島에 올라갈수있으나 傾斜面六十度以上 이되는 까닭에 普通사람은 울라갈수 없으며 東島南쪽 東島西便에 울라갈수있으나 百餘坪이 있고 이곧에 普通사람은

九〇

에 數十坪의 平地가 있으나 올라가기 어려울뿐아니다 海風을 막을수 없는까닭에 또한 利用할수 없는곳이다 朝鮮沿岸 水路誌와 鬱陵島사람들의 말에 依하면 西島 西南部에 小量의 淡水가 난다하나 여머곳 調査하여보아도 이것을 發見하지 못하였다 大體로 本島는 平地와 食水가 없는까닭에 사람이 定住할수 없는곳이다 그러나 水産業上 軍事上 으로보아 매우 重要한곳이라 아니할수없다

三 獨島의 名稱

獨島라 하는 稱號의 起原에 關하여는 明確한 記錄이 없으나 鬱陵島廳에 保管하고 있는 光武十年(西紀一九〇六) 丙午陰三月五日附 鬱陵郡守報告書에「本郡所屬獨島」라하는 記事가 있는것으로보아 아마 高宗十八年(西紀一八八一) 鬱陵島開拓以後 鬱陵島住民이 命名한것으로 東海 한 복판 孤獨하게 서 있는 까닭에 이와같이 命名한것이다 그런데 光武九年(西紀一九〇五明治三十八年)露日戰爭當時에 日本軍이 이섬을 占領한後부터 獨島라하는 우리나라의 名稱은사라지고 日本名竹島(Dakeshima)와 佛國名 리양쿠ー르(Liancourt) 英國名호ー네르(Hornet)도서 現行海圖上에 表示하게되였다 元來 竹島는 肅宗十九年(西紀一六九三)以來 日本人이 鬱陵島를 指稱하는 名稱인데 高宗時代(日本明治時代)에이르머 日本人이 鬱陵島를 改稱하게되자 本來의 竹島名을 獨島에 옮겨서부르게 된것이다 日本의 有名한 植物學省 中井猛之進과 有名한 史蹟家 坪井九馬三은 日本隱岐島사람들이 옛날부터 獨島를 卵島라 稱하였다하나 (註一) 이것은 아모 根據로 없는것으로 故京城帝大敎授 田保橋潔先生의 齊丘學叢第四號「鬱陵島名稱에 對하여 坪井博士의 示唆에 答함」이라는 論文에서이미 辯破한바이다 그리고 리양쿠ー르(Liancourt)은 憲宗十五年(西紀一八四九)에 佛國捕鯨船 那離隊所屬汽船호네로號가 이섬을 發見하고 그 船名을 따서 命名한 것이요 호네르(Hornet)는 哲宗六年(西紀一八五五)에 英國支리양쿠ー르號가 이섬을 發見하고 또한 그船名을 따서 이름자운것이다 (註二) 이와같이 獨島한섬에 對하여

獨島所屬에 對하여 (申奭鎬)

九一

現在 네개의 이름이 있으나 元來 이 섬은 李朝成宗朝에 三峰島라 稱하든 것이며 肅宗朝에 日本이 이섬을 우리나라의 領土로 承認한것이며 近世에 와서 鬱陵島사람이 가장 많이 利用하든 우리나라에 屬한 섬이다

四 三峰島와 獨島

成宗實錄을보면 成宗二年부터 十二年까지 (西紀 一四七一—一四八一) 三峰島에 關한 記事가 많이 보인다 三峰島는 東海中에 있는 섬으로 常時의 한수수끼기로 되였든 곳이다 그러나 江原道와 咸鏡道사람이 軍役을 免하고 稅金을 내지않기 爲하여 많이 이섬으로 드러간다하므로 國家에서는 이섬에 사람이 往來하는것을 嚴禁하고 數次 搜討軍을 組織하여 三峰島를 搜察하였다 그러나 三峰島를 發見하기못하고 다만 永安道(咸鏡道 觀察使 李克均이 派遣한 永興人 金自周等十二名이 三峰島를 바라보고 있는데 成宗實錄에 다음과같은 金自周의 報告記事가 있다

兵曹啓 永興人金自周等供云 本道觀察使 以三峰島覽見事 遣自周及朱永老興前日往還金興 金漢京 李晋乙等十二人 給廩傳輸五隻入送 去九月十六日 於鏡城地寬仇未發船(中略) 二十五日 西距島七八里許 到泊㴱見 則於島北 有三石列立 次小島 次岩石列立 中島之西 又有小島 皆海水流通 亦於海島之間 有如人形別立者 三十 因慶愳 不得直到 畫島形而來 臣等卽 往年 朴宗元 由江原道發船 遭風不至而還 今漢京等 發船於鏡城寬仇未 再由此路出入 至翫島形而來 今若更往 可以尋覓 踏於明年四月風和時 選有文武才者 一人入送 從之 (註三)

金自周等은 三峰島에 上陸하지 못하고 西으로부터 섬을七八里(約三키로) 밖에두고 島東에서 바라보고 있는데 그들이 바라보고은 三峰島는 只今의 獨島와 조금도 틀이는點이없다 즉 金自周가말한 島北에 三石이 列立하였다 하는것은 西島西北方에 높이소슨 새바위를 말한것이요 다음의 小島와岩石은 東西兩島間에 列立한無數한 岩嶼를 말한것이요 中島는 西島를 指稱한것이요 中島之西 小島는 東島東南方에 높이소슨 岩嶼를 말한것으로 大槪 지금獨島現形과 彷彿하

머 섬사이에 海水가 流通한다는것도 또한 獨島條件에 符合한다 그가 海島사이에 人形三十을 보았다하나 이것은 아마
가제(옷도세이)를 人形으로 誤認한곳이다 要컨대 獨島는 十五世紀末葉 지금으로부터 四百八十餘年前 成宗朝에 우리
나라사람이 이것을 發見하고 三峯島라稱하였으나 當時 國家에서는 이섬 뿐만아니라 欝陵島에도 사람이 往來 하는것을
嚴禁한까닭에 高宗十八年에 欝陵島를 開拓할때 까지 四百餘年間 다시 史上에 나타나지 아니하였다

五. 鬱陵島所屬問題와 獨島

지금으로부터 二百五十餘年前 肅宗朝에 우리나라와 日本사이에 欝陵島에 關한 所屬問題가 아니라 한참동안 外交的
으로 서로 싸웠던일이 있다 이問題에 關한 자세한것은 後日에 記述하기로하고 여기에서는 다만 그槪略을 略述하여 獨
島와의 關係를 說明하려고한다 欝陵島는 三國時代에 于山國 高麗時代에 欝陵島 芋陵島 羽陵島 武陵島 或은 茂
陵島라稱하고 우리나라에屬한 섬인것은 두말할것도 없거니와 高麗初葉 顯宗朝(十一世紀)에 女眞人의 侵掠으로因하여
島內人民을 內陸으로 移住식히고 그後 이섬을 비워둔듯하다(註四) 그런데 高麗末葉으로 부터 李朝初期에 이섬은 陸地로부터(十四
世紀) 江原道沿岸地方사람들이 많이 이섬으로 移住하여 欝陵島에 다시 사람이 살게되었다 그러나 이섬은 陸地로부터
멀리 떨어져있는 까닭에 往來가 不便할뿐 아니라 風波로 因하여 溺死하는 사람이 續出하고 또이섬에 移住하는 사람
은 大槪 軍役과 稅金을 逃避하려고 하는者뿐이요 또 이섬은 倭寇의 侵掠을 받을 危應가 있음으로 太宗十七年(四紀一四一
七)에 三陟人金麟雨를 欝陵島按撫使에 任命하여 居民八十餘名을 刷還하고 世宗七年(酉紀一四二五)에 또한金麟雨를 派
遣하여 再次居民을 刷還하고 同二十年(酉紀一四三八)에 또 南會를 派遣하여 居民六十餘名을 刷還하고 本島에사람이
드려가사는것을 嚴禁하였다 (註五) 그러나 本島는 漁採의利益이 많으므로 慶尙道 江原道沿岸漁民의 往來를 全然 막을
道理는 없었으며 다만 사람이 드러가 사는것만 嚴禁하였다 이와같이 欝陵島를 完全히 空島로 만든뒤 없게되자 日本

獨島所屬에 對하여 (申奭鎬)

九三

獨島所屬에 對하여 (申奭鎬)

九四

의因幡 伯耆州「島根縣」等地의 漁民이 각금 鬱陵島에와서 또한 漁採를 하였으니 日本사람은 鬱陵島를 磯竹島 或은竹島

라 稱하였다 鬱陵島에 大竹이 나는까닭에 이와같은 이름은 英人듯하다 그럼에 肅宗十九年 (西紀一六九三 日本元祿六年)

에 우리나라 慶尙道東萊漁民安龍福 一行과 日本伯耆州漁民이 鬱陵島에서 서로만나 衝突이 생긴까닭에 우리나라와 日

本사이에 鬱陵島所屬問題가 이러나 日本은 저의 나라 竹島를 朝鮮漁民의 往來를 禁하라고 우리나라에서는 日本

에서 말하는 竹島는 우리나라鬱陵島와 同一하니 日本漁民의 往來를 禁하라고 主張하여 多年間 서로 外交싸움을 하다가

結局 日本이 理屈하여 肅宗二十三年(西紀一六九七 日本元祿十年) 二月에 江戸幕府로 부터 竹島즉鬱陵島를 朝鮮領土로 承

認하고 日本漁民의 往來를 嚴禁한것은 우리나라 史料인 肅宗實錄 同文彙考 通文館志와 日本便史料인 朝鮮通交大紀

本邦朝鮮往復書 通航一覽等에 明記한바이며 우리나라에 對한約束을 遵守한것도 日本側史料인 外交誌稿 日本財政

石見國濱田 松原浦無宿八右衛門은 死刑에處하여 日本漁民의 往來를 嚴禁하였다 竹島즉 鬱陵島를 朝鮮領土로 承認한以上

經濟史料과 歴史地理第五五卷第六號 樋畑雪湖의 論文에 引用한 文獻「東海道宿村綱」에 明記한바로 도서 日本은 江戸

幕府末期까지 竹島를 朝鮮領土로 承認하고 日本漁民의 往來를 嚴禁하였다 또한 朝鮮領土로 承認하였다고 볼수있는것이다

그屬島인獨島 속곳 今 日本人이 말하는 竹島로 또한 朝鮮領土로 承認하였다고 볼수있는것이다

六 鬱陵島開拓과 獨島

鬱陵島所屬問題가 解決된後에도 우리나라에서는 如前히 鬱陵島에 사람이 드나가 사는것을 禁止하고 한해건너 한번식

平海郡守 或은蔚珍縣令을 派遣하여 居民有無를 巡察하고 本島所産의大竹 香木 山蔘을 採取하고 가제 (可支魚)를 捕獲

하였다 그런데 그後 日本은 幕府가 倒潰하고 所謂 明治維新이 이러나 幕府時代의 모든禁令을 解除할뿐아니라 海外進

出을 獎勵하게 된까닭에 日本人은 다시 鬱陵島에 進出하여 鬱陵島를 松島라 變稱하고 뚜古에 숨은 대이지아니한 鬱蒼

한 木材를 盜伐하였다 그러므로 高宗十八年(酉紀一八八一 日本明治十四年)에 우리나라에서는 日本外務卿代理 上野景範에게

嚴重한 抗議를 하는 同時에(註六) 副護軍李奎遠을 鬱陵島檢察使에 任命하여 島內外의 形勢를 細密히 調査한 然後에 從

來의 方針을 變更하여 鬱陵島에 드며가 잘사람을 募集하였고(註七) 이와같이 鬱陵島開拓令을 發布되어 累百年間 굳게

닫혔든門을 열게되자 江原道 慶尙道 沿岸사람은 말할것도 없이 全羅道 忠淸道地方으로 부터도 移住하는 자할이 많어

鬱陵島의 山谷은 當年에 開拓되었으며 이듬해 島長을 設置하고 光武五年(酉紀一九〇一)에 島長을 郡守로 陞格하여 島內

行政을 맡아보게 하였다 鬱陵島開拓當初에 江陵으로 부터 本島에 移住한 八十五歲의古老 洪在現氏와 崔興羣과 慶穆氏

或은 다시마와 전복을 따기 爲하여 或은가제를 잡기 爲하여 많이 獨島로 出漁하였다 하며 洪在現氏 自身도 十餘次

의 말을드르면 獨島는 淸明한날 鬱陵島에서 바라볼수 있는섬으로서 鬱陵島開拓以後 鬱陵島사람이 이섬에 와서

이섬에 往來하였다하는데 이事實은 日本海軍省에서 發行한 朝鮮沿岸水路誌에도 明記한바이다 즉 日本이 獨島를

孤軍小屋을정고 十餘日식 滯在하면서 海驢 즉 가제를잡고 있다는것을 記錄하였다 (註八)이것으로써 獨島는 鬱陵島開

拓以後 곧우리나라의 領土가 되것이 明白하며 이까닭에 光武十年에 鬱陵郡守가「我國所屬 獨島」라고 記錄하여 中央政

府에 報告한것이다.

七 日本의 獨島强奪

以上과같이 獨島는 鬱陵島에 附屬한 섬으로 元來 우리나라에 屬한것이 明白하나 光武九年(西紀一九〇五 明治三十八年)

露日戰爭當時 日本은獨島에 사람이 잘지아니하는것을 奇貨로 鬱陵島의古名 竹島를가져다가 이섬에 命名하고 同年二

月二日附 제 마스데로 제 나라 領土에 編入하여 島根縣隱岐島에 附屬시키고 (註九) 海軍의 補給基地로 使用하고 (註十)

九五

獨島所屬에 對하여 (申奭鎬)

이듬해 즉 光武十年陰三月에 隱岐島司 東文輔以下十餘名의 官員을 鬱陵島에 派遣하여 鬱陵郡守 沈興澤에게 獨島가 日本의 領土된 것을 宣言하고 爾後 朝鮮漁民의 獨島往來를 禁하여달라고 말하였다 가제確地로 有名한 重要한 屬島하나를 읽게된 郡守 沈興澤은 다음과같은 報告書를 作成하여 道廳或은 中央政府에 提出한듯하다

報 告 書

本郡所屬獨島가 在於本郡外洋百餘里許이옵드니 本月初四日 辰時量에 輪船一隻이 來泊于郡內道洞浦 而日本官人一行이 到于官舍하여 自云 獨島가 今爲日本領地 故로 觀察次로 來島이다인바 其一行 則日本島根縣 隱岐島東文輔 及事務官神田四由太郎 稅務監督局長 吉田平吾 分署長警部 影山巖八郎 巡査一人 會議員一人 醫師 技手各一人 其外隨員十餘人이 先問戶摠 人口 土地及生産多少하고 次問人員及經費幾許 諸般事務를 以調查樣으로 錄去이압기 玆以報告하오니 照亮하심을 務望함

光武十年丙午陰三月五日

八 日本領有以後의 獨島

어報告書는 鬱陵島廳에 保管하고 있는剛本(控)을 轉載한것으로 이것이 어떻게 處理되였는지 그것은 아직자세히 알수 없으나 當時 日本勢力이 이미 韓國政府를 支配하여 國家全體의 運命이 重大危機에 直面하고 있었음으로 政府는 獨島와 같은 조고마한 無人孤島에 對하여 보라할 겨를이 없었을뿐아니라 抗爭할 能力도 없었다 그러므로 獨島는 억울하게 日本에 뺏기게되어 獨島란 이름은 사라지고 日本이름 竹島로서 現行海圖上에 날아나게 편것이다

以上과같이 日本은 獨島를 强占하고 朝鮮사람의 漁探을 禁하였으나 地理上으로보아 獨島는 日本隱岐島에서 八十六浬

九六

島根縣境市에서 一百三十浬나되는 遠距離에 있고 우리나라 鬱陵島에서 겨우 四十九浬밖에 안되는 近距離에 있는까닭에 日本이 獨島를 强奪한後에도 日本사람보다도 鬱陵島사람이 더많이 이섬을 利用하였으며 그까닭에 日本政府의 記錄인 朝鮮沿岸水路誌와 準政府의 記錄인 韓國水産誌에 獨島를 朝鮮에 屬한섬으로 記載하여있다 韓國水産誌는 日本이 獨島를 强奪한지三年後인 隆熙二年(西紀一九〇八)에 韓國政府 農商工部水産課長庶廳原文一以下 日本人官吏들이 總出動하여 朝鮮에 屬한島嶼를 하나도빼지 아니하고 實地踏查한後에 그位置와 産物其他를 明記하여 編纂出版한 册으로 그第一輯 地理第七章沿岸의水路告示條에 竹島(Liancourt Rocks) 즉獨島를 記載하여 獨島를 朝鮮屬島로 認定하였으며 朝鮮沿岸水路誌는 最近一九三三年(昭和八年)에 日本海軍省에서 本州沿海水路誌와同時에 鬱陵島及竹島를 記載하여 獨島島嶼를 總網羅하여 그位置와 地勢及産物을 詳細히 記錄한것인데 그第三輯朝鮮東岸에 發刊한册으로 이것도朝鮮에 附屬한 섬으로 明記하여있다 韓國水産誌는 國立圖書館에도 한질있으므로 肯遊컨어보수 있으나 朝鮮沿岸水路誌는 日本海軍이 專用하기爲하여 지은册임으로 普通볼수 없는것이다 今番 獨島調査에 功績이많은 海岸警備隊浦項基地所屬艦艇 太田號艇長室에 備置한것을 偶然히 發見하고 艇長趙丁右中尉의 好意로 暫時 이册을 비려서 竹島에 關한全文을 抄出하였는데 이册이야말로 獨島問題를 解決하는데 重大한 關鍵을 가진것이다 第六節에 記述한바와 같이 日本이 獨島를 强奪하기前에 獨島는 鬱陵島사람이 가제를 잡기爲하여 孤軍小屋을 짓고 夏節十餘日식 滯在하는 朝鮮한섬인 明證은 얼게뎐것모 이册이 있는가 하닭이다 (註八) 萬一 獨島가本來부터 日本에 屬한섬이라하면 朝鮮沿岸水路總第二卷日本海沿岸에 반드시 記載하지아니하였을것이다 竹島의 名稱만 드러놓고 朝鮮沿岸水路에와서 그位置와 勢及産物을 詳細히 記錄한것은 竹島즉 獨島가 本來부터 朝鮮에 屬한섬이요 地理的으로도 朝鮮에屬하는것이 그位置와 가장合理的일까닭에 이와같이 한것이다 日本政府及準政府의 記錄인 이두書籍으로서 獨島가 朝鮮에 屬한섬인것을더히 證明할

獨島所屬에對하여 (申奭鎬)

九七

獨島所屬에 對하여 (申奭鎬)

수 있으나 一九三〇年(昭和五年) 六月에 發行한 歷史地理第五五卷第六號에 收載한 樋畑雪湖의 「日本海에 있는 竹島의 日鮮關係에 對하여」 라는 小論文에서도 「竹島와 鬱陵島는 지금朝鮮江原道에 屬하여 朝鮮領土로서 日本海最東端에 屬하여 있다」라고 記述하여 竹島즉 獨島를 朝鮮領土로 指摘하였다

九 結 論

以上 朝鮮及日本의 古記錄과 今番調査한 資料에 依하여 獨島가 本來우리나라의 領土인것을 證明하였다고 生覺하나 다시 이것은 簡單히 要約하면 다음과같다

(1) 獨島는 成宗朝의 三峰島와 同一한섬으로서 十五世紀부터 우리나라의 領土가 되었음

(2) 肅宗朝에 日本은竹島(鬱陵島)를 朝鮮領土로 承認하였으니 그屬島인 竹島(獨島)도 또한 朝鮮領土로 承認하였다고 看做함

(3) 日本海軍省에서 發行한 朝鮮沿岸水路誌와 鬱陵島古老洪在現氏等의 말에 依하여 獨島는 鬱陵島開拓以後 光武九年(西紀一九〇四 明治三十七年) 까지 鬱陵島사람이 利用하른 朝鮮에 屬한섬인것이 明白함

(4) 光武十年丙午陰三月五日附 鬱陵郡守報告書와 帝國地名辭典 其他日本地理諸書에 依하여 露日戰爭當時에 日本이 獨島를 强奪한것이 明白함

(5) 獨島는 本來朝鮮에 屬한섬이요 地理的으로도 朝鮮에 屬하는것이 가장合理的인 까닭에 日本이 獨島를 强奪한後에 모 朝鮮沿岸水路誌 韓國水産誌等 日本政府及進政府의 記錄과 日本民間學者 樋畑雪湖는 모다 獨島를 朝鮮屬島로 認定하였음

(6) 現在 日本漁區를 認定한 맥아더線(makerthline) 으로論하여도 그線이 獨島東方海上十二浬地 을 通過하여 獨

九八

島가 朝鮮漁區에 屬하여 있음

以上 여섯가지 理由로서 나는 獨島를 朝鮮領土로 還元할수 있다고 確信하는 바이며 外務當局은 반드시 國民에게
이를 報告하는 同時에 獨島調査에 對한 나의 責任은 彌縫하려고 이것을 不充分하나마 이것으로써 獨島問題를 重大視 하고계신 民政長官 安在鴻先生以下 中
央廳幹部 各位와 調査에 많은 便宜를 보아주신 慶尙北道地方課長 權大一氏 海岸警備隊太田號艇長 趙丁右氏 鬱陵島司 徐二
煥氏以下 鬱陵島官民各位와 山岳會長宋錫夏氏以下 鬱陵島學術調査隊員諸位에게 對하여 謝意를 表하는바이다

註

一、歷史地理 第三八卷第三號(大正十年九月刊)鬱陵島(中井猛之進)

二、學叢 第四號(昭和六年五月刊)鬱陵島名稱에 對하여 坪井博士의 示敎에 答함(田保橋潔)

三、靑丘學叢 第三號(昭和六年二月刊)鬱陵島의 發見과 그 領有(田保橋潔)

四、成宗實錄卷七二成宗七年十月丁酉(二十七日)

五、高麗史卷四 顯宗九年十一月乙卯 同十三年七月丙子

六、太宗實錄卷三十 太宗十六年九月庚寅 卷三三太宗十七年二月壬戌 世宗實錄卷二九世宗七年八月甲戌 卷八二世宗二十年七月戊戌

七、承政院日記 高宗十八年五月癸未 同文彙考附續編一遍에 交涉以禁鬱陵島代木事抵外務卿書 外務大輔答書함

八、朝鮮沿岸水路誌 第三編朝鮮東岸竹島의條에 「島上에는 家屋을 建築할 만한곳이 極少하고 明治三十七年十一月에 軍艦對馬가 이섬을
實測할때에 東方灣에 漁夫用의藏호小屋이 있었으나 風浪때문에 大槪破壞하였다 破壞하지않한다면 每年 여름이되면 海驢를잡기爲하여 鬱陵島
로 부터이섬에 오々者가 數十名의 多數에 達함이 있다 그같은 島上에 小屋을 짓고 每回 約十日間 假居한다고 記錄
되여 있다

九、帝國地名辭典(太田爲三郞編 明治四十五年七月刊)坪井九島(九四〇─九四一頁)

一〇、歷史地理 第五六卷第一號(昭和五年七月刊)竹島에 對하여 坪井九馬三)

獨島所屬에 對하여 (申奭鎬)

九九

1. 머리말

작년 여름에 독도에 관한 소속문제가 신문지상에 나타난 것은 세상 사람이 주지하는 바이다. 독도는 동해 한복판 울릉도 동남 동해상 49리 북위37도14분18초 동경131도52분22초 지점에 있는 무인고도로 본래 울릉도에 속한 우리나라의 섬이었으나 러일전쟁 당시에 일본이 이 섬을 강탈한 후부터 오늘에 이르기까지 일본 본토에 속한 섬으로 되어있다. 일본의 곡질로부터 해방된 오늘날에 우리는 이 섬을 회수하여야 될 것은 두말 할 것도 없는 것이다. 필자는 작년 8월 16일부터 약 2주일간 민정장관 안재홍 선생의 명령을 받고 외무처 일본과장 추인봉씨, 문교부 편수사 이봉수씨, 수산국 기술사 한기준씨와 같이 독도를 실지 답사한 일이 있으므로 이 글을 시작으로 하여 독도가 본래 우리나라에 속한 섬이었던 것을 명백히 하려고 한다.

2. 독도의 지세와 산물

독도는 동서 2개의 주도(主島)와 주위에 기포(碁布)한 수십 개의 암석으로 성립하였는데 2천□의 수심을 가진 동해로부터 바라본다면 마치 촉대와 같이 뾰족하게 솟은 섬이다. 동서 두 섬의 거리는 약 2백미터 동도는 주위 약 1리반 서도는 주위 약 1리 높이가 150미터 내외되는 극히 적은 화산도로서 동도에는 분화구가 완전히 남아있어 마치 사발을 젖혀 놓은 듯 내부가 비어있으며 분화구 밑에는 동□ 저면으로부터 해수가 흐르고 있다. 섬 전체가 화성암으로 성립한 까닭에 도상(島上)에는 한 포기의 나무도 보이지 아니하고 다만 잡초가 이곳저곳 자생 하였을 뿐이다. 도안(島岸)은 해식으로 인하여 바위만 드러나 주위가 모두 깎아지른 절벽으로 되어있는 까닭에 섬 위로 올라갈 수 없으며 절벽에는 기괴한 동굴이 많이 있고 동굴과 부근 바위에는 가제(可支) 속칭 옷도세이(海驢)가 군서하고 해저 무수한 암면에는 다시마, 점복, 소라, 해삼, 구싱이(운단(雲丹))가 무진장으로 향식하고 부근 해중에는 오징어, 고등어, 광어, 기타 어류가 많이 있다. 본도에 배를 댈 만한 곳은 동도와 서도 사이 밖에 없으며 동도 서편에 자갈밭 백여 평이 있고 이곳에 왕석(往昔)으로 울릉도 사람과 일본인이 집을 지었던 자리가 남아있다. 그리고 이곳으로부터 동도에 올라갈 수 있으나 경사면 60도 이상이 되는 까닭에 보통사람은 올라갈 수 없으며 동도 남쪽에 수십 평의 평지가 있으나 올라가기 어려울 뿐 아니라 해풍을 막을 수 없는 까닭에 또한 이용할 수 없는 곳이다. 「조선연안수로지」와 울릉도 사람들의 말에 의하면 서도 서남부에 소량의 담수가 난다 하나 여러 곳을 조사하여 보아도 이것을 발견하지 못하였다. 대체로 본도는 평지와 식수가 없는 까닭에 사람이 정주할 수 없는 곳이다. 그러나 수산업상, 군사상으로 보아 매우 중요한 곳이라 아니할 수 없다.

3. 독도의 명칭

독도라 하는 칭호의 기원에 관하여는 명확한 기록이 없으나 울릉도청에 보관하고 있는 광무10년(서기 1906) 병오 음력 3월 5일 부(丙午陰三月五日附) 울릉군수 보고에 「본군소속독도(本郡所屬獨島)」라 하는 기사가 있는 것으로 보아 아마 고종18년(서기 1881) 울릉도 개척이후 울릉도 주민이 명명(命名)한 것 같으며, 동해 한 복판 고독하게 서 있는 까닭에 이와 같이 명명 한듯하다. 그런데 광무 9년(서기 1905, 명치 38년) 러일전쟁 당시에 일본군이 이 섬을 점령한 후부터 독도라 하는 우리나라의 명칭은 사라지고 일본명 죽도(Dakeshima)와 불란서명 리앙쿠르(Liancourt) 영국명 호네트(Hornet)로서 현행 해도상에 표시하게 되었다. 원래 죽도는 숙종 19년(西紀一六九三)이래 일본인이 울릉도를 지칭하든 명칭인데 고종시대(일본명치시대)에 이르러 일본인이 울릉도를 송도로 개칭하게 되자 본래의 죽도명을 독도에 옮겨서 부르게 된 것이다. 일본의 유명한 식물학자 중정맹지진(中井猛之進)과 유명한 사학가 평정구마삼(坪井九馬三)은 일본 은기도 사람들이 옛날부터 독도를 난도(卵島)라 칭하였다 하나(註1) 이것은 아무 근거도 없는 것으로 고 경성제대교수 전보교결(田保橋潔) 선생이 『청구학총』 제4호 「울릉도명칭에 대하여 평정박사의 시교에 답함」이라는 논문에서 이미 변파(辯破) 한 바이다. 그리고 리앙쿠르(Ligncourt)는 헌종 십오년 (서기 1849)에 프랑스 포경선 리앙쿠르호가 이 섬을 발견하고 그 배 이름을 따서 명명한 것이요, 호네트(Hornet)는 철종 6년(서기 1855년)에 영국지나함대 소속 기선 호네트호가 이 섬을 발견하고 또한 그 선명을 따서 이름 지은 것이다.(註2) 이와 같이 독도 한 섬에 대하여 현재 네 개의 이름이 있으나 원래 이 섬은 이조 성종조에 삼봉도라 칭하든 것이며, 숙종조에 일본이 이 섬을 우리나라의 영토로 승인한 것이며 근세에 와서 울릉도 사람이 가장 많이 이용하는 우리나라에 속한 섬이다

4. 삼봉도와 독도

성종실록을 보면 성종2년부터 12년까지 (서기 471~1481) 삼봉도에 관한 기사가 많이 보인다. 삼봉도는 동해 중에 있는 섬으로 당시의 한 수수께기로 되었던 곳이다. 그러나 강원도와 함경도 사람이 군역을 면하고 세금을 내지 않기 위하여 많이 이 섬으로 들어간다 하므로 국가에서는 이 섬에 사람이 왕래하는 것을 엄금하고 수차 수토군을 조직하여 삼봉도를 수색하였다. 그러나 수토군은 한 번도 삼봉도를 발견하지 못하고 다만 영안도(함경도) 관찰사 이극균이 파견한 영흥인 김자주 등 20명이 삼봉도를 바라보고 왔는데 성종실록에 다음과 같은 김자주의 보고기사가 있다.

병조(兵曹)에서 아뢰기를,

"영흥(永興) 사람 김자주(金自周)의 공초(供招)에 이르기를, '본도(本道)의 관찰사(觀察使)가 삼봉도(三峯島)를 찾는 일로써, 김자주와 송영로(宋永老), 그리고 전일(前日)에 갔다 온 김흥(金興)·김한경(金漢京)·이오을망(李吾乙亡) 등 12인에게 마상선(麻尙船) 5척(隻)을 주어 들여보냈는데, 지난 9월 16일에 경성(鏡城) 땅 옹구미(甕仇未)에서 배를 출발하여, 섬으로 향해 같은 날 부령(富寧) 땅 청암(靑巖)에 도착하여 자고, 17일에 회령(會寧) 땅 가린곶이(加隣串)에 도착하여 잤으며, 18일에는 경원(慶源) 땅 말응대(末應大)에 도착하여 잤고, 25일에 섬 서쪽 7, 8리(里) 남짓한 거리에 정박하고 바라보니, 섬 북쪽에 세 바위가 벌려 섰고, 그 다음은 작은 섬, 다음은 암석(巖石)이 벌려 섰으며, 다음은 복판 섬이고, 복판 섬 서쪽에 또 작은 섬이 있는데, 다 바닷물이 통합니다. 또 바다 섬 사이에는 인형(人形) 같은 것이 별도로 선 것이 30개나 되므로 의심이 나고 두려워서 곧바로 갈 수가 없어 섬 모양을 그려 왔습니다.'고 하였습니다. 신 등은 생각하기를, 왕년(往年)에 박종원(朴宗元)이 강원도(江原道)에서 배를 출발했다가 바람을 만나 이르지 못하고 돌아왔는데, 지금 김한경 등이 경성 옹구미에서 배를 출발하여 다시 그 길로 출입(出入)하면서 섬 모양까지 그려 왔으니, 지금 만약 다시 간다면 찾을 수 있다고 여깁니다. 청컨대 명년 4월 바람이 온화할 때에 문무(文武)의 재능을 가진 자를 한 사람 선발하여 들여보내게 하소서."

(兵曹啓 永興人金自周?供云 本道觀察使 以三峰島蕁覓事 遣自周及宋永老興前日往還金興 金漢京 李吾乙亡等十二人給麻尙船五隻入送 去九月十六日 於鏡城地瓮仇未發船(中略) 二十五日 西距

島七八里許 到泊望見 則於島北 有三石列立 次小島 次岩石列立
次中島 中島之西 又有小島 皆海水流通 亦於海島之間 有如人形
別立者 三十 因疑□ 不得直到 □島形面來 臣等調 往年 朴宗元
由江原道發船 遭風不至面還 今渶京等 發船於京城瓮仇未 再由此
路出入 至□島形面來 今若更往 可以尋覓 請於明年四月風和時
選有文武才者一人入送 從之 (註三))

 김자주 등은 삼봉도에 상륙하지 못하고 서(西로) 부터 섬을
7~8리(약 3키로) 밖에 두고 도동(島東)에서 바라보고 왔는데 그
들이 바라보고 온 삼봉도는 지금의 독도와 조금도 틀리는 점이
없다. 즉 김자주가 말한 도북(島北)에 이 세 개의 바위가 솟아
있었다 하는 것은 서도 서북방에 높이 솟은 세 바위를 말한 것이
요. 다음의 소도(小島)와 암석은 동서양도간에 열립한 무수한 암
서(巖嶼)를 말한 것이요. 중도는 서도를 지칭한 것이요, 중도지
서(中島之西) 소도는 동도동남방에 높이 솟은 암서(巖嶼)를 말한
것으로 대개 지금 독도모형과 방불하며 섬 사이에 해수가 유통
(流通) 한다는 것도 또한 독도조건에 부합한다. 그가 해도사이에
인형 30을 보았다 하나 이것은 아마 가제(옷도세이)를 인형으로
오인한듯하다. 요컨대 독도는 15세기 말엽 지금으로부터 480여
년 전 성종조에 우리나라사람이 이것을 발견하고 삼봉도라 칭하
였으나 당시 국가에서는 이 섬뿐만 아니라 울릉도에도 사람이
왕래 하는 것을 엄금한 까닭에 고종 18년에 울릉도를 개척할 때
까지 400여 년 간 다시 역사상에 나타나지 아니하였다.

5. 울릉도 소속문제와 독도

지금으로부터 250여 년 전 숙종조에 우리나라와 일본 사이에 울릉도에 관한 소속문제가 이러나 한참동안 외교적으로 서로 싸운 일이 있다. 이 문제에 관한 자세한 것은 후일에 기술하기로 하고 여기에서는 다만 그 경개(梗概)를 약술하여 독도와의 관계를 설명하려고 한다. 울릉도는 삼국시대에 우산국 고려시대에 울릉도(蔚陵島) 울릉도(鬱陵島) 우릉도(芋陵島) 우릉도(羽陵島) 무릉도(武陵島) 혹은 무릉도(茂陵島)라 칭하고 우리나라에 속한 섬인 것은 두루 말 할 것 없거니와 고려초엽 현종조(11세기)에 여진인의 침략으로 인하여 도내 인민을 내륙으로 이주시키고 그 후 이 섬을 비워둔 듯하다.(註四) 그런데 고려말엽으로부터 이조 초기에 거쳐서(14세기) 강원도 연안지방 사람들이 많이 이 섬으로 이주하여 울릉도에 다시 사람이 살게 되었다. 그러나 이 섬은 육지로부터 멀리 떨어져 있는 까닭에 왕래가 불편할 뿐 아니라 풍파로 인하여 익사하는 사람이 속출하고 또 이 섬에 이주하는 사람은 대개 군역과 세금을 도피하려고 하는 자뿐이요. 또 이 섬은 왜구의 침략을 받을 우려가 있음으로 태종 17년(서기 1417)에 삼척인 김인우를 울릉도 안무사에 임명하여 거민 80여명을 쇄환하고 세종 7년(서기 1425)에 또한 김인우를 파견하여 재차 거민을 쇄환하고 동20년(서기 1438)에 호군 남□를 파견하여 거민 60여명을 쇄환하고 본도에 사람이 들어가 사는 것을 엄금하였다.(註五) 그러나 본도는 어채의 이익이 많으므로 경상도 강원도 연안 어민의 왕래를 전연 막을 도리는 없었으며 다만 사람이 들어가 사는 것만 엄금하였다. 이와 같이 울릉도를 완전히 공도로 만들어 놓게 되자 일본의 인번 백기주(도근현) 등지의 어민이 가끔 울릉도에 와서 또한 어채를 하였는데 일본사람은 울릉도를 기죽도 혹은 죽도라 칭하였다. 울릉도에 대죽이 나는 까닭에 이와 같은 이름을 붙인듯하다. 그런데 숙종 18년(서기 1693, 일본원록 6년)에 우리나라 경상도 동래 어민 안용복 일행과 일본 백기주 어민이 울릉도에서 서로 만나 충돌이 생긴 까닭에 우리나라와 일본 사이에 울릉도 소속문제가 일어나 일본은 저의 나라 죽도에 조선어민의 왕래를 금하여 달라하고 우리나라에서는 일본에서 말하는 죽도는 우리나라 울릉도와 동일하니 일본어민의 왕래를 금하라고 주장하여 다년간 서로 외교싸움을 하다가 결국 일본이 이굴(理屈)하여 숙종23년(서기 1697, 일본원록10년) 2월에 강호(에도) 막부로 부터 죽도 즉 울릉도를 조선영토로 승인하고 일본어민의 왕래를 엄금한 것은 우리나라 사료인 숙종실록 동문휘고 통문관지와 일본편 사료인 조선통문대기본방조선왕복서 통항일람 등에 명기한 바이며 헌종3년(서기 1837, 일본천보 8년)에 일본은 죽도 즉 울릉도에 밀무역한 석견국빈전(石見國濱田) 송원포무숙팔우아문(松原浦無宿八右衛門)을 사형에 처하여 우리나라에 대한 약속은 준수한 것도 일본 측 사료인 외교지고 일본재정경제사료와 역사지리 제55권 제6호 통전설호(桶畑雪湖)의 논문에 인용한 문서「東海道宿宿村觸」에 명기한 바로서 일본은 강호 막부 말기까지 죽도를 조선영토로 승인하고 일본어민의 왕래를 엄금하였다. 죽도 즉 울릉도를 조선영토로 승인한 이상 그 속도인 독도 즉 지금 일본인이 말하는 죽도도 또한 조선영토로 승인하였다고 볼 수 있는 것이다.

6. 울릉도 개척과 독도

울릉도소속 문제가 해결된 후에도 우리나라에서는 여전히 울릉도에 사람이 들어가 사는 것을 금지하고 한 해 건너 한 번씩 평해군수 혹은 울진현령을 파견하여 거민유무를 순심하고 본도 소산의 대죽, 향목, 산삼을 채취하고 가제(가지어)를 포획하였다. 그런데 그 후 일본은 막부가 도괴하고 소위 명치유신이 일어나 막부시대의 모든 금령을 해제할 뿐 아니라 해외진출을 장려하게 된 까닭에 일본인은 다시 울릉도에 진출하여 울릉도를 송도라 변칭하고 천고에 손을 대지 아니한 울창한 목재를 도벌하였다. 그러므로 고종18년(서기 1881 일본명치14년)에 우리나라에서는 일본 외무경 대리 상야경범(上野景範)에게 엄중한 항의를 하는 동시에(註六) 부호군 이규원을 울릉도 검찰사에 임명하여 도내외의 형세를 세밀히 조사한 연후에 종래의 방침을 변경하여 울릉도에 들어가 살 사람을 모집하였다.(註七) 이와 같이 울릉도 개척령이 발포되어 누백년 간 굳게 닫았던 문을 열게 되자 강원도 경상도 연안 사람은 말할 것도 없이 전라도 충청도지방으로 부터도 이주하는 사람이 많아 울릉도의 산곡(山谷)은 당년에 개척되었으며 이듬해 도장을 설치하고 광무5년(서기 1901)에 도장을 군수로 승격하여 도내 행정을 맡아보게 하였다. 울릉도 개척 당초에 강릉으로부터 본도에 이주한 85세의 고로(古老) 홍재현씨와 최흥욱 최학목씨의 말을 들으면 독도는 청명한 날 울릉도에서 바라볼 수 있는 섬으로서 울릉도 개척 이후 울릉도 사람은 곧 이 섬을 발견하고 혹은 다시마와 전복을 따기 위하여 혹은 가제를 잡기 위하여 많이 독도로 출어하였다 하며, 홍재현

씨 자신도 10여 차례 이 섬에 왕래하였다하는데 이 사실은 일본
해군성에서 발행한 조선연안수로지에도 명기한 바이다. 즉 일본
이 독도를 강탈하기 일 년 전인 광무8년(서기 1904, 명치37년)
에 일본군함 대마(對馬)가 독도를 조사할 때에 울릉도어민이 이
섬에 와서 고초소옥(菰草小屋)을 짓고 10여일씩 체재하면서 해
구 즉 가제를 잡고 있다는 것을 기록하였다.(註八) 이것으로써
독도는 울릉도 개척 이후 곧 우리나라의 영토가 된 것이 명백하
며 이 까닭에 광무10년에 울릉군수가 「아국소속 독도」라고 기록
하여 중앙정부에 보고한 것이다.

7. 일본의 독도 강탈

이상과 같이 독도는 울릉도에 부속한 섬으로 원래 우리나라에
속한 것이 명백하나 광무9년(서기 1905, 명치38년) 러일전쟁 당
시 일본은 독도에 사람이 살지 아니하는 것을 기화로 울릉도의
고명 죽도를 가져다가 이 섬에 명명하고 동년 2월 22일부 제 마
음대로 제 나라영토에 편입하여 도근현 은기도에 부속시키고(註
九), 해군의 보급기지로 사용하고(註十), 이듬해 즉 광무10년 음
력 3월에 은기도사 동문포(東文哺)이하 십여 명의 관원을 울릉
도에 파견하여 울릉군수 심흥택에게 독도가 일본의 영토된 것을
선언하고 이후 조선어민의 독도 왕래를 금하여 달라고 말하였
다. 가제 산지로 유명한 중요한 속도 하나를 잃게 된 군수 심흥
택은 다음과 같은 보고서를 작성하여 도청 혹은 중앙정부에 제
출한듯하다.

報告書

本郡所屬獨島가 在於本郡外洋百餘里許이옵드니 本月初四日 辰時量에 輪船一隻이 來泊于郡內道洞浦 而日本官人一行이 到于 官舍하여 自云 獨島가 今爲日本領地 故로 視察次로 來島이다인 바 其一行 則日本島根縣 隱岐島司東文輔及事務官神田四由太郎 稅務監督局長 吉田平吾 分署長警部 影山岩八郎 巡査一人 會義 員一人 醫師 技手各一人 其外?員十餘人이 先問戸摠 人口 土地 及生産多少하고 次問 人員及經費幾許 諸般事務를 以調査樣으로 錄去이압기 玆以報告하오니 照亮하심을務望함

光武十年丙年陰三月五日

　이 보고서는 울릉도청에 보관하고 있는 부본(控)을 전재한 것 으로 이것이 어떻게 처리되었는지 그것은 아직 자세히 알 수 없 으나 당시 일본세력이 이미 한국정부를 지배하여 국가전체의 운 명이 중대위기에 직면하고 있었으므로 정부는 독도와 같은 조그 마한 무인고도에 대하여 돌아 볼 겨를이 없었을 뿐 아니라 항쟁 할 능력도 없었다. 그러므로 독도는 억울하게 일본에 뺏기게 되 어 독도란 이름은 사라지고 일본이름 죽도로서 현행 해도상에 나타나게 된 것이다.

8. 일본영유 이후의 독도

　이상과 같이 일본은 독도를 강탈하고 조선 사람의 어채를 금 하였으나 지리상으로 보아 독도는 일본 은기도에서 86리 도근현 경시(島根縣境市)에서 130리나 되는 원거리에 있고 우리나라 울

릉도에서 겨우 49리 밖에 안 되는 근거리에 있는 까닭에 일본이 독도를 강탈한 후에도 일본사람보다도 울릉도사람이 더 많이 이 섬을 이용하였으며 이 까닭에 일본정부의 기록인 조선연안수로 지와 준정부의 기록인 한국수산지에 독도를 조선에 속한 섬으로 기재하고 있다. 한국수산지는 일본이 독도를 강탈한지 3년 후인 융희2년(서기 1908)에 한국정부 농상공부수산과장 암원문일 이 하 일본인관리들이 총출동하여 조선에 속한 도서를 하나도 빼지 아니하고 실지답사한 후에 그 위치와 산물 기타를 명기하여 편 찬 출판한 책으로 그 제 1집 제1편 지리 제7장 연안의 수로고시 조(水路告示條)에 죽도(Liancourt rock) 즉 독도를 기재하여 독 도를 조선 속도로 인정하였으며 조선연안수로지(朝鮮沿岸水路 誌)는 최근 1933년(소화 8년)에 일본해군성에서 본주연해수로지 (本州沿海水路誌)와 동시에 발간한 책으로 이것도 조선에 부속 한 도서를 총망라하여 그 위치와 지세 또 산물을 상세히 기록한 것인데 그 제3편 조선동안(朝鮮東岸)에 울릉도 또 죽도를 기재 하여 독도를 조선에 속한 섬으로 명기하여있다. 한국수산지는 국립도서관에도 한 부 있으므로 보통 얻어 볼 수 있으나 조선연 안수로지는 일본해군이 존용(尊用)하기 위하여 지은 책이므로 보통 볼 수 없는 것이다.

금번 독도조사에 공적이 많은 해안경비대 포항기지소속 함정 태전호 정장실에 비치한 것을 우연히 발견하고 정장 조정우 중 위의 호의로 잠시 이 책을 빌려서 죽도에 관한 전문을 초출(抄 出)하였는데, 이 책이야 말로 독도문제를 해결하는데 중대한 관 건을 가진 것이다. 제 6절에서 기술한 바와 같이 일본이 독도를 강탈하기 전에 독도는 울릉도 사람이 가제를 잡기위하여 고초소옥을 짓고 하절(夏節) 10여일씩 체재하던 조선에 속한 섬인 명증을 얻게 된 것도 이 책이 있는 까닭이다.(註八) 만일 독도가 본래부터 일본에 속한 섬이라 하면 조선 도서만 망라한 이 두 서적에 반드시 기재하지 아니하였을 것이다. 그런데 일본해군성에서 조선해안수로지와 동시에 발간한 본주연해수로지 제2권 일본해연안에 (이 책도 태전호 정장실에 비치한 것을 보았다.) 죽도의 명칭만 들어놓고 조선연안수로에 와서 그 위치와 지세 또는 산물을 상세히 기록한 것은 죽도 즉 독도가 본래부터 조선에 속한 섬이오. 지리적으로도 조선에 속하는 것이 가장 합리적인 까닭에 이와 같이 한 것이다. 일본정부와 준정부의 기록인 이 두 서적으로서 독도가 조선에 속한 섬인 것을 넉넉히 증명할 수 있으나 1930년(소화 5년) 6월에 발행한 역사지리 제55권 제 6호에 수재한 통전설호(樋畑雪湖)의「일본해에 있는 죽도의 일선(日鮮)관계에 대하여」라는 소논문에서도「죽도와 울릉도는 지금 조선 강원도에 속하여 조선영토로서 일본해최동단에 속하여 있다」라고 기술하여 죽도 즉 독도를 조선영토로 지적하였다.

9. 결론

이상 조선과 일본의 옛 기록과 금번 조사한 자료에 의하여 독도가 본래 우리나라의 영토인 것을 증명하였다고 생각하나 다시 이것을 간단히 요약하면 다음과 같다.

   (1) 독도는 성종조의 삼봉도와 동일한 섬으로서 15세기부터 우리나라의 영토가 되었음

   (2) 숙종조에 일본은 죽도(울릉도)를 조선영토로 승인하였으

니 그 속도인 죽도(독도)도 또한 조선영토로 승인하였다고 간주함

(3) 일본해군성에서 발행한 조선연안수로지와 울릉도 고노(古老) 홍재현씨 등의 말에 의하여 독도는 울릉도개척 이후 광무9년(서기 1904, 명치 37년)까지 울릉도 사람이 이용하던 조선에 속한 섬인 것이 명백함

(4) 광무10년 병오 음3월 5일부 울릉군수보고서와 제국지명사전 기타 일본지리학제서에 의하여 러일전쟁 당시에 일본이 독도를 강탈한 것이 명백함

(5) 독도는 본래 조선에 속한 섬이요, 지리적으로도 조선에 속하는 것이 가장 합리적인 까닭에 일본이 독도를 강탈한 후에도 조선연안수로지 한국수산지 등 일본정부 또는 준정부의 기록과 일본민간학자 통전설호는 모두 독도를 조선 속도로 인정하였음

(6) 현재 일본 어구(漁區)를 획정한 맥아더선(MacArthurline)으로 논하여도 그 선이 독도동방해상 20리 지점을 통과하여 독도가 조선어구에 속하여 있음

이상 여섯 가지 이유로서 나는 독도를 조선영토로 환원할 수 있다고 확신하는 바이며 외무당국은 반드시 국민에게 좋은 결과를 전하여 주리라고 믿고 있다. 불충분하나마 이것으로써 독도문제를 중대시 하고 계신 민정장관 안재홍선생에게 보답하는 동시에 독도조사에 대한 나의 책임을 미봉(彌縫)하려고 한다.

금번 조사에 특별주선을 하여 주신 안재홍선생 이하 중앙청간부 각위와 조사에 많은 편의를 보아 주신 경상북도 지방과장 권대일씨, 해안경비대 태전호 선장 조정우씨, 울릉도사 서이환씨

이하 울릉도관민 각위와 산악회장 송석하씨 이하 울릉도학술조
사대원 제위에게 대하여 사의를 표하는 바이다.

주

1. 역사지리 제 38권 제 3호(대정10년 9월간) 울릉도(중정맹
   지진) 동 제 56권 제1호(소화 5년간) 죽도에 대하여(평정환
   마삼) 청구학총 제 4호(소화 6년 5월간) 울릉도명칭에 대하
   여 평정박사의 시교에 답함 (전보교결)
2. 청구학총 제 3호(소화 6년 2월간) 울릉도의 발견과 그 영
   유(전보교결)
3. 성종실록 권 72, 성종 7년 10월 정유(27일)
4. 고려사 권 4, 현종 9년 11월 병인, 동10년 7월 기묘, 동13
   년 7월 병자
5. 태종실록 권 32, 태종 16년 9월 병인, 권 33, 태종 17년 2
   월 임술20년 7월 무술, 신증동국여지승람 제 45, 울진현산
   천(울릉도)
6. 일성록 고종 18년 5월 계미, 동문휘고 부속편 일변금이신사
   예조판서 이금단 울릉도 대목사저외무경서 외무대보답서
7. 승정원일기 고종18년 임오 6월 5일 기해
8. 조선연안수로지 제 3편 조선동안죽도조에 「도상에는 가옥
   을 건축할 만한 곳이 극히 적고, 명치 37년 11월에 군함대
   마(軍艦對馬)가 이 섬을 실측할 때에는 동방도에 어부용의
   고초소옥이 있었으나 풍랑 때문에 심히 파괴하였다 한다.
   매년 여름이 되면 해려(海驢)를 잡기 위하여 울릉도로부터
   이 섬에 오는 자가 수십 명의 다수에 속할 때가 있다. 그들

은 섬 위에 소옥을 짓고 매회 약 10일간 가거(假居) 한다고
한다」라고 기록되어 있다.

9. 제국지명사전(태전위삼랑(太田爲三郎)편 명치45년 간)하
   권 죽도(940~941정(頁))

10. 역사지리 제 56권 제 1호(소화 5년 7월간) 평정구마(坪井
    九馬)의「죽도에 대하여」

▶ 자료출처:『史海』, 1948년 12월호(제1권 제1호))

4. 1947년도 조선산악회 사업개황(보고) (조선산악회, 1947)

一九四七年度 會務事業概況 (報告)

朝鮮山岳會 (總務·事業·硏究 各部)

四月十六日　第二回定期總會 （會舘）

五月卅四·五日　光陵蔘營會　28名參加 （指導·講話·見学）

七月十一日　臨時總會 （鐵路 厚生館）
　　　　　　　会則修補　會員意象決定　夏期事業檢討

七月十五日 ┐
（　↓　）　小白山脈（俗離山→竹嶺） 學術調査隊派遣
七月十六日 ┘　　隊員十七名　編成 人文·自然科学 七部門

八月六日　　全　上 報告會 （國立科学博物舘）
　　　　　　　講演 三部門　四名

八月十六日 ┐
（　　　）　鬱陵島學術調査隊派遣
八月卅八日 ┘　隊員六十三名　編成 人文·自然科学 八部門
　　　　　　慰問品傳達·講演會·講義會等 開催

九月十日　　全　上 蒐集報告講演會 （國立科學博物舘）
　　　　　　　講演 八部門 十一名

　　　　　　全　上 隊員懇親会

九　月　　會員章製作頒配

十一月十日 ┐
（　　　）　鬱陵島學術調査隊報告展覧會 （東和百貨店）
十一月十九日┘　展示…圖表45　寫眞90　各種標本百余点
　　　　　　　特産苗 30余種
　　　　　　　入場人員 20.000余名

十月卅五日　慶北支部結成 （大邱米兵舘 內）

十二月卅日 ┐
（　　　）　鬱陵島學術調査隊報告展覧會　釜山開催
十二月四日 ┘　釜山日報二層　廣甫支部主催

十二月六日 ┐
（　　　）　全　上 展覧會 大邱開催
十二月十　┘　大邱公會堂　廣北區·慶北支部主催

—— (1) ——

1947년도 조선산악회 사업개황(보고) 1947

〔현대어 번역문〕

1947년도 회무사업개황(보고)
조선산악회(총무·사업·연구 각부)

일정표

4월 16일
제2회 정기총회 (회관)

5월 24·5일
광릉막영회(光陵幕營會) 28명 참가 (지도·강화·견학)

6월 11일
임시총회 (종로 후생관)
회칙수보 회원장의상(會員章意象)결정 하기사업 검토

(7월 15일)
↓
7월 16일
소백산맥 (속리산 ↔ 죽령) 학술조사대 파견
대원 17명 편성 인문·자연과학 7부문

8월 6일
동상(同上) 보고회 (국립과학박물관)
강연 3부문 4명

(8월 16일)
↓
8월 28일
울릉도학술조사대 파견
대원 62명 편성 인문·자연과학 8부문
위문품 전달·강연회·강의회 등 개최

9월 10일
동상(同上) 귀환보고 강연회 (국립과학박물관)
강연 8부문 11명
동상(同上) 대원간친회

9월
회원장(會員章) 제작 반배(頒配, 배포)

(11월 10일)
↓
11월 19일
울릉도학술조사대 보고전람회 (동화백화점)
전시…도표 45 사진 90 각반(各班) 표본 100여점
특산품 30여종
입장인원 20,000여명

10월 25일

경북지부 결성 (대구사진관 내)

(11월 30일)

12월 4일

울릉도학술조사대 보고전람회 부산 개최

부산일보 2층 경남지부 주최

(12월 6일)

12월 10일

동상(同上) 전람회 대구 개최

대구공회당 경북도·경북지부 주최

【원소장처: 한국산악회】

◎ 자료해설

　울릉도학술조사대가 1947년 8월 울릉도·독도 조사를 마친 후의 활동을 알 수 있게 해주는 문서임. 이에 따르면, 울릉도학술조사대는 조사를 마친 이후 국립과학박물관에서 귀환 보고 강연회를 개최(9월)하고, 동화백화점(11월)·부산일보 2층 경남지부(11-12월)·대구공회당 경북지부(12월) 등에서 보고전람회를 개최함. 상기 강연회 및 보고전람회는 울릉도와 독도 조사 결과를 주제로 이루어졌다는 것이 당시 언론기사 상에도 소개되었음

(▶ 자료출처: 외교부 독도자료실)

5. 위원 피선 및 제22회 위원회 소집 통지의 건 (조선산악회, 1947.5.12.)

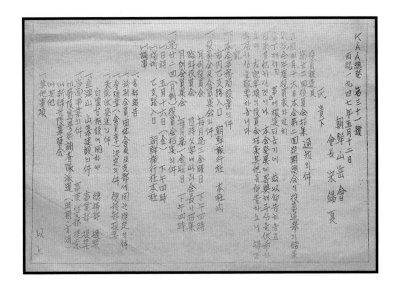

- 위원 피선 및 제22회 위원회 소집 통지의 건
  (1947.5.12)

〔현대어 번역문〕

K.A.A. 총발(總發) 제31호　　　서기 1947년 5월 12일

　　　　　　　　　　　　　　　조선산악회

　　　　　　　　　　　　　　　회장 송석하

씨 귀하

역원(役員) 피선(被選) 및

제22회 역원회(役員會) 소집 통지의 건

지난 4월 16일 본회 제2회 정기총회의 역원선거의 결과 별지 금년도 역원표와 같이

귀하께서 『사』에 피선 되옵기에 이에 앙고(仰告)하옵고

바쁘실 것이나 본회 발전에 기여해주심을 엎드려 바라오며 아래 주요사항의 역원회

소집 기타를 앙고(仰告)하오니 만사 제쳐놓고 참석하심을 정중히 요청드립니다.

기(記)

一. 본회[조선산악회] 사무국 설치의 건

    시내 을지로 입구 조선여행사 본사 내

一. 역원회 및 회원 집회의 건

    월례역원회   매월 제3 금요일 하오 4시

    임시역원회   수시 필요에 따라 회장이 소집

    월례회원집회   매월 제1 금요일 하오 4시

一. 제22회(월례) 역원회 소집의 건

  (一) 일시 5월 16일(금) 하오 4시

  (一) 장소 을지로입구 조선여행사 본사

  (一) 의사(議事)

    一. 각부 보고

    一. 특별회원, 단체회원 및 지부에 관한 규정의 건

    一. 회표장(會標章)(회원장) 결정의 건 총무부 제안

一. 표창장 발송의 건

　　　　백운대 시설에 관하여　　총무부 제안

一. 북한산 산막건설의 건　　　　　사업부 제안

一. 당면사업의 건　　사업·연구부 제의

　　　　(ㄱ) 울릉도학술조사대 파견 (시기·방법)

　　　　(ㄴ) 신록광릉막영회(新綠光陵幕營會)

　　　　(ㄷ) 기타

一. 기타사항　이상

【원소장처: 한국산악회】

◎ 자료해설

　1947년 5월 12일 조선산악회가 국토구명사업의 일환으로 울릉도학술조사대 파견을 계획하고 있었음을 알 수 있게 해주는 문서임. 이 문서를 통해 1947년 6월 20일자 『대구시보』의 「왜적 일본의 얼빠진 수작」 기사가 나오기 전에 이미 조선산악회가 울릉도 조사를 계획하고 있었으며, 『대구시보』 등의 보도가 있은 후 독도가 추가 조사대상으로 선정되어 과도정부의 후원을 받은 것을 알 수 있음.

(▶ 자료출처: 외교부 독도자료실)

6. 조선산악회 → 해안경비대 공문(조선산악 회, 1947.7.30)

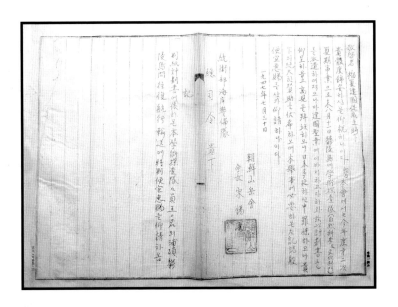

조선산악회 → 해안경비대 공문(1947.7.30)

〔현대어 번역문〕

　삼가 아룁니다 유하(榴夏, 무더운 여름) 건국을 조속히 이룰 시기에

　귀체(貴體) 편안하심을 앙축(仰祝)하나이다. 아뢰옵건대 본회 에서는 금년도 제2차 하기(夏期)사업으로 오는 8월 11일 울릉도 에 학술탐사대(자연과학 및 문화 부문)를 파견하여 적으나마 건

국성업에 이바지하고자 하여 이에 계획서를 앙정(仰呈, 받들어 드림)하옵고 고견을 배사(拜竢, 엎드려 기다림)하오니 바쁘신 중 죄송하오나 귀하의 절대한 찬조를 엎드려 바라오며 본 거사에 필요한 아래 제반 편의 혜사(惠賜, 은혜를 베품)를 삼가 앙청(仰請)하나이다.

1947년 7월 30일

조선산악회
회장 송석하

통위부 해안경비대
총사령 귀하

기(記)
별지 계획서에 의한 본 학술탐사대 대원 50명의 포항, 울릉도간 왕복항행 수송에 특별편의 혜사(惠賜)를 앙청(仰請)함.

【원소장처: 한국산악회】

◎ 자료해설
조선산악회가 울릉도학술조사대 파견을 위해 통위부(미 군정기 국방·경비 기관) 해안경비대 사령에게 선박을 요청하는 공문임. 이 요청 공문은 1947년 7월 30일자이며, 8월 11일부터 울릉도학술조사 실시를 개시한다고 함. 문서상으로는 울릉도 왕복만 요청하고 있지만 실제 울릉도학술조사대는 해안경비대 함정인 '대전환(大田丸)'을 지원 받아서 포항에서 울릉도·독도를 왕복함. 이는 정부의 후원을 받아 진행된 조사임을 알 수 있음. 또 이 문서를 통해 울릉도학술조사대 파견이 '건국성업(建國聖業)'의 일환으로 추진되었음을 알 수 있음.

(▶ 자료출처: 외교부 독도자료실)

7. 1947년 8월 울릉도학술조사(조선산악회, 1947.8)

1947년 8월 울릉도학술조사(鬱陵島學術調査) (1947.8)

〔현대어 번역문〕

1947년 8월
울릉도학술조사

주최 조선산악회
후원 문교부

一. 취지

본회는 미지·미개척의 우리 강토를 우리 손으로 구명한다는
목적 아래 해방 후 수차 각 방면에 조사대를 파견하여 학계에 공
헌을 하였던바 이번 여름에도 소백산맥학술탐사사업에 이어서
울릉도에 학술조사를 결행하게 되었습니다.

일찍이 신라 때에 우산국이라고 하여 용감한 도민(島民)의 이
름을 역사상에 높인 울릉도는 동해의 고도(孤島)로서 우리 국토
동단의 중요한 위치를 차지하고 있을 뿐 아니라 내륙과 격절(隔
絶)된 특수한 풍토와 자연환경을 갖고 있어 학술상으로 문화·생
물·지질·수산·농림·기상 등 각 방면으로 우리의 연구대상에
광범한 것이 있다 하겠습니다. 이에 우리는 그간 너무도 무관심
했던 이곳에 자연의 악조건과 싸워가며 모진 생활을 하고 있는
섬사람을 찾고 만나며 겸하여 귀중하고 흥미스러운 그 전모를
조사 소개코자 하는 것입니다.

二. 일정표

제1일 8월 16일(토)
서울발 강연반(10:00발) – 대구(17:00착)
본대(19:00발)

제2일 8월 17일(일)
강연반 강연회   대구(17:30발) – 포항(21:00착)
본대   대구(3:20착) – 포항(12:30착)
                  (9:00발)

제3일 8월 18일(월)   포항(경비선)-울릉도 도동
제4일 8월 19일(화)   도동-천부동 양일간 본도(本島) 일주
제5일 8월 20일(수)   천부동-도동
제6일 8월 21일(목)   도동-성인봉(997미터)-미륵봉-하산
제7일 8월 22일(금)   자유탐사
제8일 8월 23일(토)   〃 〃 〃
제9일 8월 24일(일)   도동(항선)-죽도 왕복
(이하 4줄 판독 불능)

三. 각 반의 편성과 과제

사회과학반
    A. 지리, 역사, 민속, 언어학반
    B. 생활실태조사반
식물학반/동물학반   생태 및 분류학

농림학반	임상, 농경, 목축, 하천 조사 연구
지질광물학반	지질, 광물
의학반	보건질병상황연구조사 구호의료
기상학반	천상(天象), 기상 관측
보도반	신문보도, 영화, 사진촬영
본부	총무, 장비, 식량, 수송, 무전

四. 도민위문행사

1. 영화상영과 강연회 개최
2. 위문품 전달
3. 의료실시

五. 보고와 연구발표

【원소장처: 한국산악회】

◎ 자료해설

　1947년 울릉도·독도학술조사가 조선산악회 주최, 문교부 후원으로 이루어졌음을 알 수 있게 하는 문서임. 문서 자체에는 독도 조사에 관한 내용이 포함되어 있지 않아 독도조사단의 파견이 비밀리에 진행되었음을 알 수 있게 해줌. 이 문서의 계획상으로 8월 22~23일 자유탐사가 독도조사를 위해 설정된 기간이었을 가능성이 높으며, 실제 1947년 8월 18일 울릉도학술조사대는 울릉도에 도착하여 8월 20일 독도조사를 실시함.

(▶ 자료출처: 외교부 독도자료실)

8. 「울릉도 독도 학술조사대」, 『한국산악회50년사』(한국산악회, 1996), 81~82쪽.

울릉도 독도 학술조사대

소백산맥답사가 치안 악화로 예정된 지역과 산을 전부 답사하지 못하자 산악회는 1947년 대규모 종합학술조사대를 울릉도 독도로 파견하자는 이사회 결의를 실천에 옮겼다.

오늘날 같이 교통편이 용이하지도 않으며 학술반이 뜻이 있어도 쉽게 갈 수 있는 시기도 아니었다. 그것은 어느 지역의 종합학술조사는 이 시기에는 유일한 것이었다. 더구나 홍종인 부회장이 『조선일보』라는 매체에 재직하고 있던 까닭으로 언론사로서의 힘은 이러한 조직운영에 장점도 있으려니와 조사내용을 발표할 수 있는 여건을 갖추고 있는 셈이었다.

국토구명사업으로는 4회가 되는 울릉도 독도의 종합답사는 학술조사대로서 큰 기대도 앞섰거니와 미지의 영역이라는 탐험적 성격조차 있었다. 학술조사대는 8월 16일 서울을 출발했다. 대장인 송석하 회장 외 64명의 대규모 조사대는 때마침 회의 경북지부 준비위원들이 동양호텔에 마련한 산악좌담회에 참석한 뒤 참가예정인 지부회원과 합류해서 해군 경비정인 대전호에 탑승했다.

이때의 편성은 다음과 같다. 대장에 송석하 회장, 부대장에 홍종인, 도봉섭 부회장, 본부운행지도에는 김정태, 김정호, 본부반은 김홍래, 남행수, 현기창, 주형렬, 정인호, 전탁, 그리고 신업재, 이문업, 김재문, 지원홍 등의 부산지부 산악인들이 중심이 되었다. 학술반 편성은 사회과학 A반에 방종현, 김원룡,

김용경, 이원우, 유하준, 정흥원, 이정호, 손계술, 임창순 등 서울대 교수진을 비롯한 사회과학 분야의 석학들로 구성했다. B반은 홍종인, 정건우, 조병채, 장수환 등으로 편성했다. 울릉도에 상륙한 후에 대를 양분해서 섬을 일주하는 예정에 따라 각각 A, B반으로 구분한 것이다.

동물반에는 석주명, 윤익병, 임문규, 송상헌, 유진해, 이희태 등과 식물반에는 도봉섭, 심학진, 최기철, 이우로, 유경수, 정영호, 홍성언 이규완 등으로 편성했다.

농림반에 김종수, 이창복, 노희원, 유시승 등이고 지질·지리·광물반에 옥승식, 주수달, 의무반에는 조중삼, 정언기, 이정주, 김홍기, 전영호, 석주일, 박용덕, 채숙 등 내·외과전문의로 구성했다. 사진·보도반에는 현일영, 임주식, 박종대, 최계복, 김득조, 고희성 등이 참가했으며 별도로 전기통신반이 편성되어 신언모, 최창근 등 체신부 무전기사가 동참했다.

이러한 대규모 학술조사대에서 언제나 대원 전체의 운행을 관리하는 역할은 산악인이 본부반 명분으로 조사원의 지원대 역할을 했으나 경우에 따라서는 험로나 암벽산길에서 개척 선등하는 무거운 책무가 있게 마련이었다. 또한 기획 단계에서 참가예정이던 각 분야의 전문학자들이 출발에 앞서 개인사정으로 예정인원의 약 20여명이 교체되기도 했다.

이들은 해군이 마련한 함정으로 18시간이나 걸려 울릉도 남양동에 일부 상륙하고 조사대의 반은 성인동에 상륙했다. 즉 일정에 따라 예정대로 조사대를 두대로 구분한 것이다.

남양동 상륙대원인 A반은 태하동~나리동에서 주봉인 성인봉에 오르고 천부동을 거쳐 도동에 집결하고, B반은 성인동~나리동~천부동~대하동~남양동을 거쳐 도동에서 A반과 합류했다. 즉 A반은 등산조가 섬 중앙에서 주봉에 올라갈 수 있는 조사반과 동행했고, B반은 섬 주위를 일주하며 답사조사하는 집중방식을 쓴 것이다.

도동에 전대원이 합류해서 저동으로 진출하고 다시 독도를 왕복하며 광복 후 최초의 독도답사에 성공한 것이다.

8월 16일부터 28일까지 13일간의 종합답사는 학술면에서 큰 업적을 남기고 각각 분야별 보고서를 학술지를 비롯해서 『조선일보』에 연재했다.

보고 강연회는 9월 10일, 400여 명의 참석자가 국립과학박물관을 메운 가운데 개최됐다.

연제로서 송석하 회장의 귀환보고 인사에 이어 홍종인의 '사회와 경제', 정홍헌의 '지리', 방종현의 '언어와 방언', 김원룡의 '고고조사', 김종수의 '농림', 석주명의 '나비와 기타동물', 도봉섭의 '식물', 옥승식의 '지질' 등 당시 저명한 석학들의 큰 성과에 감동되기도 했다. 분명 우리국토를 우리 손으로 구명하고 과학적 탐사연구를 하자는 산악회의 드높은 공적이 결실을 맺은 것이었다.

또한 이 보고전시회는 10월 10일부터 19일에 이르는 10일간 동화백화전(현 신세계) 3층에서 대형 기록사진 등 281매와 도표 및 표본 650여 종이 전시되어 사회각계의 큰 관심을 일으키게 했다.

아울러 이날 개관식에는 창설 초에 급작스럽게 제정하고 첫 총회 때 정식 제정한 회기가 첫 선을 보였을 뿐만 아니라 각 회원 번호를 새긴 회원장(순은 바탕에 금 에델바이스 꽃 문양을 넣은 것으로 오늘날까지 이어지는 배지)을 전 회원에게 정식으로 배포했다.

이 전시회와 아울러 마련한 회원장 배포는 각각 회원의 자부심과 긍지를 갖게 하는 계기가 되었고 드높은 산악회원으로서의 명예를 소중히 간직하게 하는 계기도 되었다.

전시회는 서울에 이어 경남지부는 부산일보 2층에서 11월 30일부터 5일간 개최했고 경북지부는 대구 공회당에서 1948년 1월 20일부터 7일간 개최했다.

이에 앞서 경북지부가 10월 25일(1947년) 최계복, 주병진, 김동사, 최억만 등이 주축이 되어 정식으로 지부 결성을 한 것은 전술한 바 있다.

또한 제4회 국토구명사업의 보고전시회 날 회원장(배지) 배포를 계기로 그간 학술조사대에 참가한 학자들이 대거 산악회에 입회하면서 이러한 회의 행사에는 회원자격이 있어야 참가할 수 있으며 비회원은 참가함으로써 회원 자격을 얻게 되는 제도가 확정된 것이 전통화되었다. 그러나 순수한 뜻의 입회순으로 회원 번호가 결정되지 않고 각자 희망에 따른 번호를 결번 중에서 선택하는 경우도 있었다.

제 4회 국토구명사업인 이 울릉도 독도 학술조사는 산악회로서는 사회적인 큰 공적을 남겼다. 비단 사회적인면 뿐만 아니라 국가적으로도 큰 뜻이 있었다. 규모나 참가인원 그리고 각 학술분야의 조사자가 대규모였고 각계의 총 65명의 조사활동은 한국산악회만이 할 수 있는 조직적인 활동으로 높이 평가되었다.

이 행사 후의 10월의 보고강연회와 자료전시회는 열화 같은 갈채 속에서 각 지방을 순회하며 개최되어 사회적인 공감대를 이룩하는 계기가 되었다.

▶ 자료출처: 『한국산악회50년사』)

부록

영남대학교 독도연구소
자료총서4권

해방이후 울릉도 · 독도 조사 및 사건
관련 자료 해제 I

최재목 · 이태우 · 김도은 · 김은령 편역

영남대학교 독도연구소

이 책은 경상북도 독도연구기관 통합협의체의 연구비를 지원받아 제작되었음

• 머리말 •

영남대 독도연구소는 그동안 한국의 독도영유권 주장의 정당성과 객관적 근거를 제시하기 위해 독도 관계 자료를 발굴하고 소개하는 자료집을 발간해 왔다. 현재까지 3권의 자료총서를 발간해왔으며, 이번에 경상북도의 지원으로 〈독도자료총서4〉를 간행하게 되었다.

독도자료총서4권 『해방이후 울릉도·독도 조사 및 사건 관련 자료 해제Ⅰ』은 1945년 해방이후 한국정부가 생산한 울릉도·독도 관계 행정문서 기록물들을 총괄 수집하여 한 권의 책자로 엮어 발간한 것이다. 해방이후 한국정부가 울릉도·독도를 실효적으로 지배하고 행정권을 집행한 관련 행정문서들이 존재하지만 현재 이를 찾거나 확인하기가 쉽지 않다. 일부 자료는 인터넷을 통해 확인할 수도 있으나 체계적으로 정리되어 있지 않다. 또한 해방 직후라는 시대 상황 속에서 국·한문과 일본어가 혼용되어 있어 원문에 대한 접근성과 해독도 쉽지 않은 실정이다.

현재 일본은「무주지 선점론」과「고유영토론」을 끊임없이 제기하면서 독도에 대한 실효적 지배 주장을 강화하고 있다. 이러한 일본의 왜곡된 독도영유권 주장에 대해 해방이후 한국정부가 독도를 실질적·실효적으로 지배·관리해왔음을 입증할 수 있는 문서자료들을 발굴·수집·정리하여 책자로 공개함으로써, 일본의 주장을 무력화시키는 동시에 우리의 독도영유권 주장 근거를 한층 더 강화할 수 있을 것이다.

이 책 『해방이후 울릉도·독도 조사 및 사건 관련 자료 해제Ⅰ』은 한국현대사 속에 독도를 둘러싼 한·일간의 치열한 대립과 일본의 독도 도발에 대한 한국정부의 대응과정을 공식 행정문서를 통해 확인할 수 있는 귀중한 자료가 될 것이다. 또한 이 책은 해방이후 한국현대사에서 중앙정부와 지방정부가 독도를 지키기 위해 어떻게 대응하고 실효적으로 지키고 관리해왔는지를 확인해주

게 될 것이다. 이와 함께 이 책은 상대적으로 부족한 해방이후 독도 관련 연구
를 활성화하기 위한 중요한 자료적 가치도 지니고 있다.

이 책에 수록된 자료는 '국가기록원'과 울릉도 '독도박물관'에 보관된 자료를
기관간의 공식 협조를 통해 제공받은 것이다. 바쁜 업무 중에도 자료실과 수장
고에 보관된 원문자료를 일일이 찾아 파일로 만들고, 사진으로 찍어 이미지 파
일로 제공해주신 국가기록원 서울기록관 보존서비스과 조용곤님, 그리고 울릉
도 독도박물관의 고윤정 학예사님께 깊은 사의를 드린다. 아울러 이 책이 나올
수 있도록 지원을 아끼지 않으신 경상북도에 다시 한 번 감사드린다.

2017. 7. 20 편역자 일동

• 일러두기 •

1. 〈1차 전사〉는 원문을 있는 그대로 옮긴 것이다.

   전사 방법은 한글(한자) 형식으로 병기하였다.

2. 한글표기는 해방 당시 사용하던 표기방식을 그대로 따랐다.

3. 한자표기는 일본식 표기와 병행되어 있어 그대로 사용하였다.

4. 일본어는 현재 사용하는 한글(일본어) 순서로 표기하였다.

5. 원문 문장 중에 나오는 한자는 아래와 같이 표기하였다.

   1) 及: 및(及)

   2) 米: 미터(米)

   3) 粁: 킬로미터(粁)

   4) 선박 명에 붙인 丸: '호(丸)'

   5) 卵峰: 현재 통용하는 '알봉(卵峰)'

   6) 라리령(羅里領): 두음법칙에 따라 '나리령(羅里領)'

   7) 울릉도의 '울': 원문에 의거하여 '울(鬱)'과 '울(苔)'

6. 〈2차 한글 윤문〉은 1차 전사를 바탕으로 현재 사용하는 한글로 번역한 것이다.

   2차 한글 윤문은 아래와 같은 방식으로 하였다.

   1) 한자어는 한글로 번역하였다.

   2) 문장은 현대어 표기법에 맞게 장문은 단문 등으로 수정하였다.

   3) 문체는 독자의 가독성을 우선으로 표기하였다.

   4) 한글로 이해하기 힘든 한자어의 경우는 한글(한자)로 병기하였다.

7. 자료의 원문전체는 독자의 이해를 돕기 위해 Ⅲ장 「원문 자료」에 수록해두었다.

8. 원문에서 생소한 단어 또는 이해를 요하는 부분은 역주로 처리 해 두었다.

   여기서는 특별히 언급하지 않는 한 주는 '역자'주임을 밝혀둔다.

•목 차•

• 자료 해제 •

이 책에 수록된 자료는 해방직후에 작성되어 보존상태가 양호하지 못하고 필사체 글씨 등으로 해독하기가 매우 어렵다. 따라서 편역자들이 공동으로 국한문 혼용체와 일본어로 작성된 원자료를 1차 번역ㆍ전사한 후 이를 다시 2차로 현대한국어로 윤문하고 역주와 해제를 추가하였다. 그러나 이 책의 편집 순서는 독자들이 원자료를 쉽게 읽고 이용할 수 있도록 역순으로 Ⅰ.현대한국어 번역ㆍ윤문, Ⅱ. 1차 전사, Ⅲ. 원문자료의 순으로 배치하였다.

이 책 독도자료총서 4권 『해방이후 울릉도ㆍ독도 조사 및 사건 관련 자료 해제 Ⅰ』에 수록된 자료는 해방이후 울릉도ㆍ독도 조사 및 사건과 관련해 정부 부처나 정부 산하기관에서 발행한 보고서와 공문서 기록물들이다. 수록된 자료들을 보면, 1948년 3월 울릉도ㆍ독도학술조사단 옥승식이 작성한 「울릉도ㆍ독도 조사보문」, 1948년 3월 상무부 지질광산연구소가 편찬한 『지질광산연구소 개요』, 1948년 독도폭격사건에 대한 검토서로서 1951년 9월 내무부가 작성한 「독도에 관한 조사의 건」, 1952년 9월 경상북도가 작성하여 내무부에 보고한 「독도연해 어선 조난사건 전말보고의 건」, 1953년 7월 총무처에서 작성한 「독도침해사건에 관한 건의 이송의 건」, 1954년 9월 경상북도지사가 내무부 장관에게 보고한 「독도 표석 건립에 관한 건」 등이다. 이 책에 수록된 각 자료들의 성격과 내용, 자료적 가치 등을 살펴보면 다음과 같다.

첫 번째 자료는 『울릉도ㆍ독도 조사보문』이다.

이 자료는 해방 후 남한이 미군정 치하에 있을 때인 1948년 3월 미군정청 상무부 지질광산연구소에서 간행한 울릉도 학술조사보고서이다. 미군정청 상무부 산하 지질광산연구소에서 울릉도와 독도에 대한 전반적인 지질에 대한 학술 조사를 실시하고, 물리탐사과에서 광지기사로 재직 중이었던 옥승식(玉昇植)이 편찬한 것이다.

이 보고서에는 당시 울릉도와 독도의 위치, 지형, 지질에 대한 내용이 포함되어 있는데, 독도가 한국의 영토임을 명확히 하고 있다. 이 자료는 미국이 해방 후 독도가 한국 영토임을 인정하고 있는 기록으로 그 가치가 높다고 할 수 있다. 보고서는 2개의 보고서로 나누어져 있는데 첫 번째 보고서는 1948년 3월 옥승식이 작성한 「울릉도 및 독도지질조사개보」이며, 두 번째 보고서는 1952년 10월 8일 옥승식·송태윤·이대성이 작성한 「울릉도·독도 지질조사 보고서」이다.

첫 번째 보고서는 대한민국 정부 수립 이전인 1947년 8월 남조선 과도정부와 조선산악회가 공동으로 '울릉도학술조사대'를 구성하여 울릉도·독도를 조사한 후, 이 조사대에 포함되어 조사활동을 벌였던 옥승식이 지질분야에 대한 조사보고서를 작성한 것이다. 두 번째 보고서는 옥승식이 1952년 9월 17일~9월 28일까지 울릉도·독도학술조사단에 참가하여 지질광물부문을 조사한 결과 보고서이다. 그러나 조사대의 독도 조사는 미군폭격기의 독도폭격 훈련으로 불가능하여 결국 철수할 수밖에 없었고, 1947년 8월에 조사한 결과를 토대로 자료를 재정리하여 1952년 10월에 작성한 보고서이다. 이 보고서의 원본은 독도박물관에 소장되어 있으며, 독도박물관 초대 관장이었던 이종학이 기증한 것이다.

두 번째 자료는 「울릉도지질조사개요」이다.

이 자료는 미군정청 상무부지질광산연구소에서 펴낸 『지질광산연구소개요』 제1호(1948.3, 총 146쪽) 중에서 「울릉도지질조사개요」 부분(67-69쪽)을 발췌한 것이다. 1947년 8월 조선산악회가 주최한 울릉도조사대에 참가했던 옥승식이 작성한 것으로 보인다. 울릉도의 위치, 교통, 지형, 지질 등을 간략히 소개하고 있다. 해방 후 울릉도를 조사한 지질전문가에 의한 최초의 지질조사 결과를 소개하고 있다는 점에서 자료의 의의를 찾을 수 있다.

세 번째 자료는 「독도에 관한 조사의 건」이다.

이 자료는 1951년 8월 31일 내무부장관이 경찰무선전보를 통해 경상북도지사 조재천에게 지시한 전문에 대해 1951년 9월 1일 경상북도지사가 조사한 내용을 보고한 문서이다. 내무부가 경상북도에 요청한 내용은 ①독도가 한국영토임을 증명할 수 있는 증거자료 ②1948년 6월 8일 '미군에 의한 독도폭격사건'의 피해상황과 대책 ③피해어민을 위한 위령비 건립 관련 내용 등이다. 경상북도는 이 전문을 받고 「독도에 관한 조사의 건」이라는 제목으로 이 조사보고서를 상부기관인 내무부에 제출하였다.

미군폭격사건과 관련하여 내무부는 독도영유권 문제에서부터 피해대책에 이르는 독도에 대한 종합보고서를 작성했는데, 그중의 하나가 「독도에 관한 조사의 건」이다. 이 기록물에는 1905년 시네마현 고시가 발표된 직후인 1906년 작성한 울릉군수 「심흥택 보고서」가 필사본으로 첨부되어 있다.

「심흥택 보고서」 원본은 1947년 역사학자 신석호가 울릉군청에서 발견했다고 하나 분실되고 없었는데, 1978년 송병기 교수가 규장각 서고에서 발견하였다고 한다. 그러나 1951년에 작성된 이 보고서에는 비록 원본은 아니지만 그동안 발견 사실만 알려져 왔던 「심흥택 보고서」의 필사본이 포함되어 있어 자료적으로 중요한 의미가 있다고 하겠다.

세부내용은 ①독도관계조서 ②독도 미공군 폭격사건 관계 조서 ③조선반도 극단 경위도표 등으로 구성되어 있다. 첨부서류로는 독도해역 개괄도, 동해안에서 울릉도-독도간 거리, 울릉도-독도 위치 및 거리, 독도조난어민 위령비 그림 등이 포함되어 있다. 특히 '독도폭격사건'의 경우 그동안 언론보도자료를 통해서만 사건경위와 구호상황, 피해자 숫자, 배상 등이 알려져 왔으나, 정부 공문서를 통해서 관련 내용이 구체적으로 확인된 것은 처음이라 하겠다.

네 번째 자료는 「독도연해 어선 조난사건 전말보고의 건」이다.

이 자료는 1952년 내무부 보존 기록물로, 1948년 미군 비행기의 독도 폭격사건 당시 어민들의 피해상황 및 대책관련 보고서이다. 그러나 내무부 기록물로 보존되어 있지만 울릉도·독도를 관할하는 경상북도가 작성한 1948년 1차 독도폭격사건의 전말을 외무부 장관에게 보고한 것으로 되어 있다. 표지를 보면 경상북도에서 이 문서를 기안하여 보고한 날짜가 1952년 9월 20일로 되어 있음을 알 수 있다. 이 날짜는 1952년 9월 15일 미군에 의한 제2차 독도폭격 사건이 일어난 지 5일 후이다. 즉 1차 폭격사건에 이어서 2차 폭격사건이 발생 하자 중앙행정부처인 외무부와 내무부가 이에 대응하기 위하여 독도를 관할하 고 있는 경상북도에 1차 독도폭격사건의 전말을 보고하도록 지시하였고, 이에 대해 경상북도가 「독도연해 어선 조난사건 전말보고의 건」을 보고한 것으로 보 인다.

이 보고서에는 독도영유권 문제, 독도 폭격사건 발생경위와 전개과정 등의 내용이 포함되어 있다. 보고서 제목이 「독도연해 어선 조난사건 전말보고의 건」으로 되어 있어 「1948년 독도폭격사건」과 다른 사건으로 생각할 수도 있으 나, 내용을 보면 독도폭격사건에 관한 보고서임을 알 수 있다. 경위보고에 기 술한 내용에는 ①독도의 위치와 형태 ②독도 영유문제 ③독도(폭격)사건 발생 개황 ④구호 개황 ⑤배상 및 유족 원호 개황 ⑥위령제 거행 ⑦위령비 건립 취 의 등의 순서로 되어 있다. 앞에 소개한 「독도에 관한 조사의 건」과 내용이 대 부분 중복되고 있지만 외무부장관에게 보고한 문서이기 때문에 소개하였다. 이 보고서는 그동안 언론보도기사를 통해서만 접했던 당시의 피해상황을 정부 의 공식 문서를 통해서 그 피해규모나 구호상황, 위령비 건립 등 독도영유권 수호를 위한 정부의 대응과정을 확인할 수 있다는 점에서 중요한 의미가 있다 고 할 수 있다.

다섯 번째 자료는 「독도침해사건에 관한 건의 이송의 건」이다.

이 자료는 1953년 7월 8일 국회에서 결의한 '독도침해사건에 관한 대정부 건 의서'로서 일본관헌의의 독도 불법침입에 대해 국회가 정부 측에 강력항의를 건 의한 '국회건의서'이다. 1953년 7월 8일 국회 제19차 본 회의에서 결의되었으 며, 국회(民議院) 의장대리 조봉암이 이승만 대통령에게 제출한 것이다. 1953 년 7월 12일 국회에서 이송된 이 건을 총무처장이 1953년 7월 15일 내무, 외 무, 국방, 법무, 상공부 장관에게 각각 회부하여 회람을 요청한 문서이다.

이 문서에 포함된 '건의서'에 의하면, 1953년 6월 27일 일본 시마네현청, 국립경찰 시마네현본부, 법무성입국관리국 송강사무소원 등 30여명이 독도에 대거 침입하여 "일본영토"라는 표식과 "한국입출어는 불법"이라는 경고 표를 건립하는 한편, 한국인 어부 6명에게 퇴거를 요구하는 불법행동을 취했다고 한다. 이 사건에 대해 국회는 '독도침해사건에 관한 대정부 건의'를 통해 "대한민국의 주권과 해양주권선의 침해를 방지하기 위한 적극적인 조치를 취할 것"과 "일본관헌이 건립한 표석 철거 뿐 아니라 불법 침해가 재발되지 않도록 대한민국 정부가 일본정부에 강력히 항의할 것"을 주장하고 있다. 국회와 정부의 독도에 대한 강력한 영토주권 수호 의지를 확인할 수 있는 공문서 자료이다.

마지막, 여섯 번째 자료는 「독도 표석 건립에 관한 건」이다.

이 자료는 1954년 9월 7일 경상북도지사가 내무부장관에게 보고한 '독도표석 건립에 관한 보고서'이다. 1952년 1월 한국정부는 「인접해양의 주권에 대한 대통령선언」(평화선 선포)을 발표하자, 일본은 '독도의 한국영유를 인정할 수 없다'는 '항의서한'을 발표하면서 한일간 독도영유권 분쟁이 시작되었다. 이에 내무부는 독도 표석건립작업을 추진하게 되었다. 1954년 8월 24일 독도 동도 서쪽해안 위령비 건립 장소 부근에 '독도표석'을 건립하였음을 울릉군수가 경북도지사에게 보고하였고, 1954년9월 7일 경북도지사는 다시 이 사실을 내무부장관에게 보고하고 있다. 보고서에는 표석 그림이 첨부되어 있는데 '독도표석 건립 단면도', '독도표석 건립 측면도', '독도표석 건립 평면도', '독도약도' 등이다. 본 기록물에는 표석건립 연월일, 공사개요, 소요경비, 독도 및 표석 도면 등 표석건립에 대한 각종 계획서가 포함되어 있다. 대한민국 정부가 독도를 실효지배하고 있을 뿐 아니라 실질적으로 관리하고 있음을 대내외적으로 확인시켜주기 위한 '표석건립사업'임을 알 수 있다. 한국전쟁이 끝난 직후인 1954년 당시, 전후복구를 위한 어려운 국내사정에도 불구하고 울릉군과 경상북도, 내무부가 영토수호를 위해 유기적인 협력으로 독도에 표석을 건립하는 과정을 확인할 수 있다.

이상 언급한 자료들에 대한 작성 일자와 출처를 소개하면 다음과 같다.

□ 자료출처

번호	자료명	작성년월일	자료 제공 및 소장처
1	울릉도·독도 조사보문	1948.3	울릉도 독도박물관
2	울릉도지질조사개요	1948.3	국회도서관
3	독도에 관한 조사의 건	1951.9.1	국가기록원
4	독도연해 어선 조난사건 전말보고의 건	1952.9.20	국가기록원
5	독도침해사건에 관한 건의 이송의 건	1953.7.15	국가기록원
6	독도 표석 건립에 관한 건	1954.9.7	국가기록원

지금까지 이 책에 수록된 각 자료들의 성격과 내용, 자료적 가치 등을 살펴보았다. 이 책 독도자료총서 4권 『해방이후 울릉도·독도 조사 및 사건 관련 자료 해제Ⅰ』에 수록된 자료는 해방이후~한국전쟁 시기인 1948년~1954년에 생산된 자료들이다. 따라서 독자들로 하여금 '독도폭격사건'에 대한 이해를 돕기 위해 〈참고자료〉로 논문 「1948년 독도폭격사건의 경과와 발생배경」을 함께 수록하였다. 이 책에 수록된 자료들을 이해하는데 참고가 될 것이다. 그리고 독도영유권과 관련한 중요한 가치를 지닌 자료이지만 이번 자료집에서 누락된 자료도 있을 것이며, 아직 미처 발굴되지 못한 자료도 있을 것이다.

이 책에 수록된 자료들 중 자료3~자료6까지는 '독도폭격사건'과 관련을 가진 자료들이다

영남대 독도연구소는 향후 지속적으로 관련 자료를 발굴하여 『해방이후 울릉도·독도 조사 및 사건 관련 자료 해제』Ⅱ, Ⅲ을 계속 출간할 계획이다. 앞으로도 한국정부가 독도를 실질적·실효적으로 지배·관리해왔음을 입증할 수 있는 문서자료들을 발굴·수집·정리하여 책자로 공개함으로써, 일본의 주장을 무력화시키는 동시에 우리의 독도영유권 주장 근거를 한층 더 강화할 수 있는 작업을 지속해 나갈 것이다.

I

• 현대문 윤문 및 주해 •

울릉도·독도조사보문
(鬱陵島獨島調査報文)

옥승식(玉昇植)

울릉도 및 독도지질조사개보

지질광물반 옥승식

1. 『울릉도·독도 조사보문』

───── 〈자료소개〉 ─────

이 자료는 해방 후 남한이 미군정 치하에 있을 때인 1948년 3월 미군정청 상무부 지질광산연구소에서 간행한 울릉도 학술조사보고서이다. 미군정청 상무부 산하 지질광산연구소에서 울릉도와 독도에 대한 전반적인 지질에 대한 학술 조사를 실시하고, 물리탐사과에서 광지기사로 재직 중이었던 옥승식(玉昇植)이 편찬한 것이다.

이 보고서에는 당시 울릉도와 독도의 위치, 지형, 지질에 대한 내용이 포함되어 있는데, 독도가 한국의 영토임을 명확히 하고 있다. 이 자료는 미국이 해방 후 독도가 한국 영토임을 인정하고 있는 기록으로 그 가치가 높다고 할 수 있다. 보고서는 2개의 보고서로 나누어져 있는데 첫 번째 보고서는 1948년 3월 옥승식이 작성한「울릉도 및 독도지질조사개보」이며, 두 번째 보고서는 1952년 10월 8일 옥승식·송태윤·이대성이 작성한「울릉도·독도 지질조사 보고서」이다.

첫 번째 보고서는 대한민국 정부 수립 이전인 1947년 8월 남조선 과도정부와 조선산악회가 공동으로 '울릉도학술조사대'를 구성하여 울릉도·독도를 조사한 후, 이 조사대에 포함되어 조사활동을 벌였던 옥승식이 지질분야에 대한 조사보고서를 작성한 것이다. 두 번째 보고서는 옥승식이 1952년 9월 17일~9월 28일까지 울릉도·독도학술조사단에 참가하여 지질광물부문을 조사한 결과 보고서이다. 그러나 조사대의 독도 조사는 미군폭격기의 독도폭격 훈련으로 불가능하여 결국 철수할 수밖에 없었고, 1947년 8월에 조사한 결과를 토대로 자료를 재정리하여 1952년 10월에 작성한 보고서이다. 이 보고서의 원본은 독도박물관에 소장되어 있으며, 독도박물관 초대 관장이었던 이종학이 기증한 것이다.

1. 머리말

울릉도와 독도는 동해에 있는 섬으로써, 우리 한국인 자신들도 그에 대한 인식이 낮았던 것이다. 이번 조선산악회 주최, 울릉도학술조사대의 일원으로 참가하여 울릉도 및 독도를 조사할 기회를 얻었다.

울릉도 및 독도는 우리나라 안에서는 그리 흔히 볼 수 없는 화산암으로 구성되어 있으며, 특히 환태평양지역에서는 드문 소위 알칼리암으로 되어있어, 관계학자들로 하여금 높은 흥미를 느끼게 하는 바이다.

이번 조사는 조사기일의 제한과 조사대의 행동통일관계로 부득이 일종의 유람시찰정도의 조사에 불과하여 대단히 불완전한 것이지만, 그 개요를 보고하는 바이다.

2. 위치 · 면적[1] 및 교통

가. 위치

울릉도는 경상북도에 속해있는 동해에 있는 한 섬이다. 즉 강원도 묵호진 동방해상에서 직선거리 약 150km(粁)[2], 경상북도 포항 북동방위해상에서 직선거리 약 210km 지점인 북위 37도 27분 ─ 동(同) 33분과, 동경 130도 47분 ─ 동(同) 57분간에 위치한다.

독도 역시 경상북도에 속해 있는 동해의 한 섬이며, 울릉도 동쪽해상에서 직선거리 약 90km 지점인 북위 14분 18초 동경 131도 52분 33초에 위치한다.

나. 면적

울릉도는 동서방향 약 12km, 남북방향 약 10km이며, 그 면적은 75.6k㎡이다.

독도는 아직 정확한 측량 결과를 알 수 없으나, 조사 당시의 눈대중에 의하면, 직경 200m 내지, 250m 정도의 작은 섬 2개로 되어있다.

---

1) 원문에는 광무로 되어 있음._광무(廣袤):명사, 광(廣)은 동서(東西)를, 무(袤)는 남북(南北)의 뜻으로, 넓이. 면적을 말함. [같은 한자어] 광륜(廣輪): '광(廣)'은 동서(東西), '륜(輪)'은 남북(南北)의 뜻으로, '넓이'를 달리 이르는 말.

2) 천(粁): 킬로미터(km)

다. 교통

울릉도는 경상북도 포항과 울릉도의 도동 간에 약200톤급의 정기 연락선이 월 3회 있으나, (조사당시) 풍랑 관계로 결항이 많고 교통이 불편하다.

독도는 무인도이므로, 정기적으로 운항하는 배편은 없고, 울릉도 어선이 때때로 독도까지 고기잡이를 나갈 정도이다.

3. 지형

울릉도는 섬 전체가 성벽 같은 험산으로 되어 있으며, 섬의 중심에 위치하는 최고봉인 성인봉(聖人峰, 해발 983m)을 중심으로, 해발 500m 이상의 높고 험준한 봉우리가 수십 군데에 솟아 있어[3] 장년기의 지형을 이루고 있다.

울릉도의 특수한 지형으로써는 화산활동의 결과로 인하여 미륵산 −성인봉 − 나리령을 연결하는 반원형의 칼데라벽(caldera 壁) 북쪽이 비교적 광활한 분지를 이루고 있는 것이다.

해안선은 단순하고 침식작용을 받아, 대부분이 절벽이며, 소위 중성식 해안(Neutral Coast Type)을 이루고 있다. 따라서 항만이 거의 없고, 본섬의 도청 소재지인 도동이 유일한 항구이다.

계곡[4]은 성인봉을 중심으로 서쪽의 미륵산, 동쪽의 나리령을 연결하는 선이 분수계(分水界)가 되어 있고, 수류(水流)는 사방으로 발달하여 있으나, 본섬 북쪽에서 솟아나는 물과, 북서쪽의 태하동, 동남쪽의 대저동, 서남쪽의 남양동 부근을 흐르는 것이 하천에 가까우며, 기타는 작은 물줄기 정도에 불과하다. 수량이 가장 풍부한 곳은 나리동 분지의 땅속으로 흘러서 솟아나는 물이다.

독도는 동도 및 서도로 되어있으며, 눈대중으로 보면 해상에 돌출한 해발 약

---

3) 원문에는 용립(聳立: 솟다, 높이 솟다.)으로 되어 있음.
4) 원문에는 수계로 되어있음(水系: 지표(地表)의 물이 점차로 모여서 같은 물줄기를 이루는 계통(系統). http://hanja.naver.com/word?q=%E8%BC%9D%E7%9F%B3 참조

100m 정도의 험한 2개의 산봉우리에 불과하다.

평지는 전혀 없고, 경사[5](Slope) 40도 이상의 험한 산이며, 장년기의 지형을 이루고 있다.

이섬의 특수한 지형으로써, 동도에는 과거의 화산활동을 입증하는 옛 분화구가 직경 80 내지 100m, 깊이는 눈대중으로 약 100m 정도의 등근 동굴을 이루어, 이섬의 지형을 한층 더 험하게 하고 있다.

서도는 지형이 험하여, 그 산봉우리를 조사하지 못하였음으로, 옛 분화구의 유무는 분명치 않다.

물이 흐르는 계곡 등은 목격하지 못하였다.

4. 지질

가. 울릉도의 지질

본섬의 지질은 주로 현무암(玄武岩), 조면암(粗面岩)[6]류 화산포출물(火山抛出物), 타류스(Talus)[7] 등으로 구성되어 있다.

---

5) 원문에는 구배로 되어 있음(句配: 기울기)
6) 조면암(粗面岩): [명사][광물], 〈지리〉 주로 알칼리 장석(長石)으로 이루어진 화산암. 흰색·검은색·회색을 띠며, 감촉이 까칠까칠하고 얼룩무늬가 있다. 화학 성분은 화강암과 비슷하나, 조직이 전혀 다르다. 한국의 울릉도나 일본에서 난다.
   http://hanja.naver.com/word?q=%E8%BC%9D%E7%9F%B3 참조
7) 타류스(Talus): (지질) 애추(崖錐)(낭떠러지 아래로 부스러져 떨어진 돌더미의 사면), 너덜바위라고도 함.

1) 현무암(玄武岩)

현무암은 주로 도동, 남양동, 태하동, 와달리 부근에 분포하고 있으며, 화산기반은 분명하지 않으나 본 지역에서는 최초에 분출된 화산암으로 사유된다.

본 암은 암흑색의 치밀한 암석이며, 감람석(橄欖石)[8], 휘석(輝石)[9], 파리장석(玻璃長石)[10] 등의 반정(斑晶)[11]을 가지고 있고, 감람석은 사문석(蛇紋石)[12]으로 변화되어 있는 곳이 있다. 남양동 부근에 현무암은 부분적으로 석기(石基)[13] 중에 자철광(磁鐵鑛)[14]을 비교적 다량 함유하고 있는 것으로 사유되며, 풍화된

---

8) 감람석(橄欖石): 철·마그네슘 따위 규산염(硅酸鹽)으로 된 광물(鑛物). 사방정계(斜方晶系)에 딸리는, 짧은 기둥 모양의 결정(結晶)임. 빛깔은 감람녹색(綠色)·백색(白色)·회색(灰色)·황색(黃色) 등(等)임. 주(主)로 염기성(鹽基性) 화성암(火成巖) 속에 나타나며, 운석(隕石) 중(中)에도 있음. 빛이 곱고 투명(透明)한 것은 보석(寶石)으로 씀. http://hanja.naver.com/word?q=%E8%BC%9D%E7%9F%B3 참조.

9) 휘석(輝石): 철, 칼슘, 마그네슘 등(等)의 규산염류(硅酸鹽類)로 된 사방정계(斜方晶系) 또는 단사정계(單斜晶系)의 조암광물(造巖鑛物). 빛깔은 검은빛·풀빛 또는 어둔 갈색(褐色)이며 화성암(火成巖)에서 산출(産出)됨. http://hanja.naver.com/word?q=%E8%BC%9D%E7%9F%B3 참조.

10) 파리(玻璃): ①유리(琉璃) ②수정(水晶) ③일곱 가지 보석(寶石) 가운데의 하나. 파려(玻瓈) http://hanja.naver.com/word?q=%E8%BC%9D%E7%9F%B3 참조.

11) 반정(斑晶): 화산암(火山巖)이나 반심성암(半深成巖)에서, 알갱이가 작은 석기(石基) 가운데 흩어져 있는, 비교적(比較的) 큰 결정 입자(結晶粒子). 암장(巖漿)이 땅 속의 깊은 곳에서 서서히 냉각(冷却)되어 이루어진 것임. http://hanja.naver.com/word?q=%E8%BC%9D%E7%9F%B3 참조.

12) 사문석(蛇紋石, serpentine)은 감람석이나 휘석이 물과 반응하여 변질되어 생긴 규산염광물이다.

13) 석기(石基): 화성암(火成巖)의 반상(斑狀) 구조(構造)에 있어서, 반정 이외(以外)의 미세(微細) 결정(結晶)이 모인 부분(部分) http://hanja.naver.com/word?q=%E8%BC%9D%E7%9F%B3 참조.

14) 자철광(磁鐵鑛): 등축정계(等軸晶系)의 광물(鑛物) 적철광(赤鐵鑛)과 함께 중요(重要)한 철광(鐵鑛)의 하나임. 주(主) 성분(成分)의 사삼산화(四三酸化) 철(鐵) 결정(結晶)·덩이 모양·입상(粒狀)·층상(層狀)을 이룸. 다른 광물(鑛物)과 쉽게 구별(區別)되며 경도(硬度)는 5.5~6.5, 비중(比重)은 5.2임. 화성암(火成巖)·수성암(水成巖) 또는 변성암(變成巖)의 성분(成分)으로, 검은 금속(金屬) 또는 아금속 광택(光澤)이 나며, 약하고 무름. 광물(鑛物) 가운데서 자성(磁性)이 가장 강(强)한 반도체(半導體)임. 철의 함유량(含有量)은 72.4%이며, 제철(製鐵) 원료(原料)에 없어서는 안 될 광석(鑛石)임. 암석(巖石) 중(中)에서 남. http://hanja.naver.com/word?q=%E8%BC%9D%E7%9F%B3 참조.

현무암이 적갈색(赤褐色)[15]의 소위, "산화대(Gossan)"[16] 같이 보이는 곳이 있다. 남양동 부락 부근에는 현무암의 주상절리(柱狀節理)[17]가 발달하여, 기이한 풍경을 이루고 있다.

현무암은 조면암류와의 접촉면에 침식작용을 받은 흔적이 있어서 현무암 분출 후, 조면암류가 분출될 때 까지 상당한 시간적 간극(間隙, Time Gap)이 있었음을 증명하고 있다. 이것은 울릉도의 생성에 초석과 같은 기본이 되어 있다.

2) 조면암류

조면암류는 본섬 곳곳에 널리 분포하며, 현무암을 덮고 있다.

이 현무암은 용암류 혹은 암맥(岩脈)으로 섬 전체에 걸쳐 광범위하게 착잡(錯雜)[18]하게 분포되어 있으며, 담녹색, 회녹색, 녹색등을 띄우는 비교적 치밀하나 조면구조(粗面構造, Trachytic Fabric)를 가지고 있고, 알칼리장석, 에질휘석, 흑운모(黑雲母), 각섬석(角閃石)[19] 등으로 되어있다. 이 조면암류는 에질휘석을 비교적 많이 함유하는 소위 에질휘석 조면암과 흑운모, 각섬석을 함유하는 각섬석과 흑운모 조면암의 2종으로 구별할 수 있다.

조면암류는 본섬에서 가장 흔히 볼 수 있는 암석이며, 본섬의 형성에 주도적 역할을 한 암석이다. 이 조면암류의 분포 상태는 섬 전체에 광범위하고 또 착잡하여, 분출된 양이 상당히 많은 점으로 보아, 여러 개의 분화구에서 조면암

---

15) 적갈색: 갈(褐)은 갈(葛)의 오자(誤字)임.
16) gossan: 1. (지질학) 고산 2. (광산공학) 산화대
17) 주상절리(柱狀節理): 〈지리〉 마그마가 냉각 응고함에 따라 부피가 수축하여 생기는, 다각형 기둥 모양의 금.
   http://hanja.naver.com/word?q=%E8%BC%9D%E7%9F%B3 참조.
18) 착잡(錯雜): 갈피를 잡을 수 없이 뒤섞여 어수선함
   http://hanja.naver.com/word?q=%E8%BC%9D%E7%9F%B3 참조.
19) 각섬석(角閃石): 단사정계(單斜晶系)에 딸리는 조성(組成)이 복잡(複雜)한 규산염(硅酸鹽) 광물(鑛物). 검은 갈색(褐色) 또는 녹색(綠色)을 띤 검은빛의 길쭉한 결정체(結晶體)를 이루며 조갠 단면은 진주(眞珠) 광택(光澤)이 강(强)함. 화강암(花崗巖)·안산암(安

류를 분출한 것으로 추측된다.

즉 성인봉의 옛 분화구 이외에 여러 개의 옛 분화구가 있거나 있던 것이 매몰되었을 것이다.

3) 화산 포출물

화산 포출물은 주로 미륵산, 성인봉, 장흥동을 연결한 선의 서쪽에 널리 분포하며, 화산재, 화산 역부석(礫浮石) 등으로 되어 있다.

4) 타류스

타류스는 대저동, 도동, 장흥동, 남양동, 태하동, 현포동, 평리, 와달리 등 이섬 주변 곳곳에 분포하며, 주로 현무암으로 된 작은 덩어리(小塊)[20]로 되어 있다.

이섬의 화산활동은 처음 현무암이 분출하고, 그 후 화산활동은 일시 휴식되어 현무암이 침식을 받았다. 그 후 화산활동이 재차 일어나서 조면암류가 분출되어, 대략 본섬의 형태를 이루게 되었다.

일본인 쓰보이 세이타로(坪井誠太郎)[21]씨는 조면암분출 후 성인봉 칼데라(Caldera)는 함락으로 인하여 현재와 같은 지형을 이루었다고 말하고, 이 함락 후 백류석암(白榴石岩)의 분출이 마지막으로 있었음을 지적하였으나, 알봉[22] 근처의 조사 시간이 부족하여 백류석암을 발견치 못하였음을 유감으로 생각하는 바이다.

山巖) 따위 일반(一般) 화성암(火成巖) 가운데에 들어 있음. 조암광물(造巖鑛物)로서 중요(重要)함.
http://hanja.naver.com/word?q=%E8%BC%9D%E7%9F%B3 참조.
20) 소괴(小塊): 작은 (흙)덩어리.
21) 쓰보이 세이타로(坪井 誠太郎, 1893년9월8일-1986년9월22일): 일본의 지구과학자(地球科学者). 전공(專門)은 지질학(地質学)·광물학(鉱物学)·암석학(岩石学).
22) 원문에는 난봉으로 되어 있음(卵峯: 나리분지에 있는 '알봉'을 칭함)

나. 독도의 지질
독도의 지질은 주로 현무암, 조면암류, 타류스 등으로 되어 있다.

1) 현무암
화산 기반은 분명하지 않으며, 현무암은 처음에 분출된 것으로 사유된다. 이 것은 암흑색의 치밀한 암석으로 휘석, 파리장석, 감람석 등이 반정을 이루고 있으며, 휘석반정은 한 종류일 때가 있다.

이 현무암은 소암맥(小岩脉)으로 분출한 곳도 있는데, 용암류 상태의 현무암을 뚫고 있는 점으로 보아 후에 분출된 것이다. 암맥을 이룬 현무암은 파리장석 반정이 비교적 현저하고 극히 적다.

2) 조면암류
조면암류는 용암류 또는 암맥상태를 이루고 있으며, 담회색, 담녹색을 띠우는 비교적 치밀하나 조면구조를 가진 암석이다. 이것은 회색 조면암과 담녹색 조면암의 2종으로 구별할 수 있다.

회색 조면암은 흑운모, 알칼리 파리장석 등의 반정이 많고, 휘석반정은 희소하고 조면구조가 현저하며, 용암류 상태의 모양으로 서도에서만 볼 수 있다.

담녹색 조면암은 비현정질(非顯晶質)이거나 때로는 알칼리 장석의 반정을 가진 안산암질 조면암(安山岩質粗面岩)이며, 주로 암맥을 이루고 동·서 양섬에 발달하였다.

본 조면암류는 현무암·회색 조면암 등을 뚫고 있는 점으로 보아 앞에서 말한 회색 조면암과 담녹색 조면암보다 후에 분출된 것이 확실하다. 본섬에서는 옛 분화구 동쪽에 주향(走向)[23] 동·서 경사 80도, 남(南), 맥폭(脉幅) 10~15m 정도의 암맥이 발달하여 있다. 이 암맥 상반제(岩脉上盤際)는 암맥주향

---

23) 주향(走向): [명사] 〈지리〉 기울어진 지층이 수평면과 만나서 이루는 선의 방향. 북쪽을 기준으로 측정한 방위각으로 표시한다.

(岩脉走向)과 거의 일치하는 주향을 가진 단층작용으로 인하여 희미한 선이 나타나며, 옛 분화구 기저부는 파도에 깎여 나가 바닷물이 들어와 있다.

서도에서는 역시 섬 서쪽에 주향 북 35도, 서 경사 70도, 북 맥폭 약 10m터 정도의 안산암질 조면암맥이 발달하여 있다.

3) 타류스

타류스는 동·서 양섬 및 그 중간 해상에 노출한 작은 암초 등에 널리 분포하고 있으며, 주로 현무암의 작은 덩어리로 되어 있다.

독도의 화산활동은 현무암, 회색조면암, 담록색의 순서로 분출한 후 휴식된 것으로 사유된다.

울릉도와 독도는 다음과 같은 점이 일치된다.

(1) 과거 화산활동이 있었고 대략 같은 종류의 화산암으로 섬이 형성되어 있다.

(2) 암석의 분출순서가 대략 일치한다.

(3) 암석의 성질이 흡사하다.

5. 맺음말

가. 울릉도 및 독도는 화산활동으로 인하여 생긴 섬이다. 이 두 섬이 동해 중에서 갑자기 화산활동으로 인하여 생긴 것인지, 또는 과거 육지의 화산이 대지각변동으로 인하여 동해가 생겨, 양섬(산봉우리)이 남아 있게 된 것인지, 현재로서는 명확치 않다.

나. 본섬의 생성 시대는 이를 만족시킬만한 모든 조건이 명확치는 않으나, 제3기말에서 제4기 홍적기에 걸쳐 일어난 대지각 변동에 의하여 생긴 것으로 추측할 수 있다.

다. 울릉도의 화산활동은 처음 현무암이 분출하고, 그 후 화산활동은 잠시 휴식하여 현무암의 침식시대가 있었다. 그 후 다시 조면암류의 분출이 있었다.

라. 독도의 화산활동은 처음 현무암이 분출되었고, 그 후 조면암류가 분출하고 화산활동은 휴식하였다.

울릉도 지질도

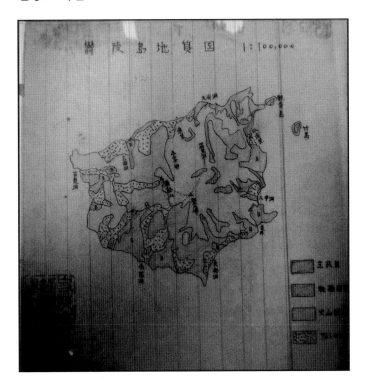

현무암(玄武岩)

조면암류(粗面岩類)

화산 포출수(火山 抛出數)

타류스(Talus)

1952년 10월 8일

울릉도 · 독도 지질조사 보고서

지질반(地質班) 옥승식(玉昇植)

송태윤(宋泰潤)

이대성(李大声)

울릉도 · 독도 조사 보고

1. 머리말

1952년 9월 17일~9월 28일까지 울릉도, 독도학술조사단에 참가하여 지질 광물부문을 조사하였음으로, 이에 그 결과를 보고하는 바이다. 이번 조사에 있어 독도의 조사는 비행기의 폭격으로 불가능하였으나, 1947년 8월에 조사한 결과를 간단히 기재키로 하였다. (1947년 8월 독도를 조사한 사람은 옥승식, 주수달 두 사람이었다.)

2. 위치

경상북도 포항에서 동북쪽으로 직선거리 약 138리[24]되는 동해의 섬 울릉도 는, 북위 37도 27분에서 동 37도 33분간과, 동경 130도 47분에서 동 130도 52분간에 위치하고, 독도는 울릉도 동남쪽 약 49리 지점인 북위 37도 14분 18 초, 동경 131도 52분 22초에 위치한다.

3. 지형

울릉도의 외형은 대략 5각형을 이루며, 섬의 중앙에 위치하는 해발 983.6m 의 성인봉(聖人峰)을 중심으로 하여 해발 500m 이상의 고봉이 수십개 솟아나 있어 험준한 산세를 이루며 장년기의 지형을 보이고 있다.

---

24) 리(哩): 의존명사, [같은 말] 마일2(mile)(야드파운드법에 의한 거리의 단위).

해안선은 굴곡이 적고 대부분이 절벽을 이루고 있어 항만이 거의 없으며, 섬의 남쪽에 있는 군청소재지인 도동이 유일한 항구이다.

계곡(水系)은 본섬의 중앙, 미륵산-성인봉-나리령을 연결하는 선이 분수계(分水界)가 되어 있다. 물줄기(水流)는 사방으로 발달하였으나 섬 동남쪽의 대저동과 북서쪽의 태하동을 흐르는 것이 비교적 하천에 가까운 형태를 이루고, 그 외에는 계곡물 형태로 흐르고 있다. 그 중 수량이 가장 풍부한 곳은 나리동 분지 땅속으로 흘러서 섬 북쪽에서 솟아나는 물이다.

독도는 눈대중으로 봐서 해발 약 130m의 서도(타원형)와 해발 약 80m의 동도(원형)의 2개섬으로 되어있다.

동도 남서쪽에 약간의 평지를 제외하고는 섬 전체가 절벽을 이루고 있어, 선박의 기항(寄港)은 거의 불가능하다. 동도 중앙에는 옛 분화구가 있으며, 화구의 북동쪽은 단층선으로 생각되는 희미한 선이 침식을 받아 화구의 낮은 지대 일부분은 바닷물이 들어오고 있다.

4. 지질

울릉도의 지질은 주로 현무암, 화산 쇄설암(碎屑岩)[25], 조면암 등으로 구성되어 있다.

현무암은 주로 남양동, 도동, 저동, 와달리, 태하동 부근에 분포하며, 그 중 남양동에 가장 발달하여 있다.

현무암은 흑색, 검푸른색, 갈색 등을 띠고 있으며, 흑색 현무암은 사장석, 휘석 등의 반정이 있는 치밀 견고한 암석이고, 검푸른색 또는 갈색 현무암은 약간의 파리장석과 휘석의 반정을 가지는 조면구조를 가진 조잡한 암석이다.

---

25) 쇄설암(碎屑岩): [명사] 〈지리〉 수성암(水成巖)의 하나. 파쇄(破碎)·분해(分解)한 여러 가지 암석(巖石)의 부스러기가 물 밑에 가라앉아 한군데로 밀려 쌓여 그것이 굳어져 생긴 암석(巖石). 주요 구성 입자의 지름에 따라서 역암, 사암, 실트암, 이암으로 나눈다.

현무암은 용암류 또는 암맥상태로 나타난다.

화산 쇄설암은 섬 전체에 널리 분포하며, 저동과 나리령 부근에서는 아름답고 고운 퇴적층을 이루고 있다.

화산 포출물은 거의 현무암의 쇄설과 화산재이며 용암류와 현무암 쇄설이 혼합 단결되어 조약돌과 같이 보이는 곳도 많다.

조면암은 이 섬의 형성에 가장 중요한 역할을 한 암석이며, 섬의 전지역에 걸쳐 가장 풍부히 분포되어 있다.

현무암, 화산 쇄설암 등을 덮고 분출한 이 조면암은 백색, 담녹색, 회색, 암녹색 등을 띄고 있다. 백색 및 회색을 띤 조면암은 비교적 조면구조가 발달하고 유색광물이 적고, 약간의 휘석과 파리장석의 반정을 가지나, 담녹색 또는 암녹색 조면암은 비교적 치밀하고 휘석, 각섬석, 파리장석의 반정이 발달하여 있으며, 전자(前者)에 비하여 유색광물을 많이 가지는 때도 있다.

이상의 세 암석을 관찰하건데 현무암은 가장 아래쪽에 발달분포하며, 이 현무암을 덮고 화산 쇄설암이 각지에 분포하고, 이 두 암석을 덮고 맨 윗부분에 조면암이 가장 풍부하게 발달하고 있는 바, 특히 해안선 절벽지대에서는 조면암이 암맥을 이루며 현무암, 화산 쇄설암을 뚫고 들어온 것을 곳곳에서 (도동, 와달리 부근) 볼 수 있는 점으로 보아, 울릉도 화산은 아직 그 화산기반은 명확히 알 수 없으나 처음 현무암이 분출하고, 현무암 분출 말기에 상당량의 화산 쇄설암을 분출하였으며, 마지막에 조면암이 분출한 것으로 생각된다.

그리고, 현무암의 침식 면을 볼 수 있는 점으로 보아 현무암 분출 후, 조면암 분출이 있었을 때 까지는 상당기간의 화산활동 휴식이 있었음을 추측할 수 있다.

울릉도 화산은 현재의 나리동 분지 즉 중앙화구 한 군데에서만 분출되었는지 또는 그 외에도 화구가 있었는지가 문제인데 성인봉을 중심으로 500m 이상의 높은 봉우리가 수십개 있다는 점, 어떤 용암류가 흘러내린 경사가 지역적으로 서로 다른 점 등으로 보아 단일 화구에서만 분출된 것 같지는 않다고 생각된다.

나리동 분지에 있는 알봉은 화구 부근이 함락한 후에도 약간의 조면암 분출이 있었음을 입증하고 있다.

즉 울릉도 화산활동은 다음의 5단계로 요약된다.

1. 현무암의 분출
2. 현무암의 침식
3. 조면암류의 분출
4. 조면암 분출로 인한 화구 부근의 함락
5. 마지막 조면암 분출(알봉 형성)

독도의 지질은 울릉도와 마찬가지로 현무암, 화산 쇄설암, 조면암 등으로 구성되어 있다.

현무암은 동도에서 볼 수 있으며 흑색의 치밀한 암석으로써 휘석, 사장석 등의 반정이 있다.

화산 쇄설암은 동도, 서도 양측에서 볼 수 있으며, 주로 현무암의 쇄설과 용암류와 혼합단결된 것이다. 서도 중턱에는 퇴적층을 볼 수 있다.

조면암은 동도, 서도 양측에서 볼 수 있으며, 동도 화구벽에는 조면암이 암맥 상태로 나타나 있음을 볼 수 있다. 조면암은 담녹색, 회색 조면암으로써 비교적 조면구조가 발달하여 있고, 휘석, 파리장석의 반정을 가지고 있다.

조면암이 현무암을 덮고 있는 점으로 보아, 독도의 화산도 먼저 현무암이 분출되고, 그 후에 조면암이 분출되었던 바, 암석의 질로 보나 분출 순서로 보나 울릉도와 공통된 점이 많다.

5. 맺음말

　이상으로 보아 울릉도와 독도는 그 지질이 거의 같으며, 따라서 울릉도의 지질을 연구함으로써 독도의 지질도 용이하게 해결될 것이다.

　제한된 시일과 제한된 단체행동으로써 도저히 충분한 조사를 행할 수 없었으며, 특히 독도에 대한 보고는 1947년에 조사한 바로써, 지형이 험난하고 불과 수 시간 밖에 되지 않는 조사 활동이었는데, 그나마 6.25 전쟁으로 기록의 대부분을 분실하였음으로, 지질 여행기 정도의 보고문으로써 제출게 됨을 유감으로 생각하는 바이다.

2. 울릉도지질조사개요

GOVP1197031106

지질광산연구소개요

제 1 호

상무부지질광산연구소

1948년 3월

울릉도 지질조사 개요

목 적

조선 산악회주최 울릉도학술조사대에 참가하여 울릉도의 지질을 일반에게
소개하며 동시에 울릉도에 발달한「알칼리 암석」에 대한 암석학적 연구를 목적
으로 함.

위 치

울릉도는 북위 37도 27분에서 동 37도 33분, 동경 130도 47분에서 130도
52분 33초에 위치하는 경상북도 소속의 동해의 고도(孤島)이다.

교 통

경상북도 포항과 울릉도-도동 간에는 월3회의 정기선(200톤 정도)이 있으
나 풍랑관계로 결항이 많다. [울릉도-]독도 간에는 정기선이 없다. 포항과 도
동간은 약12시간을 요하고 도동과 독도간은 약 6시간을 요한다.

지 형

울릉도의 외형은 대략 오각형이고 섬 중앙에 위치하는 983,6m의 성인봉을 중심으로 수 십개의 500m 이상의 산봉우리가 험준한 산세를 이루어 장년기의 지형을 보이고있다.

해안선은 굴곡이 적고 또 대부분이 절벽을 이루어 항만이 거의 없고 섬 동남쪽에 위치하는 울릉군청 소재지인 도동이 유일한 항구이다.

이 섬 화산은 분화구 형태로 우묵히 파여진 화구를 가지고 북쪽면만이 열려 있어 특수한 지형을 이루고 있다.

물줄기(水系)는 성인봉을 중심으로 미륵산, 나리령을 연결하는 선이 분수계가 되어있다. 물흐름(水流)은 사방으로 발달하였으나 북서쪽의 태하동, 동남쪽의 대저동을 흐르는 물흐름이 하천에 가까운 형태를 이루고 그 외에는 계곡형태(溪流形態)로 흐르고 있다. 수량이 가장 풍부한 곳은 나리동 분지의 물이 땅속으로 흘러 섬 북쪽에서 솟아오르는 물이다.

지 질

울릉도의 지질은 주로 현무암과 조면암으로 되어있다. 현무암은 암흑색의 치밀한 암석이고 주로 남양동, 태하동, 와달리 대저동 부근에 분포하고 조면암은 담록색의 비교적 치밀한 암석이며 섬 전체에 걸쳐 광범위하게 분포하고 있다. 화산기반은 분명치 않으나 최초의 분출은 현무암으로 생각된다. 현무암의 침식면의 존재로 미루어 현무암 분출 후 상당한 장기간 화산활동은 정지하여 있어 현무암의 침식시대가 있었음을 알 수 있다.

그 후 조면암이 각처에서 현무암을 뚫고 분출하여 섬 전체를 덮고 있다. 일본인 쓰보이 세이타로(坪井誠太郎氏)는 「본도 화산은 조면암류가 다량으로 분출되있는 고로 평형을 유지키 위하여 화구부근이 함락하여 현재의 나리동 분지가 生起하였다.」고 논하였다.

과연 나리동 분지는 이 섬 화산의 옛 화구만으로는 추측할 수 없음으로 쓰보이씨(坪井氏)의 의견이 타당할 것이다. 그 후 화산활동의 최후단계로 소규모의 백류석암이 분출하여 현재의 나리동 분지를 완성한 것이다. 백류석암은 주로 나리동 알봉 북서쪽에 남아있다. 이상 울릉도 화산은 다음의 5단계로 요약할 수 있다.

현무암의 분출
현무암의 침식시대
조면암류의 분출
조면암 분출로 인한 화구 부근의 함락
백류석암의 분출

결 론

이 섬의 생성에 관하여는 아직 증거자료가 불충분하여 선구학자 제현 사이에도 그 학설이 구구한 모양이나 제3기말에서 제4기초에 걸쳐 화산활동으로 인하여 구성된 화산섬이라는 설이 가장 유력하다고 생각한다. 불과 3일의 답사로 도저히 상세히 조사할 수 없어 유감이나 후일의 재조사로서 상세하고 정확한 조사를 기약하고저 한다.

3. 독도에 관한 조사의 건

───── 〈자료소개〉 ─────

이 자료는 1951년 8월 31일 내무부장관이 경찰무선전보를 통해 경상북도지사 조
재천에게 지시한 전문에 대해 1951년 9월 1일 경상북도지사가 조사한 내용을 보
고한 문서이다. 내무부가 경상북도에 요청한 내용은 ①독도가 한국영토임을 증명
할 수 있는 증거자료 ②1948년 6월 8일 '미군에 의한 독도폭격사건'의 피해상황과
대책 ③피해어민을 위한 위령비 건립 관련 내용 등이다. 경상북도는 이 전문을 받
고 「독도에 관한 조사의 건」이라는 제목으로 이 조사보고서를 상부기관인 내무부
에 제출하였다.

미군폭격사건과 관련하여 내무부는 독도영유권 문제에서부터 피해대책에 이르는
독도에 대한 종합보고서를 작성했는데, 그중의 하나가 「독도에 관한 조사의 건」이
다. 이 기록물에는 1905년 시네마현 고시가 발표된 직후인 1906년 작성한 울릉군
수 「심흥택 보고서」가 필사본으로 첨부되어 있다. 「심흥택 보고서」 원본은 1947년
역사학자 신석호가 울릉군청에서 발견했다고 하나 분실되고 없었으나, 1978년 송
병기 교수가 규장각 서고에서 발견하였다고 한다. 그러나 이 보고서에는 비록 원
본은 아니지만 그동안 발견 사실만 알려져 왔던 「심흥택 보고서」의 필사본이 포함
되어 있어 자료적으로 중요한 의미가 있다고 하겠다.

세부내용은 ①독도관계조서 ②독도 미공군 폭격사건 관계 조서 ③조선반도 극단
경위도표 등으로 구성되어 있다. 첨부서류로는 독도해역 개괄도, 동해안에서 울릉
도-독도간 거리, 울릉도-독도 위치 및 거리, 독도조난어민 위령비 그림 등이 포
함되어 있다. 특히 '독도폭격사건'의 경우 그동안 언론보도자료를 통해서만 사건경
위와 구호상황, 피해자 숫자, 배상 등이 알려져 왔으나, 정부 공문서를 통해서 관
련 내용이 구체적으로 확인된 것은 처음이라 하겠다.

					기안용지 갑	
경북지 제 호		결재 년 월 일			시행 년 월 일	
년 월 일 접수	정서	교합	발송	발송상 의 주의	9월1일 중앙 지방국 예산 계장편으로 발송하였음	
1951년 9월 1일 기안						
지사 ⑪ 내무국장 ⑪ 지방과장 ⑪ 기안자 ⑪ 과원 ⑪						
건명	독도에 관한 조사의 건 1951년 8월 31일 무전통첩에 대하여					
내무부장관　　　앞			도지사　　　명			
위 제목의 건에 관한 본도 기조사						
자료 및 문헌을 아래와 같이 제출합니다.						

기(記)

1) 독도관계 조서

  별지(1)

2) 독도 미공군 폭격사건 관계 조서

  별지(2)

3) 조선반도 극단 경위도표. 발췌

  (조선통계협회 발행「조선경제도표」희메노 미노루(姬野實)[26]편 p.2

  1940년12월 23일 발행)

  별지(3)

(페이지 No.3은 원문 누락됨)

3) 독도 (동서방향에 있는 두 개의 섬)

가. 위치 : 두 섬 중 동쪽 방향의 섬

        북위 37도 14분 18초

        동경 131도 52분 22초

나. 거리 : 울릉도에서 49리, 오키도에서 86리

다. 주위 : 약1리 반이라 하나 정확한 것은 실제로 측량한 적이 없음으로

        알지 못함.

라. 섬의 형세

 (1) 동해에 있는 하나의 작은군서(一小群嶼)로 동서 두개의 큰 섬이(東西兩

    大嶼) 서로 마주 하여 바다위에 우뚝 솟아 있고 그 주위에는 많은 작은

---

26) 姬野實編(1940)『朝鮮經濟圖表』朝鮮統計協會(朝鮮總督官方文書課內), 선광인쇄(주)

섬과 암초가 수십 개 분포되어 있는데 이들 작은 섬들은 편평(扁平)한 바위로서 약간 수면(水面)에 노출(露出)하여 수십 장의 방석(풀밭)을 펼쳐 놓은 듯하고 그 사이를 흐르는(通流) 깊고 푸른 바닷물은 보는 이로 하여금 한층 더 흥미를 끌게 한다.

두 섬은 전부 가파른 독암(禿岩)[27]으로서 해풍에 깎이고 퇴화되어 한 그루의 수목도 없고 동남쪽에 겨우 야생초가 있을 뿐이며, 또한 섬의 연안은 단애절벽(斷崖絕壁)으로서 연질의 석층으로 되어 형형색색의 암석과 기이하게 보이는 동굴이 많아 말 그대로 선경(仙境)을 이루고 있지만 섬 정상에는 도저히 올라가기 어렵다.

섬 위에는 평지가 없고 다만 두 섬 사이의 양쪽은 협애하나 또한 몽돌지대 2~3칸(二三間)[28]의 통구(동굴언덕)가 있으나 이 또한 파도의 침습(侵襲)을 피하기 어렵다.

마. 기사(記事)

(1) 이상과 같은 섬의 형세임으로 농지는 물론 주거지와 음료수(기록(記錄)에는 서도(西方島)의 남서쪽(南西方) 동굴(洞窟)에 떨어지는 담수(淡水)가 있다고하나 발견(發見)하기 어렵다)가 없음으로 사람이 살기에는 적당하지 않으나 아래의 여러 가지 점으로 보아 우리나라로서 상당히 중요한 지대라는 것을 확인함.

(A) 국방상 : 울릉도가 국방상 중요한 것만큼 독도를 우리나라에서 영유한다면 이 곳이 국경선이 될 뿐만 아니라 「맥아더라인」도 이로부터 연장되어 영해권이 확장되는 동시에 해안어업구역이 확대됨.

(B) 어업상 : 독도 근해에는 물개, 돌고래, 전복, 미역, 오징어, 기타 조개

---

27) 식물이 거의 살기 어려운 깎아지른 절벽.
28) 간(間): 1칸은 6자, 1자는 30cm.

종류 등 해산동식물(海産動植物)이 무진장으로 서식하여 번무함으로써
독도를 어업근거지로 삼는다면 우수한 어장이 될 것이나 이를 어장화
(漁場化) 시키는 데에는 동서 두 섬 사이에(東西両島間)에 간편한 축항
(방파제)과 동도 서편 중턱에 여러 칸의 가옥(고기잡이 기간에만 이용)
설비가 필요하다.

(2) 독도가 조선영유로 인증할만한 사실
 (A) 1908년 12월 25일 발행, 농상공부수산국저작 「한국수산지」 제1집
    110쪽~111쪽까지 기록되어 있음
    (본 수산지에는 한국소속도서만 기록되어 있음)
 (B) 1933년 간행한 일본해군성편찬 「조선연안 수로지」 제3편에 독도에는
    울릉도민이 다수 출어하였다는 사실이 있음.(울릉도와 인연이 깊다는
    것을 입증)
 (C) 조류관계(潮流関係)로 울릉도에서 표류 · 조난당한 사람은 항상 독도
    에서 표착하여 구조당하는 사실로 보아 울릉도민이 자주 왕래하였고
    인연이 깊었음.
 (D) 옛 노인의 말을 들어도 독도는 울릉도독도라는 것을 자주 전해져 [들
    어]왔다함.
 (E) 거리로 보아 울릉도-독도(49리) 독도-오키도(隠岐島) 86리 사이는 1
    대 2로 울릉도에 접근하였음.

(3) 동도섬 서쪽 중턱에 아래와 같은 표목(標木)을 건립하였음.
   「조선 경상북도 울릉도 남면 독도」

(4) 기타 첨부서류 참조

독도해역 개괄도[29)]

29) 이 독도해역 개괄도에서 우측 동도의 가운데 지점에 있는 평탄역지(平坦礫地)는 몽돌이나 자갈돌이 깔려 있는 평탄한 지대라는 뜻으로 현재 동도에 있는 선착장 주변의 지대를 뜻한다. 그림 아래쪽의 항축요(港築要)라고 쓰여진 강조글은 이 지점에 항을 축조할 필요가 있음을 강조한 것으로 보인다.

동해안에서 울릉도-독도간 거리[30]

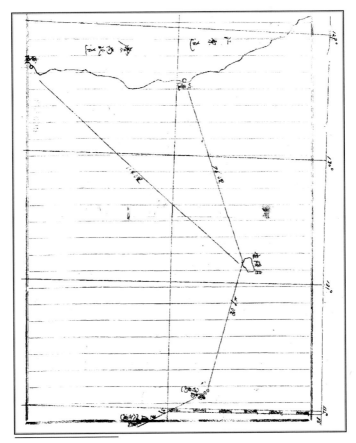

30) 이 당시 그림에서는 강원도 죽변－울릉도간 거리는 76리(浬)(140km), 경상북도 포
항－울릉도간 거리는 114리(211km), 울릉도－독도간 거리는 49리(90km), 독도－
오키섬간 거리는 87리(161km)로 표시하고 있다. 현재의 정확한 거리는 죽변－울릉
도간 130.3km, 포항－울릉도간 213km, 울릉도－독도간 87.4km, 독도－오키섬간
157.5km이다. 1리(浬)=1해리=1.852km.

경북지 제   호

서기 1947년 6월 17일

경상북도지사

민정장관   귀하

울릉도 소속 독도 영유 확인의 건

경상북도가 관할하는 울릉도 동방 해상 49리에 독도라는 좌우 두 개의 섬으로 구성된 무인도가 있는데 왼쪽 섬은 주위(周圍) 1리반, 오른쪽 섬은 주위 반 리에 불과한 것[31]으로 원래 지도에 표시되지 아니하였으나 독도는 일본 시마네현(島根県) 오키도(隱岐島)보다는 울릉도에 더 가까이 있는 것으로 구한말(旧韓末)에도 이를 한국영토로 확인하고 일본의 침략을 우려하여 당시 울릉도 군수로부터 상부에 대하여 별지와 같이 보고한 기억도 있사오니 아래의 보고서 및 첨부약도(添付略圖)를 참고하셔서 적당한 절차를 거쳐 독도가 조선의 영유임을 확인 공포하여 주시기를 이에 보고함.

---

31) 현재 동도 둘레는 2.8km, 서도 둘레는 2.6km이다.

보고서[32]

본 울릉군 소속 독도가 울릉군 밖 100여리쯤에 있는 땅으로 알고 있었는데 음력 3월 4일 오전 진시(7~9시)경에 기선[33] 한척이 군내 도동항에 도착하여 일본관인(日本官人) 일행이 관사에 와서 말하기를 "독도가 지금까지 일본 땅이었으므로, 시찰차 섬에 왔다"고 하였다. 그리고 그 일행은 일본 시마네현(島根縣) 오키도사(隱岐島司) 히가시분스케(東文輔)와 사무관(事務官) 진자이 요시타로(神西由太郎), 세무감독국장(稅務監督局長) 요시다 헤이고(吉田平吾), 경찰지서장 경위 가케야마 간하치로우(影山岩八郎), 경찰 1명, 시의회의원 1명, 의사 · 기술자 각1명 그 외 수행원 10여명이 먼저 가구수(戶擻) · 인구 · 토지 · 생산의 많고 적음을 물어보고, 다음으로 인원 및 경비가 얼마인지 묻고 제반 사무를 조사하여 적어 갔음으로 이에 보고하오니 살펴주시기를 엎드려 청하옵니다.

광무 십년 병오 음 3월 5일. (1906년 음력 3월 5일)

울릉군수   심흥택

---

32) 울도 군수 심흥택의 보고서, 광무 10년(1906년) 음력 3월 5일. 원문에는 심모(沈某)라고 기록되어 있으나 당시의 울도 군수가 심흥택임은 익히 알려진 사실이다.
33) 원문은 윤선(輪船)으로 되어있음.

울릉도-독도 위치 및 거리

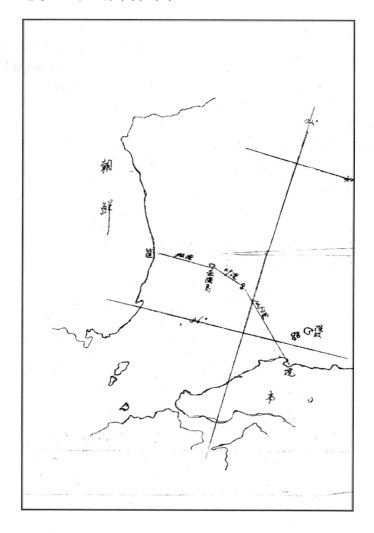

1948년 6월 8일(단기 4281년 6월 8일)

• 미군 비행기 독도 폭격 사건경위

1. 경위

울릉도 사람 윤영도(尹永道) 이하 22명, 강원도 묵호사람 옥만룡(玉萬龍) 이하 12명, 죽변사람 이도순(李道順) 이하 18명, 평해 원포리 사람 김동술 이하 7명, 합계 59명이 태영호(泰榮丸) 이하 기선 7척과 범선 11척에 나누어 타고 근거지인 울릉도를 출발하여 독도에서 미역을 채취 중 6월 8일 오전 11시 40분 미군비행기 14대의 연습폭격으로

　　행방불명　　14명
　　중경상자　　6명
　　선박대파　　4척의 피해를 입었음.

2. 경과

1. 미군측 배상

6월 16일 미군 장교 여러 명이 울릉도에 출장와서 행정관 및 지역유지, 조난자 유가족, 중상자 가족 등을 찾아 배상금조로 2,125,520원을 지급.

2. 1948년 6월 8일 독도에서 위령제를 거행하고 위령비를 건립하였음.

이상 참고원부(參考原簿)는 해군본부 및 수산시험장에 보관되어 있을 것임.

• 경위보고

1. 독도의 위치와 형태

독도는 울릉도(鬱陵島) 남동(SE) 약 61리 지점에 있는 크고 작은 두 섬과 약

간의 암초로 형성된 절벽이 깎아 세운 듯이 우뚝 솟은 무인도입니다. 이 섬은 나무숲이 없고 다만 잡초가 무성 할 따름이며, 음용수가 전혀 없는 까닭으로 사람이 살아가기에는 부적당합니다. 그러나 그 주위와 암초에는 어족(魚族)의 회유(廻遊)[34]와 물개의 서식과 미역의 번식이 풍부함으로 이러한 해산물을 잡거나 채취할 목적으로 여름철에는 어선의 왕래가 빈번하고, 평소에는 난파선의 피난처가 됩니다.

2. 독도 영유문제

독도는 지리적으로 토질 및 식물이 울릉도와 서로 같으며, 역사적으로 한일병탄(韓日倂呑) 전까지 한국 영토로서 어획을 독점하였음을 한국수산지(韓國水産誌)에 명확한 증명이 있고, 울릉도에 거주하는 90세의 노인인 홍재현(洪在現)씨의 진술한 바에 의하면 70년간 울릉도에서의 생활을 통하여 빈번한 미역 채취의 사실과 1909년(광무10년)에 일본의 오키도사(隱岐島司) 일행 10여명이 울릉도 항구에 들어와서 독도가 일본의 영토임을 주장함으로 당시 고을의 장(長)인 전재항(田在恒) 외 다수의 노인이 잘못됨을 지적하고 즉시 정부에 보고한 사실 등 옛날부터 양국의 사이에 사소한 시비가 있었으나 한일병탄 후에는 독도의 소속 문제는 논의의 필요가 없게 되어 있었든 것입니다.

그러나 해방 후에 독도에서 일본어민들의 불법 어업행위 때문에 울릉도민은 독도의 수산물을 채취함에 있어 어려움을 겪고 있었습니다. 이에 당시 울릉군수는 독도의 영유권 확인을 정부에 신청하여 1946년 6월 21일자로 연합국 최고지휘관 1033호 각서(覺書), 일본제국 정부 경유, 과도정부 도쿄(東京) 중앙연락청에 송달된 『일본인의 고기잡이 및 포경어업조업(捕鯨漁業操業)에 관한 승인된 구역』 나 항에 기재된 "일본인의 선박 및 인원은 이후 독도까지 12해리

---

34) 물고기 등이 한 서식지에서 다른 장소로 떼를 지어서 일정한 경로로 이동하는 일을 말한다.

이상 접근하지 못하며 또는 독도에는 어떠한 접촉도 못한다. "[35]라는 정확하고 분명한 글로써 공표되어 한국영토임을 명확하게 밝혀 놓았으나, 근래까지 일본의 오키도(隱岐島)에 거주하는 어떤 사람이 자기 소유라고 주장한다는 말이 있음으로 이 기회에 다시 밝혀서 우리나라의 어부가 안심하고 고기잡이를 할 수 있게 할 필요가 있는 것입니다.

3. 독도 사건 발생 개황

1948년 6월 8일(단기 4281년6월8일)

울릉도 사람 윤영도(尹永道) 이하 22명

강원도 묵호 사람 옥만룡(玉萬龍) 이하 12명

강원도 죽변 사람 이도순(李道順) 이하 18명

강원도 평해 후포리 사람 김동술(金東述) 이하 7명

합계 59명(合計 五九名)은 태영호(泰榮丸) 이하 기선 7척과 범선 11척에 나누어 타고 근거지 울릉도를 출범하여 풍어기(豊漁期)의 미역을 채취하고자 독도에 고기잡이를 나갔습니다. 그날은 서남풍이 강하게 불었음으로, 대개가 북쪽편의 섬 그늘에서 해안에 선박을 대고 300m 이내에 정박하고 어부 일부는 섬에 상륙하여 채취한 미역의 건조작업에 종사하고 혹은 채취에 종사하고 있

---

35) 원문은 "1946년 6월 21일자로 연합국 최고지휘관 800.217각서(覺書), 일본제국 정부(日本帝國政府) 경유, 과도정부(過渡政府) 도쿄(東京) 중앙연락청(中央連絡廳)에 송달된 『일본인의 고기잡이 및 포경어업조업(捕鯨漁業操業)에 관한 승인된 구역』나 항에 기재된 "일본인의 선박 및 인원은 이후 독도까지 12미터(米)이상 접근하지 못하며 또는 독도에는 어떠한 접촉도 못한다."로 되어있지만, 내용상으로 볼 때 스카핀 1033호의 오식으로 보인다.

* 스카핀(SCAPIN) 1033호는 1946년 6월 22일 연합국 최고사령관 총사령부가 선포한 '일본의 어업 및 포경업 허가 구역'에 관한 지령을 가리킨다. 동 지령은 일본의 어업, 포경업 및 유사 활동들을 일정 경계선 내부의 구역으로 제한하면서, 그 제3항(나)에서는 특히 독도와 관련하여 "일본의 선박 및 승무원은 차후 북위 37°15′, 동경 131°53′에 위치한 독도에 대하여 12해리 이내로 진입하지 못하며, 또한 이 섬과 여하한 접촉도 못한다."고 규정하고 있다.

던 중, 오전 11시 40분경 남동 방면으로부터 비행기의 폭음이 들려왔다고 합니다. 하지만 섬의 그늘이 드리워 있고 파도소리가 심한 탓으로 폭음을 모르고 있던 사람도 많았으며 또 폭음을 들은 사람은 우리를 도우는 미군의 비행기라고 여겨 경계하기보다 도리어 기쁜 마음으로 작업을 계속하고 있었다고 합니다. 생존자의 말에 의하면 비행기 14기가 주로 선박이 많은 북쪽 편에 탄알을 떨어뜨리기 시작하고 약 2~30분간에 먼저 기관총을 발사한 후 애초에 나타났던 방면으로 돌아갔다고 합니다. 극도의 위험과 공포에 휩쓸려서 어민들은 우왕좌왕하며 대피할 장소를 찾았으나, 독도에서 멀리 떨어져 있는 선박 외에는 거의 다 사격 대상이 되어 침몰하고 크게 파손 되었고, 두 섬 일대는 피비린내 나는 생지옥을 이루었다고 합니다. 폭격이 끝난 후 생존자들은 사건 후의 수습에 온 힘을 다하였다고 하나 행방불명 14명, 크게 파손된 선박 4척을 확인하고 중경상자 6명만을 구조하여 간신히 울릉도까지 회항하였던 것입니다.

생환자는 울릉도 사람 윤영도(尹永道) 이하 45명이고, 행방불명자는 묵호 사람 김중선(金仲善), 울릉도 사람 최덕식(崔德植), 김태현(金泰鉉), 고원호(高元鎬), 김해도(金海道), 김해술(金海述), 채일수(蔡一洙), 후포리 사람 김동술(金東述), 죽변 사람 권천이(權千伊), 김경화(金慶化), 이천식(李千植) 외에 성명미상 3명 등 합계 14명이며, 이후 3차례의 구호선을 파견하여 그때에 발견된 시체는 김중선(金仲善), 최덕식(崔德植), 성명미상 1명 등 합계 3명뿐이며, 중상자(重傷者)는 울릉도 사람 장학상(張鶴祥), 이상주(李相周), 죽변 사람 권진문(權進文) 등 3명이고, 그 외 3명의 경상자가 있었으며, 침몰한 선박은 기선(機船) 태영호(泰榮丸), 도하호(稻荷丸), 경양호(慶洋丸), 제오행정호(第五幸正丸) 등 4척으로서 손해금액이 약 94만원에 이르렀다고 합니다.

4. 구호 개황
1. 제1차 구호
6월 9일, 기선 2척에 경찰관 2명, 선원 19명이 나누어 타고 출범하여 수색하였으나 시신 2구를 발견하였을 뿐이었다고 합니다.

2. 제2차 구호

6월 10일, 다시 기선 2척을 동원하여 짙은 안개를 무릅쓰고, 종일 탐색하였으나 아무 소득 없이 빈 배로 돌아왔다고 합니다.

3. 제3차 구호

6월 14일, 본 사건이 도(道)[36]에 보고되자 그 진상을 조사하고자 본도[경상북도] 수산과의 기사(技士) 문영국(文英國)과 미국인 CIC, 해안경비원 6명이 본도(本道) 소유 경비선 계림호(鷄林丸)로 울릉도에 출장하여 다음날인 16일 울릉도 수중구조 대원(構造水夫) 11명과 묵호에 사는 어부 7명, 후포리 어부 2명, 합계 28명이 많은 수의 기선을 동원하여 독도 일대를 대수색하는 한편 그 현장 조사를 하였으나 시신 1구를 발견하였을 뿐이었고, 반쯤 부서진 선박은 그 후 재차의 폭격연습이 있었는지 생환자의 눈에는 사건 당시보다도 더욱 심한 파괴를 당했더라고 합니다.

이상, 3차의 구호 작업에도 남은 11명의 행방을 찾을 길 없이 50여만원의 비용만 허비하는 결과를 내어 울릉도민 전체의 눈물겨운 노력도 헛수고가 되었고[37] 짙은 슬픔이 동해바다에 먼지처럼 떠다녔던 것입니다.

5. 배상 및 유족 원호개황
1. 미군의 사과

6월16일, 미군 장교 여러명이 울릉도에 출장하여 행정관 및 유지(有志), 조난자 유가족, 중상자 가족 등을 찾아 마음 깊은 사과의 뜻을 표시하고 배상금으로 2,125,520원(円)을 지급하고 돌아갔다 합니다.

---

36) 경상북도
37) 원문에는 "도로(徒勞)에 귀(皈)하고"로 되어 있음.(귀(皈) : 歸(귀)와 동자(同字).

2. 구호금 모집

서울 수산경제신문사, 부산 산업신문사, 대구 남선경제신문사에서는 서로 호응하여 국내 동포에게 사건의 진상을 알리고, 유가족의 억울함을 달래는 기금을 모집하는 한편 도내(道內) 수산단체, 공무원 등이 궐기하여 총액 649,269원 80전을 모집하여 나누어 주었던 것입니다.

6. 위령제 거행

7월 27일 경북 어업조합 연합회 주최로 조난 어민 위령제를 독도에서 거행하고자 하였으나 마침 날씨가 나빠서 출범하지 못하고, 울릉도 어업조합에서 관원과 주민이 다수 참석한 가운데에 성대히 거행하였다고 합니다.

7. 위령비 건립 취의

독도조난 어민의 억울한 처지를 돌이켜 생각 할 때에 뜻밖에 당한 재난에 훌륭한 산업일꾼을 잃고 그 영령(英靈)을 현지에서 위로하여 수중 깊이 잠겨 있는 원혼을 건져주는[38] 한편 독도가 우리나라 영토임을 정당하게 다시 밝혀서 어업상 및 군사상 기초를 탄탄하게 하여 두고, 또 이를 공보처 및 미국 공보원의 영사기로 촬영하게하고 영유문제를 국제적, 국내적으로 널리 소개하기 위하여 사건 발생 2주년을 기하여 중앙과 지방의 중요인사 및 귀빈과 유가족, 기타 관계가 있는 관원과 주민을 모시고 경상북도 조재천(曹在千) 지사가 정성껏 친필로 쓴 독도조난어민 위령비를 건립하고 이제 제막식과 위령제를 거행하게 되었습니다.

이상

---

38) 원문에는 "수부(水府)의 원굴(寃屈)을 파여주는"으로 되어 있음.

위령비 앞면

독도조난어민위령비

좌측면   대한민국 경상북도지사 조재천(曺在千) 제
우측면   1950년 6월 8일 (단기 4283년 6월 8일) 건

위령비 뒷면

1948년 6월 1일(단기 4281년 6월 1일)에 독도에서 고기잡이 중이던 어민 59명이 18척의 어선에 나누어 타고 조업하던 중 미군 연습기의 오인 폭격을 받아 사망 및 행방불명 14명, 중경상 6명, 4척(隻)의 선박이 파괴되는 등 큰 불행한 일이 발생하였다.

엄청난 파도가 일어날 때에도 바위틈에서 일을 하는 조국재건의 해양용사들에게 이 무슨 억울하고 답답한 뜻밖의 재난이냐. 이 일에 미군의 진심어린 사과와 보상, 그리고 사회적 온정이 모아져서 수중의 원혼과 그들의 유가족을 위로하고 보살핌에 성의를 바친바 있었으나 수많은 한과 슬픈 마음의 한 부분이라도 살피고자 사건발생 2주년을 기하여 작은 비석(短碣)[39]을 세우고 삼가 조난어민 여러분의 명복을 비노라.

---

39) 단갈(短碣): 무덤 앞에 세우는, 작고 머리가 둥근 빗돌.

위령비 그림

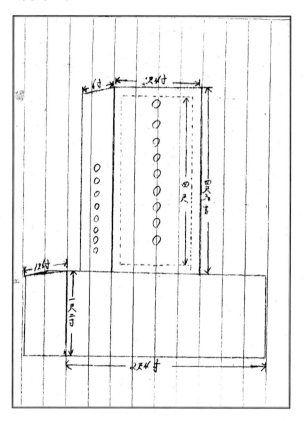

조선반도 극단 경위도

방위		지명	동경	방위		지명	북위
도서를 포함 하는 것	극동	경상북도 울릉도 부속도서	130도5분2.7초	도서를 포함 하는 것	극남	전라남도 제주도 대정면 마라도	38도6분40초
	극서	평안북도 용천군 신도면 마안도	124. 11. 00		극북	함경북도 온성군 미포면	43. 0. 36
도서를 포함 하지 않는 것	극동	함경북도 경흥군 노서면	130. 41. 22	도서를 포함 하지 않는 것	극남	전라남도 해남군 송지면	34. 17. 16
	극서	평안북도 용천군 용천면	124. 18. 35		극북	함경북도 온성군 미포면	43. 0. 36

경찰무선전보

수신번호 121

	번호	59		종류	
	발신국			착신국	
	※ 자 수 244 ※ 일자 8월 31일 10시				

경북도지사 귀하

독도에 관한 조사의 건

대일 강화조약 제 2차 초안에 대한 한국 정부의 의견서에 귀도(경상북도)가 관할하
는 울릉군 근처에 소재한 독도를 한국영토로 해야 한다는 것을 주장 하였던 바 일
본 당국에서는 독도를 일본도 시마네현(시마네켄)에서 독자적으로 이를 자기 관하
에 편입시켰던 것이라고 전해 듣게 되오니 이에 대한 확실한 증거와 독도가 한국영
토임을 확인될 만 한 것을 하루 빨리 조사하여 오는 9월 2일까지 기일 엄수하여 보
고 하시기 바람.

추신

6.25 사변 전에 미공군 편대가 독도를 폭격한 관계로 인하여 한국 어선이 다수 침
몰하는 피해를 당해 사망자 위령제를 독도(죽도)에서 거행하고 또 독도에다 귀도
(조재천(曺在千) 지사가 그 당시에 위령비를 건립하였다는 사실도 상세히 조사하여
보고 하시기 바람.

내무부장관

※ 의뢰자	계	인	※ 전화		
승인자	통신과장	계장	주임 274 재	계	
송신일시	일 시	수신일시	31일	16시 60	
통신사 000148 이상 전문을 접수함 성명					㉑

이 영구보존 문서는 마이크로필름으로 촬영하였음

1974. 6. 25

장부기록 보존소장

4. 독도연해 어선 조난사건
전말보고의 건

────〈자료소개〉────

이 문서는 1952년 내무부 보존 기록물로, 1948년 미군 비행기의 독도 폭격사건 당시 어민들의 피해상황 및 대책관련 보고서이다. 그러나 내무부 기록물로 보존되어 있지만 울릉도·독도를 관할하는 경상북도가 작성한 1948년 1차 독도폭격사건의 전말을 외무부 장관에게 보고한 것으로 되어 있다. 표지를 보면 경상북도에서 이 문서를 기안하여 보고한 날짜가 1952년 9월 20일로 되어 있음을 알 수 있다. 이 날짜는 1952년 9월 15일 미군에 의한 제2차 독도폭격사건이 일어난 지 5일 후이다. 즉 1차 폭격사건에 이어서 2차 폭격사건이 발생하자 중앙행정부처인 외무부와 내무부가 이에 대응하기 위하여 독도를 관할하고 있는 경상북도에 1차 독도폭격사건의 전말을 보고하도록 지시하였고, 이에 대해 경상북도가 「독도연해 어선 조난사건 전말보고의 건」을 보고한 것으로 보인다.

이 보고서에는 독도영유권 문제, 독도 폭격사건 발생경위와 전개과정 등의 내용이 포함되어 있다. 보고서 제목이 「독도연해 어선 조난사건 전말보고의 건」으로 되어 있어 「1948년 독도폭격사건」과 다른 사건으로 생각할 수도 있으나, 내용을 보면 독도폭격사건에 관한 보고서임을 알 수 있다. 경위보고에 기술한 내용에는 ①독도의 위치와 형태 ②독도 영유문제 ③독도(폭격)사건 발생 개황 ④구호 개황 ⑤배상 및 유족 원호 개황 ⑥위령제 거행 ⑦위령비 건립 취의 등의 순서로 되어 있다. 앞에 소개한 「독도에 관한 조사의 건」과 내용이 대부분 중복되고 있지만 외무부장관에게 보고한 문서이기 때문에 소개하였다. 이 보고서는 그동안 언론보도기사를 통해서만 접했던 당시의 피해상황을 정부의 공식 문서를 통해서 그 피해규모나 구호상황, 위령비 건립 등 독도영유권 수호를 위한 정부의 대응과정을 확인할 수 있다는 점에서 중요한 의미가 있다고 할 수 있다.

경북 제 273 호		결재 1952년 9월 23일		시행 1952년 9월 24일
년 월 일 접수	정서	교합	발송	발송상의 주의
1952년 9월 20일 기안	주	■ ■ 印		

지사(知事)   印
산업국장(産業局長)   印
수산과장(水産課長)   印
과원(課員)   印
기안자(起案者)   印

건명(件名)	독도연해어선조난사건 전말보고의 건 (外情 제1318호 1952.9.5.일자)
외무부 장관	지사 名

위와 같은 사건의 내용과 진행에 관한 총괄적 자료(사본)를 별지(別紙)와 같이

제출합니다.

【경상북도】

경위보고

1. 독도의 위치와 형태

독도는 울릉도(鬱陵島) 남동(SE) 약 61리(浬) 지점에 있는 크고 작은 두 섬과 약간의 암초로 형성된 절벽이 깎아 세운 듯이 우뚝 솟은 무인도입니다. 이 섬은 나무숲이 없고 다만 잡초가 무성 할 따름이며, 음료수가 전혀 없는 까닭으로 사람이 살아가기에는 부적당합니다. 그러나 그 주위와 암초에는 어족(魚族)의 회유(廻遊)와 물개의 서식과 미역의 번식이 풍부함으로 이러한 해산물을 잡거나 채취할 목적으로 여름철에는 어선의 왕래가 빈번하고, 평소에는 난파선의 피난처로 이용됩니다.

2. 독도 영유문제

독도는 지리적으로 토질 및 식물이 울릉도와 서로 같으며, 역사적으로 한일병탄(韓日併呑) 전까지 한국의 영토로서 어획(漁獲)을 독점(獨点)하였음을 한국수산지(韓國水産誌)에 명확한 증명이 있고, 울릉도에 거주하는 90세의 노인인 홍재현(洪在現)씨의 진술한 바에 의하면 70년간 울릉도에서의 생활을 통하여 빈번한 미역 채취의 사실과 1906년(광무10년)에 일본의 오키도사(隱岐島司) 일행 10여명이 울릉도 항구에 들어와서 독도가 일본의 영토임을 주장함으로 당시 고을의 장(長)인 전재항(田在恒) 외 다수의 노인이 잘못됨을 지적하고 즉시 정부에 보고한 사실 등 옛날부터 양국의 사이에 사소한 시비가 있었으나 한일병탄 후에는 독도의 소속 문제는 논의의 필요가 없이 되어 있었든 것입니다.

그러나 해방 후에 독도에서 일본어민들의 불법 어업행위 때문에 울릉도민은 독도의 수산물을 채취함에 있어 어려움을 겪고 있었다. 이에 당시 울릉군수는 독도의 영유 확인을 정부에 신청하여 1946년 6월 22일자로 연합국 최고사령관 1033호 각서(覺書), 일본제국 정부(日本帝國政府) 경유, 과도정부(過渡政

府) 도쿄(東京) 중앙연락청(中央連絡廳)에 송달된 "일본인의 고기잡이 및 포경 어업조업(捕鯨漁業操業)에 관한 승인된 구역 나 항에 기재된 일본인의 선박 및 인원은 이후 독도까지 12해리이상 접근하지 못하며 또는 독도에는 어떠한 접촉도 못한다."[40]라는 정확(的確)하고 분명한 글로써 공표(公表)되어 한국영토 임을 명확하게 밝혀 놓았으나, 근래까지 일본의 오키도(隱岐島)에 거주하는 어떤 사람이 자기 소유라고 주장한다는 말이 있음으로 이 기회에 다시 밝혀서 우리나라의 어부가 안심하고 고기잡이를 할 수 있게 할 필요가 있는 것입니다.

3. 독도사건 발생 개황
1948년 6월 8일(단기 4281년6월8일)
울릉도 사람 윤영도(尹永道) 이하 22명
강원도 묵호 사람 옥만룡(玉萬龍) 이하 12명
강원도 죽변 사람 이도순(李道順) 이하 18명
강원도 평해 후포리 사람 김동술(金東述) 이하 7명
합계 59명은 태영호 이하 기선(機船) 7척과 범선(帆船) 11척에 나누어 타고 근거지 울릉도를 출범하여 풍어기(豊漁期)의 미역을 채취하고자 독도에 고기잡이를 나갔습니다. 그날은 서남풍이 강하게 불었음으로, 대개가 북쪽편의 섬

---

40) 원문에는 【1946년 6월 21일자로 연합국 최고지휘관 800.217각서(覺書), 일본제국 정부(日本帝國政府) 경유, 과도정부(過渡政府) 도쿄(東京) 중앙연락청(中央連絡廳)에 송달된 『일본인의 고기잡이 및 포경어업조업(捕鯨漁業操業)에 관한 승인된 구역』 나 항에 기재된 "일본인의 선박 및 인원은 이후 독도까지 12미터(米)이상 접근하지 못하며 또는 독도에는 어떠한 접촉도 못한다."]로 기술되어 있지만, 1946년 6월 22일 연합국 최고 사령관 지령 1033호의 오기로 보이기에 바로 잡는다.
* 연합국최고사령관 지령, 즉 스케핀(SCAPIN) 1033호는 1946년 6월 22일 연합국 총사령부 최고사령관이 선포한 '일본의 어업 및 포경업 허가 구역'에 관한 지령을 가리킨다. 동 지령은 일본의 어업, 포경업 및 유사 활동들을 일정 경계선 내부의 구역으로 제한하면서, 그 제3항(나)에서는 특히 독도와 관련하여 "일본의 선박 및 승무원은 차후 북위 37°15′, 동경 131°53′에 위치한 독도에 대하여 12해리 이내로 진입하지 못하며, 또한 이 섬과 여하한 접촉도 못한다."고 명시하였다.

그늘에서 해안에 선박을 대고 300m 이내에 정박하고 어부 일부는 섬에 상륙하여 채취한 미역의 건조작업에 종사하고 혹은 채취에 종사하고 있던 중, 오전 11시 40분경 남동(南東) 방면으로부터 비행기의 폭음이 들려왔다. 하지만 섬의 그늘이 드리워 있고 파도소리가 심한 탓으로 폭음을 모르고 있던 사람도 많았으며 또 폭음을 들은 사람은 우리를 도우는 미군의 비행기라고 여겨 경계하기보다 도리어 기쁜 마음으로 작업을 계속하고 있었다고 합니다. 생존자의 말에 의하면 비행기 14기가 주로 선박이 많은 북쪽 편에 폭탄을 투하하기 시작하고 약 2~30분간에 걸쳐 기관총을 발사한 후 애초에 나타났던 방면으로 돌아갔다고 합니다. 극도의 위험과 공포에 휩쓸려서 어민들은 우왕좌왕하며 대피할 장소를 찾다가, 독도에서 멀리 떨어져 있는 선박 외에는 거의 다 사격 대상이 되어 침몰하고 크게 파손 되었고, 두 섬 일대는 피비린내 나는 생지옥을 이루었다고 합니다. 폭격이 끝난 후 생존자들은 사건 후의 수습에 온 힘을 다하였다고 하나 행방불명 14명, 크게 파손된 선박 4척을 확인하고 중경상자 6명만을 구조하여 간신히 울릉도까지 회항(回航)하였던 것입니다. 생환자는 울릉도 사람 윤영도(尹永道) 이하 45명이고, 행방불명자는 묵호 사람 김중선(金仲善), 울릉도 사람 최덕식(崔德植), 김태현(金泰鉉), 고원호(高元鎬), 김해도(金海道), 김해술(金海述), 채일수(蔡一洙), 후포리 사람 김동술(金東述), 죽변 사람 권천이(權千伊), 김경화(金慶化), 이천식(李千植) 외에 성명미상 3명 등 합계 14명이며, 이후 3차례의 구호선(救護船)을 파견하여 그때에 발견된 시체는 김중선(金仲善), 최덕식(崔德植), 성명미상 1명 등 합계 3명뿐이며, 중상자(重傷者)는 울릉도 사람 장학상(張鶴祥), 이상주(李相周), 죽변 사람 권진문(權進文) 등 3명이고, 그 외 3명의 경상자가 있었으며, 침몰한 선박은 기선(機船) 태영호(泰榮丸), 도하호(稻荷丸), 경양호(慶洋丸), 제오행정호(第五幸正丸) 등 4척으로서 손해금액이 약 94만원(萬圓)에 이르렀다고 합니다.

4. 구호 개황

1) 제1차 구호

6월 9일, 기선 2척에 경찰관 2명, 선원 19명이 나누어 타고 출범(出帆)하여 수색하였으나 시신 2구를 발견하였을 뿐이었다고 합니다.

2) 제2차 구호

6월 10일, 다시 기선 2척을 동원하여 짙은 안개를 무릅쓰고, 종일 수색하였으나 아무 소득없이 빈 배로 돌아왔다고 합니다.

3) 제3차 구호

6월 14일, 이 사건이 도(경상북도)[41)]에 보고되자 그 진상을 조사하고자 본도 수산과(水産課)의 기사(技士) 문영국(文英國)과 미국인 CIC 해안경비원 6명이 본도 소유 경비선 계림호로 울릉도에 출장하여 다음날인 16일 울릉도 수중구조 대원 11명과 묵호에 사는 어부 7명, 후포리 어부 2명, 합계 28명이 많은 수의 기선을 동원하여 독도 일대를 대수색하는 한편 그 현장 조사를 하였으나 시신 1구를 발견하였을 뿐이었고, 반쯤 부서진 선박은 그 후 재차의 폭격연습이 있었는지 생환자의 눈에는 사건 당시보다도 더욱 심한 파괴를 당했더라고 합니다.

이상, 3차의 구호 작업에도 남은 11명의 행방을 찾을 길 없이 50여만원의 비용만 허비하는 결과를 내어 울릉도민 전체의 눈물겨운 노력도 헛수고가 되었고 짙은 슬픔이 동해바다에 먼지처럼 떠다녔던 것입니다.

---

41) 경상북도

5. 배상 및 유족 원호개황

1) 미군의 사과

6월16일, 미군 장교 여러명이 울릉도에 출장하여 행정관 및 유지(有志), 조난자 유가족, 중상자 가족 등을 찾아 마음 깊은 사과의 뜻을 표시하고 배상금으로 2,125,520원(円)을 지급하고 돌아갔다 합니다.

2) 구호금 모집

서울 수산경제신문사(水産經濟新聞社), 부산 산업신문사(産業新聞社), 대구 남선경제신문사(南鮮經濟新聞社)에서는 서로 호응하여 국내 동포에게 사건의 진상을 알리고, 유가족의 억울함을 달래는 기금을 모집하는 한편 도내 수산단체, 공무원 등이 궐기하여 총액 649,269원 80전을 모집하여 나누어 주었던 것입니다.

6. 위령제 거행

금년[1950년][42] 7월 27일 경북 어업조합 연합회 주최로 조난 어민 위령제를 독도에서 거행하고자 하였으나 마침 날씨가 나빠서 출범하지 못하고, 울릉도 어업조합에서 관원과 주민이 다수 참석한 가운데에 성대히 거행하였다고 합니다.

7. 위령비 건립

독도조난 어민의 억울한 처지를 돌이켜 생각 할 때에 뜻밖에 당한 재난에 훌륭한 산업일꾼을 잃고 그 영령(英靈)을 현지에서 위로하여 수중 깊이 잠겨 있는 원혼을 건져주는[43] 한편 독도가 우리나라 영토임을 정당하게 다시 밝혀서

---

42) 원문에는 연도가 없으나 '사건 발생 2주년'이라는 내용을 볼 때 1950년으로 추정함
43) 원문에는 "수부(水府)의 원굴(冤屈)을 파여주는"으로 되어 있음.

어업상 및 군사상 기초를 탄탄하게 하여 두고, 또 이를 공보처 및 미국 공보원의 영사기로 촬영하여 영유(領有) 문제를 국제적, 국내적으로 널리 소개하기 위하여 사건 발생 2주년을 기(期)하여 중앙과 지방의 중요인사 및 귀빈과 유가족, 기타 관계가 있는 관원과 주민을 모시고 경상북도 조재천(曺在千) 지사가 정성껏 친필로 쓴 독도조난어민 위령비를 건립하고 제막식과 위령제(1950년 6월 8일)를 거행하였습니다.

5. 독도 침해사건에 관한 건의 이송의 건

─────── 〈자료소개〉 ───────

이 자료는 1953년 7월 8일 국회에서 결의한 '독도침해사건에 관한 대정부 건의서'
로서 일본관헌의의 독도 불법침입에 대해 국회가 정부 측에 강력항의를 건의한 '국
회건의서'이다. 1953년 7월 8일 국회 제19차 본 회의에서 결의되었으며, 국회(民
議院) 의장대리 조봉암이 이승만 대통령에게 제출한 것이다. 1953년 7월 12일 국
회에서 이송된 이 건을 총무처장이 1953년 7월 15일 내무, 외무, 국방, 법무, 상
공부 장관에게 각각 회부하여 회람을 요청한 문서이다.

이 문서에 포함된 '건의서'에 의하면, 1953년 6월 27일 일본 시마네현청, 국립경찰
시마네현본부, 법무성입국관리국 송강사무소원 등 30여명이 독도에 대거 침입하
여 "일본영토"라는 표식과 "한국입출어는 불법"이라는 경고 표를 건립하는 한편,
한국인 어부 6명에게 퇴거를 요구하는 불법행동을 취했다고 한다. 이 사건에 대해
국회는 '독도침해사건에 관한 대정부 건의'를 통해 "대한민국의 주권과 해양주권
선의 침해를 방지하기 위한 적극적인 조치를 취할 것"과 "일본관헌이 건립한 표석
철거 뿐 아니라 불법 침해가 재발되지 않도록 대한민국 정부가 일본정부에 강력히
항의할 것"을 주장하고 있다. 국회와 정부의 독도에 대한 강력한 영토주권 수호 의
지를 확인할 수 있는 공문서 자료이다.

1953년 1월 ~ 1953년 9월

통 제 6호

국회 및 국무회의 관계 서류철

국무원 사무국

결재년월일	시행년월일	총 제 371호		편집류별	류	보존종별		종
		단기428 년 월 일 접수		관계번호		총 제		호
		단기 4286년 7월 12일 기안	정사	대조	기장	영인		발송

총무처 1953.7.15. ㉑

대통령 ㉑
국무총리 ㉑
총무처장 ㉑
차장 ㉑
총무과장 ㉑
문서과장 ㉑

건명	**독도침해사건에 관한 건의 이송의 건**

총무처장

외무, 국방, 상공부장관 각하

1953년 7월 12일 국회에서 이송된 위 제목의 건을 귀 부처에
회부하오니 선처하심을 경망하나이다.

(제2안)

대 통 령　　각하
국무총리

1953년 7월 12일 국회에서 이송된 위 제목의 건(사본)을 회람토록
하였습니다. 내무, 외무, 국방, 법무, 상공부에 회부하였습니다.

국의 제 185 호
1953년 7월 8일

국회(민의원)
의장대리 조봉암 ㊞

대통령 이승만 귀하

독도 침해사건에 관한 건의 이송의 건

대한민국 영토인 독도에 일본관헌이 불법 침입한 사실에
대하여 7월8일 국회 제19차 본회의에서는 별지와 같이 건의키로
결정되였기 이에 이송하나이다.

독도침해사건에 관한 대정부 건의

【주문】

대한민국영토인 독도에 일본관헌(官憲)이 불법 침입한 사실에 대하여 정부는 일본정부에 엄중히 항의 할 것을 건의함

【이유】

지난 6월27일 일본 시마네현청, 국립경찰 시마네현 본부, 법무성 입국 관리국 마쓰에(松江) 사무소원 등 약30명이 역사상 대한민국 영토가 명확한 독도에 대거 침입하여 「일본영토」라는 표식과 아울러 「한국 입출어는 불법」이라는 경고표를 건립하는 한편 때마침 출로중의 한국인 어부 6명에게 퇴거를 요구하는 불법행위를 감행하여 엄연한 해양주권과 대한민국 국토를 침해하는 불상사를 야기하여 한일양국의 우호적인 국교에 일대 어두운 그림자를 드리운바 있다.

그러므로 대한민국 정부는 이후 한국의 주권을 보장할 뿐 아니라 산악회를 포함한 강력한 현지조사단을 독도에 파견하도록 지원하며 한국인 어민의 출로를 충분히 보호하고 이후 사태수습에 적극적 조치를 취할 것을 요청하여 아래의 결의문을 제출한다.

【결의문】

1. 대한민국의 주권과 해양 주권선의 침해를 방지하기 위한 적극적인 조치를 취하여 이후 독도에 대한 한국어민의 출로를 충분히 보장할 것

2. 일본관헌이 건립한 표식을 철거할 뿐아니라 이후 이러한 불법침해가 재발되지 않도록 일본정부에 엄중히 항의 할 것

이상(以上)

6. 독도 표석 건립에 관한 건

〈자료소개〉

이 자료는 1954년 9월 7일 경상북도지사가 내무부장관에게 보고한 '독도표석 건립에 관한 보고서'이다. 1952년 1월 한국정부는 「인접해양의 주권에 대한 대통령 선언」(평화선 선포)을 발표하자, 일본은 '독도의 한국영유를 인정할 수 없다'는 '항의서한'을 발표하면서 한일간 독도영유권 분쟁이 시작되었다. 이에 내무부는 독도 표석건립작업을 추진하게 되었다. 1954년 8월 24일 독도 동도 서쪽해안 위령비 건립 장소 부근에 '독도표석'을 건립하였음을 울릉군수가 경북도지사에게 보고하였고, 9월 7일 경북도지사는 다시 이 사실을 내무부장관에게 보고하고 있다. 보고서에는 표석 그림이 첨부되어 있는데 '독도표석 건립 단면도', '독도표석 건립 측면도', '독도표석 건립 평면도', '독도약도'등이다. 본 기록물에는 표석건립 연월일, 공사개요, 소요경비, 독도 및 표석 도면 등 표석건립에 대한 각종 계획서가 포함되어 있다. 대한민국 정부가 독도를 실효지배하고 있을 뿐 아니라 실질적으로 관리하고 있음을 대내외적으로 확인시켜주기 위한 '표석건립사업'임을 알 수 있다. 한국전쟁이 끝난 직후인 1954년 당시, 전후복구를 위한 어려운 국내사정에도 불구하고 울릉군과 경상북도, 내무부가 영토수호를 위해 유기적인 협력으로 독도에 표석을 건립하는 과정을 확인할 수 있다.

			기안용지 갑
경북지 제 호	결재 년 9월 7일		시행 년 9월 7일
년 월 일 접수	정서	교합	발송	발송상의 주의
1954년 9월 7일 기안			
지사 ㉑ 내무국장 ㉑ 지방과장 ㉑ 사무관 ㉑ 과원 ㉑ 기안자 ㉑			
건명	독도 표석건립에 관한 건		
내무부장관 앞	도지사 명		
위 제목의 표석을 아래와 같이 건립하였기에 이에 보고함			

기(記)

1. 건립 년 월 일 : 1954년 8월 24일 19시
2. 공사개요 : 별지 도면과 같음
    (울릉군수 보고서 도면을 첨부할 것)
3. 소요경비 : 400,000환정도

    내 역

  표석제작비 :   70,000환
  표석건립비 : 315,000환(선임, 자재, 인부 및 기타)
  잡   비 :   15,000환

울네 제   호
1954년 8월 26일
울릉군수

내무국장   귀하

독도표석 건립에 관한 건

위 제목의 건에 관하여 1954년 8월 24일 19시
별지 도면과 같이 독도 동도 서쪽해안 위령비 건립
장소 부근에 건립하였기에 이에 보고함.

독도표석 건립 단면도

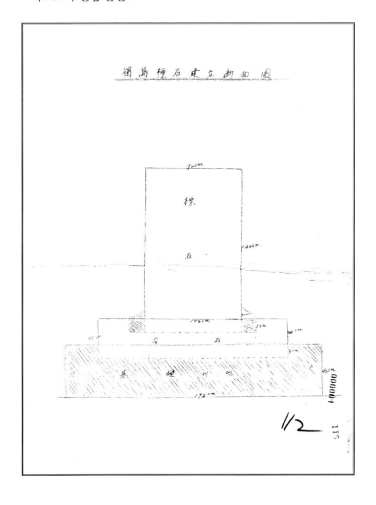

독도표석 건립 측면도

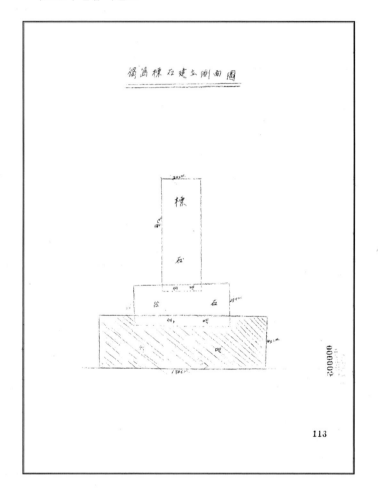

獨島標石建立側面圖

標

石

臺　　石

切

300000

113

독도표석 건립 평면도

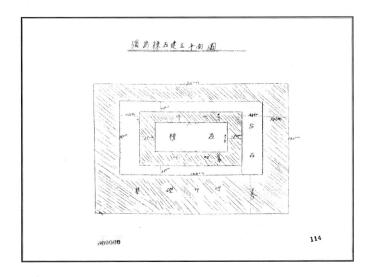

독도 약도

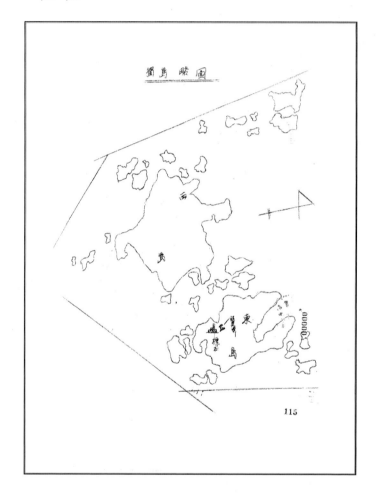

공람

지사　　㊞
내무국장　㊞
지방과장　㊞
과원　　㊞

전보역문
독도표석 건립　24일 19시 준공
울릉군수
경상북도 지사 귀하

8월18일

공람

지사   ㊞
내무국장   ㊞
지방과장   ㊞
과원   ㊞

표석 건립차 8월15일 독도에 갔으나

상륙작업이 여의치 않아 8월17일 표석을 다시 가지고 왔음.

8월 말일까지 건립예정.

1954年 8월 18일

울릉군수

경상북도지사

조교자	송신	접수	번호	발신국	자수	종류	착신국
송신자	오(午) 시(時) 분(分)	오후 2시 17분	7일 17	울릉	51		대구

	지정	경북 도지사
표석 건립차 8월15일 독도에 갔으나 상륙 작업 이 여의치 않아 8월17일 다시 가지고 왔음. 8월 말일까지 건립예정. 울릉군수	전달자	동선명

				기안용지 갑
경북지 제 호		결재 년 8월 10일		시행 년 8월 11일
년 월 일 접수	정서	교합	발송	발송상의 주의
1954년 8월9일 기안				

지사 ㊞
내무국장 ㊞
경찰국장 ㊞
지방과장 ㊞
경비과장 ㊞
사무관 ㊞
과원 ㊞
기안자 ㊞

건명	독도 표석건립의 건 (무전안)

울릉군수 경찰서장 앞	내무국장 경찰국장 명

이번 독도 경비의 완벽을 기하기 위하여 동도에 초사를 설치하기로 되었으니

반드시 귀 울릉군에서 보관 중에 있는 수제표석 건립공사도 본 공사와 동시에

완수하도록 건립비용을 지급 조치하시기 바랍니다. (70자)

Ⅱ

· 원문 전사 ·

1. 「울릉도독도조사보문」
(欝陵島獨島調査報文)

옥승식(玉昇植)

울릉도 및 독도지질조사개보
(欝陵島及獨島地質調査槪報)

지질광물반(地質鑛物班)　　옥승식(玉昇植)

一. 서언(緒言)

울릉도(欝陵島)와 독도(獨島)는 동해(東海)의 고도(孤島)로써, 우리 한국인(韓國人) 자신(自身)들도 그에 대(對)한 인식(認識)이 박약(薄弱)하엿든 것이다. 금번(今番) 조선산악회(朝鮮山岳會) 주최(主催), 울릉도학술조사대(欝陵島學術調查隊)의 일원(一員)으로 참가(參加)하여 울릉도(欝陵島) 및 독도(獨島)를 조사(調查)할 기회(機會)를 엇엇다.

울릉도(欝陵島) 및 독도(獨島)는 우리 한국내(韓國內)에서는 그리 흔히 볼 수 업는 화산암(火山岩)으로 구성(構成)되어 있으며, 특(特)히 환태평양지역(環太平洋地域)에 드문 소위(所謂) 알카리암(岩)으로 되어있어, 관계학도(關係學徒)들로 하여금 일층(一層)의 흥미(興味)를 느끼게 하는 바이다.

금번(今番) 조사(調查)는 조사기일(調查期日)의 제한(制限)과 조사대(調查隊)의 행동통일관계(行動統一關係)로 부득이(不得已) 일종(一種)의 유람시찰정도(遊覽視察程度)의 조사(調查)에 불과(不過)하여 대단(大緞)히 불완전(不完全)한 것이지만, 그 개요(概要)를 보고(報告)하는 바이다.

二. 위치·광무·및 교통(位置·廣袤·及 交通)

가. 위치(位置).

울릉도(欝陵島)는 경상북도(慶尙北道)에 소속(所屬)하는 동해(東海)의 일고도(一孤島)이다. 즉(卽) 강원도(江原道) 묵호진(墨湖津) 동방해상(東方海上) 직거(直距) 약(約) 150 킬로미터(一五○粁), 경상북도(慶尙北道) 포항(浦項) 북동방해상(北東方海上) 직거(直距) 약(約) 210 킬로미터(二一○粁), 지점(地㸃)인 북위(北緯) 37도 27분(三七度 二七分) − 동(同) 33분(三三分)과, 동경(東径) 130도 47분(一三○度 四七分) − 동(同) 57분간(五七分間)에 위치(位置)한다.

독도(獨島)는 역시(亦是) 경상북도(慶尙北道)에 소속(所屬)하는 동해(東海)의 일고도(一孤島)이며, 울릉도(欝陵島) 동방해상(東方海上) 직거(直距) 약(約) 90 킬로미터(九○粁) 지점(地㸃)인 북위(北緯) 14분 18초(三七度 一四分 一八秒) 동경(東径) 131도 52분 33초(一三一度 五二分 三三秒)에 위치(位置)한다.

나. 광무(廣㑸)

울릉도(欝陵島)는 동서방향(東西方向) 약(約) 12 킬로미터(一二粁), 남북방향(南北方向) 약(約) 10 킬로미터(一○粁)이며, 그 면적(面積)은 75.6 평방킬로미터(七五.六平方粁)이다.

독도(獨島)는 아직 정확(正確)한 측량(測量) 결과(結果)를 알 수 업스나, 조사(調査) 당시(當時)의 목측(目測)에 의(依)하면, 직경(直徑) 200미터(二○○米) 내지(乃至), 250미터(二五○米) 정도(程度)의 소도(小島) 2개(二個)로 되여있다.

다. 교통(交通)

울릉도(欝陵島)는 경상북도(慶尙北道) 포항(浦項)과 동도(同島) 도동간(道洞間)에 약(約)200톤급(二○○噸級)의 정기(定期) 연락선(連絡船)이 월(月) 3회(三回) 있으나, (조사당시(調査當時)) 풍랑(風浪) 관계(關係)로 결항(缺航)이 만코 교통(交通)이 불편(不便)하다.

독도(獨島)는 무인도(無人島)임으로, 정기선편(定期船便)은 없고, 울릉도(欝陵島) 어선(漁船)이 때々로 동도(同島)까지 출어(出漁)할 정도(程度)이다.

三. 지형(地形)

울릉도(欝陵島)는 도(島) 전체(全体)가 성성(城々)한 험산(險山)으로 되여 있으며, 본도(本島) 중심(中心)에 위치(位置)하는 최고봉(最高峰) 성인봉(聖人峰,

해발 983미터(海拔 九八三米))을 중심(中心)으로, 해발 500미터(海拔 五〇〇米) 이상(以上)의 준험(峻險)한 고봉(高峯)이 수십개소(數拾個所)에 용립(聳立)하여, 장년기(壯年期)의 지모(地貌)를 이루고 있다.

본도(本島)의 특수(特殊)한 지형(地形)으로써는 화산활동(火山活動)의 결과(結果)로 인(因)하여 미륵산(彌勒山) - 성인봉(聖人峰) - 나리령(羅里嶺)을 연결(連結)하는 반원형(半円形)의 칼데라벽(caldera 壁) 북방(北方)이 비교적(比較的) 광활(廣活)한 분지(盆地)를 이루고 있는 겄이다.

해안선(海岸線)은 단조(單調)하고 침식작용(侵蝕作用)을 받어, 대부분(大部分)이 절벽(絶壁)이며, 소위(所謂) 중성식 해안(中性式 海岸) (Neutral Coast Type)을 이루고 있다. 따라서 항만(港灣)이 희소(稀少)하고, 본도 도청(本島々廳) 소재지(所在地)인 도동(島洞)이 유일(唯一)한 항구(港口)이다.

수계(水系)는 성인봉(聖人峰)을 중심(中心)으로 서측(西側)의 미륵산(彌勒山) 동쪽(東側)의 나리령(羅里嶺)을 연결(連結)하는 선(線)이 분수계(分水界)가 되여 있고, 수류(水流)는 사방(四方)으로 발달(發達)하여 있으나, 본도(本島) 북방(北方)의 용천(湧泉)과, 북서방(北西方)의 태하동(台霞洞), 동남방(東南方)의 대저동(大苧洞), 서남방(西南方)의 남양동(南陽洞) 부근(附近)을 흐르는 겄이 하천(河川)에 가까우며, 기타(其他)는 소계류(小溪流) 정도(程度)에 불과(不過)하다. 수량(水量)이 가장 풍부(豊富)한 곳은 나리동(羅里洞) 분지(盆地)에 물이 복류(伏流)하는 용천(湧泉)이다.

독도(獨島)는 동도(東島, 가칭(假稱)) 및(及) 서도(西島, 가칭(假稱))로 되여있으며, 해상(海上)에 돌출(突出)한 해발(海拔) 약(約) 100미터(一〇〇米) 정도(程度, 목측(日測))의 험(險)한 2개(二個)의 산봉(山峯)에 불과(不過)하다.

평지(平地)는 전(全)혀 업고, 구배(句配, Slope) 40도(四〇度) 이상(以上)의 험(險)한 산(山)이며, 장년기(壯年期)의 지모(地貌)를 이루고 있다.

본도(本島)의 특수(特殊)한 지형(地形)으로써, 동도(東島)에는 과거(過去)의 화산활동(火山活動)을 입증(立證)하는 구(旧) 분화구(噴火口)가 직경(直径) 80

내지(八〇乃至) 100미터(一〇〇米), 심약(深約) 100미터(一〇〇米, 목측(目測)) 정도(程度)의 원대상공동(円臺狀空洞)을 이루어, 본도(本島)의 지형(地形)을 일층(一層) 더 험(險)하게 하고 있다.

서도(西島)는 지형(地形)이 험(險)하여, 그 산봉(山峯)을 조사(調査)치 못하였음으로, 구(旧) 분화구(噴火口)의 유무(有無)는 불명(不明)하다.

계류(溪流) 등(等)은 목격(目擊)치 못하였다.

四. 지질(地質)

가. 울릉도(欝陵島)의 지질(地質)

본도(本島)의 지질(地質)은 주(主)로 현무암(玄武岩), 조면암류(粗面岩流) 화산포출물(火山抛出物), 타류스(Talus) 등(等)으로 구성(構成)되어 있다.

1. 현무암(玄武岩): 현무암(玄武岩)은 주(主)로 도동(道洞), 남양동(南陽洞), 태하동(台霞洞), 와달리(臥達理) 부근(附近)에 분포(分布)하고 있으며, 화산기반(火山基盤)은 불명(不明)하나 본 지역(本 地域)에서는 최초(最初)에 분출(噴出)된 화산암(火山岩)으로 사유(思惟)된다.

본암(本岩)은 암흑색(暗黑色) 치밀(緻密)한 암석(岩石)이며, 감람석(橄欖石), 휘석(輝石), 파리장석(玻璃長石) 등(等)의 반정(斑晶)을 가지고 있고, 감람석(橄欖石)은 사문석(蛇紋石)으로 변화(変化)되어 있는 곳이 있다. 남양동(南陽洞) 부근(附近)에 현무암(玄武岩)은 부분적(部分的)으로 석기(石基) 중(中)에 자철광(磁鐵鑛)을 비교적(比較的) 다량(多量) 함유(含有)하고 있는 겄으로 사유(思惟)되며, 풍화(風化)된 현무암(玄武岩)이 적갈색(赤褐色)의 소위(所謂), "Gossan"갖이 보이는 곳이 있다. 남양동(南陽洞) 부락(部落) 부근(附近)에는 현무암(玄武岩)의 주상절리(柱狀節理)가 발달(發達)하여, 기이(奇異)한 풍경(風

景)을 이루고 있다.

현무암(玄武岩)은 조면암류(粗面岩類)와의 접촉 면(接觸 面)에 침식작용(侵蝕作用)을 받은 흔적(痕跡)이 있서, 현무암(玄武岩) 분출(噴出) 후(後), 조면암류(粗面岩類)가 분출(噴出)될 때 까지, 상당(相當)한 시간적(時間的) 간극(間隙, Time Gap)이 있었음을 증명(證明)하고 있다.

본암(本岩)은 본도(本島) 생성(生成)에 초석(礎石)과 같은 기본(基本)이 되여 있다.

2. 조면암류(粗面岩類): 조면암류(粗面岩類)는 본도(本島) 각처(各處)에 널이 분포(分布)하며, 현무암(玄武岩)을 덮고 있다.

본암(本岩)은 용암류(熔岩流) 혹(或)은 암맥(岩脉)으로, 전도(全島)에 걸쳐, 광범위(廣範圍)하게, 또 착잡(錯雜)하게 분포(分布)되여 있으며, 담녹색(淡綠色), 회녹색(灰綠色), 녹색(綠色)등(等)을 띄우는 비교적(比較的) 치밀(緻密)하나, 조면구조(粗面構造, Trachytic Fabric)를 갖이고 있고, 알카리장석(長石), 에질휘석(輝石), 흑운모(黑雲母), 각섬석(角閃石) 등(等)으로 되여 있다. 이 조면암류(粗面岩類)는 에질휘석(輝石)을 비교적(比較的) 만이 함유(含有)하는 소위(所謂) 에질휘석(輝石) 조면암(粗面岩)과 흑운모(黑雲母), 각섬석(角閃石)을 함유(含有)하는 각섬석(角閃石), 흑운모(黑雲母) 조면암(粗面岩)의 2종(二種)으로 대별(大別)할 수 있다.

조면암류(粗面岩類)는 본도(本島)에서 가장 흔히 볼 수 있는 암석(岩石)이며, 본도(本島) 형성(形成)에 주도적(主導的) 역할(役割)을 한 암석(岩石)이다. 본암(岩)의 분포(分布), 상태(狀態)가 전도(全島)에 걸쳐 광범위(広範圍)하고, 또 착잡(錯雜)하여, 분출(噴出)된 양(量)이 상당(相當)히 만은 점(㸃)으로 보아, 수개(數箇) 분화구소(噴火口所)에서 조면암류(粗面岩類)를 분출(噴出)한 것으로 추측(推測)된다.

즉(卽) 성인봉(聖人峰) 구(旧) 분화구(噴火口) 이외(以外)에 수개(數箇)의 구

(旧) 분화구(噴火口)가 있거나 인언 것이 매몰(埋没)되었을 것이다.

3. 화산포출물(火山抛出物) : 화산포출물(火山抛出物)은 주(主)로 미륵산(彌勒山) 성인봉(聖人峰), 장흥동(長興洞)을 연결(連結)한 선(線) 이서(以西)에 널이 분포(分布)하며, 화산재(火山灰), 화산(火山) 역부석(礫浮石) 등(等)으로 되여 있다.

4. 타류스(Talus) : 타류스(TaLus)는 대저동(大苧洞) 도동(道洞), 장흥동(長興洞), 남양동(南陽洞), 태하동(台霞洞), 현포동(玄圃洞), 평리(平里), 와달리(臥達里) 등(等), 본도(本島) 주변(周辺) 각처(各處)에 분포(分布)하며, 주(主)로 현무암(玄武岩) 소괴(小塊)로 되여 있다.

본도(本島)의 화산활동(火山活動)은 최초(最初) 현무암(玄武岩)이 분출(噴出)하고, 그 후(後) 화산활동(火山活動)은 일시(一時) 휴식(休息)되어, 현무암(玄武岩)이 침식(侵蝕)을 받안다. 그 후(後) 화산활동(火山活動)이 재차(再次) 생기(生起)하여 조면암류(粗面岩類)가 분출(噴出)되여, 대략(大略) 본도(本島)의 형태(形態)를 이루게 되었다.

일본인(日本人) 쓰보이 세이타로씨(坪井誠太郎氏)는 조면암분출(粗面岩噴出) 후(後) 성인봉(聖人峰) 칼데라(Caldera)는 함락(陷落)으로 인(因)하여 현재(現在)와 같은 지형(地形)을 이루었다고 논(論)하고, 이 함락(陷落) 후(後) 백류석암(白榴石岩)의 분출(噴出)이 최후(最後)로 있었음을 지적(指摘)하였으나, (On a Laeucits Rock Vulsinetic Vicoite from Utsuryoto Island in the Sea of Japan, 지질학(地質學) 잡지(雜誌) 27권(卷) 317호(号) 참조(參照)) 알봉(卵峯) 근처(近處)의 조사 시간(調査時間)이 부족(不足)하며 백류석암(白榴石岩)을 발견(發見)치 못하였음을 유감(遺憾)으로 생각(生覺)하는 바이다.

나. 독도(獨島)의 지질(地質)

독도(獨島)의 지질(地質)은 주(主)로 현무암(玄武岩), 조면암류(粗面岩類), 타류스(Talus) 등(等)으로 되여 있다.

1. 현무암(玄武岩) : 화산(火山) 기반(基盤)은 불명(不明)이며, 현무암(玄武岩)은, 최초(最初)에 분출(噴出)된 것으로 사유(思惟)된다. 본암(岩)은 암흑색(暗黑色) 치밀(緻密)한 암석(岩石)이며, 휘석(輝石), 파리장석(玻璃長石), 감람석(橄欖石) 등(等)이 반정(斑晶)을 이루고 있으며, 휘석(輝石) 반정(斑晶)은 일종(一種)에 달(達)할 때가 있다.

본암(本岩)은 소암맥(小岩脈)으로 분출(噴出)한 곳도 있는데, 용암류상(熔岩流狀)의 본암(本岩)을 뚫코 있는 점(点)으로 보아 후(後)에 분출(噴出)된 것이다. 암맥(岩脈)[을 이룬 현무암(玄武岩)은 파리장석(玻璃長石) 반정(斑晶)이 비교적(比較的) 현저(顯著)하고, 미소(微小)하다.

2. 조면암류(粗面岩類) : 조면암류(粗面岩類)는 용암류(熔岩流) 또는 암맥상(岩脈狀)을 이루고 있으며, 담회색(淡灰色), 담녹색(淡綠色)을 띄우는 비교적(比較的) 치밀(緻密)하나 조면구조(粗面構造, Trachytic Fabric)를 가진 암석(岩石)이다. 본암(岩)은 회색(灰色) 조면암(粗面岩)과 담녹색(淡綠色) 조면암(粗面岩)의 2종(二種)으로 대별(大別)할 수 있다.

회색(灰色) 조면암(粗面岩)은 흑운모(黑雲母) 알카리 파리장석(玻璃長石) 등(等)의 반정(斑晶)이 만코, 휘석반정(輝石斑晶)은 희소(稀少)하고, 조면구조(粗面構造, Trachytic Fabric)가 현저(顯著)하며, 용암류(熔岩流) 상태(狀態)의 산상(産狀)으로 서도(西島)에서만이 볼 수 있다.

담녹색(淡綠色) 조면암(粗面岩)은 비현정질(非顯晶質)이거나 때로는 알카리장석(長石)의 반정(斑晶)을 갖인 안산암질조면암(安山岩質粗面岩)이며, 주(主)로 암맥(岩脈)을 이루고, 동(東)·서(西) 양도(両島)에 발달(發達)하였다.

본암(本岩)은 현무암(玄武岩)·회색(灰色) 조면암(粗面岩) 등(等)을 뚫코 있는 점(点)으로 보아 전기(前記) 양자(兩者)보다 후(後)에 분출(噴出)된 것은 확실(確實)하다. 본도(本島)에서는 구(旧) 분화구(噴火口) 동측(東側)에 주향(走向) 동(東)·서(西) 경사(傾斜) 80도(度), 남(南), 맥폭(脉幅) 10-15미터(一〇-一五米) 정도(程度)의 암맥(岩脉)이 발달(發達)하여 있다. 이 암맥상반제(岩脉上盤際)는 암맥주향(岩脉走向)과 거이 일치(一致)하는 주향(走向)을 가진 단층작용(斷層作用)으로 인(因)하여, 약선(弱線)이 생기(生起)하여, 구(旧) 분화구(噴火口) 기저부(基底部)는 해식(海蝕)에 못 이기여, 해수(海水)가 침입(侵入)하여 있다.

서도(西島)에서는 역시(亦是) 도(島) 서측(西側)에 주향(走向) 북(北) 35도(三五度) 서(西) 경사(傾斜) 70도(七〇度) 북(北) 맥폭(脉幅) 약(約) 10미터(一〇米) 정도(程度)의 안산암질 조면암맥(安山岩質粗面岩脉)이 발달(發達)하여 있다.

3. 타류스(Talus) : 타류스는 동(東)·서(西) 양도(兩島) 및(及) 그 중간(中間) 해상(海上)에 노출(露出)한 소암초(小岩礁) 등(等)에 널이 분포(分布)하고 있으며, 주(主)로 현무암(玄武岩) 소괴(小塊)로 되어 있다.

독도(獨島)의 화산활동(火山活動)은 현무암(玄武岩), 회색조면암(灰色粗面岩), 담록색(淡綠色)의 순서(順序)로 분출(噴出)한 후(後) 휴식(休息)된 것으로, 사유(思惟)된다.

울릉도(欝陵島)와 독도(獨島)는 다음과 같은 점(点)이 일치(一致)된다.

1. 과거(過去) 화산활동(火山活動)이 있었고 대략(大略) 동종류(同種類)의 화산암(火山岩)으로 도(島)가 형성(形成)되여 있다.

2. 암석(岩石)의 분출순서(噴出順序)가 대략(大略) 일치(一致)한다.

3. 암석(岩石)의 성질(性質)이 흡사(恰似)하다.

五. 결언(結言)

　가. 울릉도(欝陵島) 및(及) 독도(獨島)는 화산활동(火山活動)으로 인(因)하여 생기(生起)한 섬(島)이다. 이 양(両) 섬(島)이 동해중(東海中)에서 돌연(突然)히 화산활동(火山活動)으로 인(因)하여 생기(生起)한 것인지, 또는, 과거(過去) 육지(陸地)의 화산(火山)이 대지각 변동(大地殼變動)으로 인(因)하여 동해(東海)가 생기(生起)며, 양도(両島, 산봉(山峰))가 잔류(殘留)하게 된 것인지, 현재(現在)로써는 명확(明確)치 안타.

　나. 본도(本島) 생성(生成)의 시대(時代)는 이를 만족(滿足)시킬만한 제조건(諸條件)이 명확(明確)치는 안으나, 제3기말(第三紀末)에서 제4기(第四紀) 홍적기(紅積期)에 걸쳐, 이러난 대지각변동(大地殼變動)에 의(依)하여, 생기(生起)한 것으로 추측(推測)할 수 잇다.

　다. 울릉도(欝陵島)의 화산활동(火山活動)은 최초(最初) 현무암(玄武岩)이 분출(噴出)하고, 그 후(後) 화산활동(火山活動)은 일시(一時) 휴식(休息)하여 현무암(玄武岩)의 침식시대(侵蝕時代)가 잇엇다. 그 후(後), 다시 조면암류(粗面岩類)의 분출(噴出)이 있었다.

　라. 독도(獨島)의 화산활동(火山活動)은 최초(最初) 현무암(玄武岩)이 분출(噴出)되였고, 그 후(後) 조면암류(粗面岩類)가 분출(噴出)하고 화산활동(火山活動)은 휴식(休息)하엿다.

울릉도(欝陵島) 지질도(地質圖)

현무암(玄武岩)

조면암류(粗面岩類)

화산 포출수(火山 抛出數)

타류스(Talus)

단기 4285년 10월 8일(檀紀 四二八五年 十月 八日)

울릉도·독도 지질조사 보고서
(鬱陵島·独島 地質調査 報告書)

지질반(地質班)   옥승식(玉昇植)

송태윤(宋泰潤)

이대성(李大声)

울릉도 · 독도 조사 보고
(欝陵島 · 独島 調査 報告)

一. 서언(序言)

단기 4285년 9월 17일(檀紀 四二八五年 九月 十七日)부터 9월 28일(九月 二十八日)까지 울릉도(欝陵島), 독도학술조사단(独島學術調査團)에 참가(參加)하여, 지질광물부문(地質鑛物部門)을 조사(調査)하였음으로, 이에 그 결과(結果)를 보고(報告)하는 바이다. 금반(今般) 조사(調査)에 있서, 독도(獨島)의 조사(調査)는 비행기(飛行機)의 폭격(爆擊)으로 불가능(不可能)하였으나, 단기 4280년 8월(檀紀 四二八〇年 八月)에 조사(調査)한 결과(結果)를 간단(簡單)히 기재(記載)키로 하였다. (단기 4280년 8월(檀紀 四二八〇年 八月) 독도(獨島)를 조사(調査)한 자(者)는, 옥승식(玉昇植), 주수달(朱洙達) 양씨(両氏)였다.)

二. 위치(位置)

경상북도(慶尙北道) 포항(浦項) 동북방(東北方) 직거(直距) 약(約) 138리(一三八哩)되는, 동해(東海)의 고도(孤島) 울릉도(欝陵島)는, 북위 37도 27분(北緯 三七度 二七分)에서, 동 37도33분간(同 三七度 三三分間)과, 동경 130도 47분(東經 一三〇度 四七分)에서 동 130도 52분간(同 一三〇度 五二分間)에 위치(位置)하고, 독도(獨島)는 울릉도(欝陵島) 동남방(東南方) 약(約) 49리

(四九哩) 지점(地点)인 북위 37도 14분 18초(北緯 三七度 一四分 一八秒), 동경 131도 52분 22초(東經 一三一度 五二分 二二秒)에 위치(位置)한다.

三. 지형(地形)

울릉도(欝陵島)의 외형(外形)은 대략(大略) 5각형(五角形)을 이루며, 본도(本島) 중앙(中央)에 위치(位置)하는 해발(海拔) 983.6미터(九八三.六米)의 성인봉(聖人峰)을 중심(中心)으로 하여 해발(海拔) 500미터(五〇〇米) 이상(以上)의 고봉(高峰)이 수십개(數十個) 용립(聳立)하여 준험(峻險)한 산세(山勢)를 이루며 장년기(壯年期)의 지모(地貌)를 보이고 있다.

해안선(海岸線)은 굴곡(屈曲)이 적고, 대부분(大部分)이 절벽(絕壁)을 이루고 있어 항만(港湾)이 희소(稀少)하며, 본도(本島) 남방(南方)의 군청소재지(郡廳所在地)인 도동(道洞)이 유일(唯一)한 항구(港口)이다.

수계(水系)는 본도(本島)의 중앙(中央), 미륵산(彌勒山)-성인봉(聖人峰)-나리령(羅里領)을 연결(連結)하는 선(線)이 분수계(分水界)가 되어 있다. 수류(水流)는 사방(四方)으로 발달(發達)하였으나 본도(本島) 동남측(東南側)의 대저동(大苧洞)과 북서측(北西側)의 태하동(台霞洞)을 흐르는 것이 비교적(比較的) 하천(河川)에 가까운 형태(形態)를 이루고, 기외(其外)에는 계류형태(溪流形態)로 흐르고 있다. 그 중(中) 수량(水量)이 가장 풍부(豊富)한 곳은 나리동 분지(羅里洞 盆地)의 물이 복류(伏流)하는 본도(本島) 북방(北方)의 용천(湧泉)이다.

독도(獨島)는 해발(海拔) 약(約) 130미터(一三〇米, 목측(目側))의 서도(西島, 타원형(橢円形))와 해발(海拔) 약(約) 80미터(八〇米, 목측(目側))의 동도(東島, 원형(円形)) 2개(二個)의 섬으로 되어있다.

동도(東島) 남서측(南西側)의 약간(若干)의 평지(平地)를 제외(除外)하고는 전도(全島)가 절벽(絕壁)을 이루고 있어, 선박(船舶)의 기항(寄港)은 거이 불가능(不可能)하다. 동도(東島) 중앙(中央)에는 구(旧) 분화구(噴火口)가 있으며, 화구(火口)의 북동측(北東側)은 단층선(斷層線)으로 사유(思惟)되는 약선(弱線)이 침식(侵蝕)을 받아 화구(火口) 저(底) 일부분(一部分)은 해수(海水)가 침입(侵入)하고 있다.

四. 지질(地質)

울릉도(欝陵島)의 지질(地質)은 주(主)로 현무암(玄武岩), 화산 쇄설암(火山 碎屑岩), 조면암(粗面岩) 등(等)으로 구성(構成)되어있다.

현무암(玄武岩)은 주(主)로 남양동(南陽洞), 도동(道洞), 저동(苧洞), 와달리(臥達里), 태하동(台霞洞) 부근(附近)에 분포(分布)하며, 그 중(中) 남양동(南陽洞)에 가장 발달(發達)하여 있다.

현무암(玄武岩)은 흑색(黑色), 유색(黝色), 갈색(褐色) 등(等)을 띄우고 있으며, 흑색 현무암(黑色 玄武岩)은 사장석(斜長石), 휘석(輝石) 등(等)의 반정(斑晶)이 있는 치밀견고(緻密堅固)한 암석(岩石)이고, 유색(黝色) 또는 갈색 현무암(褐色 玄武岩)은 약간(若干)의 파리장석(玻璃長石)과 휘석(輝石)의 반정(斑晶)을 가지는 조면구조(粗面構造)를 가진 조잡(粗雜)한 암석(岩石)이다. 현무암(玄武岩)은 용암류(熔岩流) 또는 암맥상태(岩脈狀態)로 현출(現出)한다.

화산 쇄설암(火山 碎屑岩)은 전도(全島)에 널리 분포(分布)하며, 저동(苧洞)과 나리령(羅里嶺) 부근(附近)에서는 미려(美麗)한 층리(層理)를 이루고 있다.

화산(火山) 포출물(抛出物)은 거이 현무암(玄武岩)의 쇄설(碎屑)과 화산재(火山灰)이며 용암류(熔岩流)와 현무암(玄武岩) 쇄설(碎屑)이 혼합단결(混合団結)되어 역암(礫岩)과 같치 보이는 곳도 많다.

조면암(粗面岩)은 본도(本島) 형성(形成)의 가장 중요(重要)한 역할(役割)을 한 암석(岩石)이며, 전도역(全島域)에 걸쳐 가장 풍부(豊富)히 분포(分布)되어있다.

현무암(玄武岩), 화산 쇄설암(火山 碎屑岩) 등(等)을 덥고 분출(噴出)한 이 조면암(粗面岩)은 백색(白色), 담녹색(淡綠色), 회색(灰色), 암녹색(暗綠色) 등(等)을 띄우고 있다. 백색(白色) 및(及) 회색(灰色)을 띤 조면암(粗面岩)은 비교적(比較的) 조면구조(粗面構造)가 발달(發達)하고 유색광물(有色鑛物)이 적고, 약간(若干)의 휘석(輝石)과 파리장석(玻璃長石)의 반정(斑晶)을 가지나, 담녹색(淡綠色) 또는 암녹색 조면암(暗綠色 粗面岩)은 비교적(比較的) 치밀(緻密)하고 휘석(輝石), 각섬석(角閃石), 파리장석(玻璃長石)의 반정(斑晶)이 발달(發達)하여 있고, 전자(前者)에 비(比)하여 유색광물(有色鑛物)을 만이 가지는 때도 있다.

이상(以上)의 세 암석(三岩石)을 관찰(觀察)하건대 현무암(玄武岩)은 가장 하부(下部)에 발달분포(發達分布)하며, 이 현무암(玄武岩)을 덥고 화산 쇄설암(火山 碎屑岩)이 각지(各地)에 분포(分布)하고, 이 양(兩) 암석(岩石)을 덥고 최상부(最上部)에 조면암(粗面岩)이 가장 풍부(豊富)히 발달(發達)하고 있는 바, 특(特)히 해안선(海岸線) 절벽지대(絶壁地帶)에서는 조면암(粗面岩)이 암맥(岩脈)을 이루며 현무암(玄武岩), 화산 쇄설암(火山 碎屑岩)을 뚫코 관입(貫入)한 겄을 처처(處々)에서 (도동(道洞), 와달리(臥達里) 부근(附近)) 볼 수 있는 점(点)으로 보아, 울릉도(欎陵島) 화산(火山)은 아직 그 화산기반(火山基盤)은 명확(明確)히 알 수 없으나 최초(最初) 현무암(玄武岩)이 분출(噴出)하고, 현무암(玄武岩) 분출(噴出) 말기(末期)에 상당량(相當量)의 화산 쇄설암(火山 碎屑岩)을 분출(噴出)하고, 최후(最後)에 조면암(粗面岩)이 분출(噴出)한 겄으로 사유(思惟)된다.

그리고, 현무암(玄武岩)의 침식면(侵蝕面)을 볼 수 있는 점(点)으로 보아, 현무암(玄武岩) 분출(噴出) 후(後), 조면암(粗面岩) 분출(噴出)이 있었을 때 까지는 상당기간(相當其間)의 화산활동(火山活動) 휴식(休息)이 있었음을 추측(推測)할 수 있다.

울릉도(欎陵島) 화산(火山)은 현재(現在)의 나리동 분지(羅里洞 盆地) 즉(卽) 중앙화구(中央火口) 일개소(一個所)에서만 분출(噴出)되였는지 또는 기외(其

外)에도 화구(火口)가 있었는지, 이러한 문제(問題)인대 성인봉(聖人峰)을 중심(中心)으로 500미터(五〇〇米) 이상(以上)의 고봉(高峰)이 수십개(數合個) 있다는 점(点), 용암류(熔岩流)가 유동(流動)한 경사(傾斜)가 지역적(地域的)으로 상이(相異)한 점(点) 등(等)으로 보아 단일(單一) 화구(火口)에서만 분출(噴出)된 겄 갔지는 않다고 사유(思惟)된다.

나리동 분지(羅里洞 盆地)에 있는 알봉(卵峯)은 화구(火口) 부근(附近)이 함락(陷落)한 후(後)에도 약간(若干)의 조면암(粗面岩) 분출(噴出)이 있었음을 입증(立證)하고 있다.

즉(即) 울릉도(欝陵島) 화산활동(火山活動)은 다음의 5단계(五段階)로 요약(要約)된다.

1. 현무암(玄武岩)의 분출(噴出)
2. 현무암(玄武岩)의 침식(侵蝕)
3. 조면암류(粗面岩類)의 분출(噴出)
4. 조면암(粗面岩) 분출(噴出)로 인(因)한 화구(火口) 부근(附近)의 함락(陷落)
5. 최후(最後)의 조면암(粗面岩) 분출(噴出)(난봉형성(卵峯形成))

독도(獨島)의 지질(地質)은 울릉도(欝陵島)와 마찬가지로 현무암(玄武岩), 화산 쇄설암(火山碎屑岩), 조면암(粗面岩) 등(等)으로 구성(構成)되어 있다.

현무암(玄武岩)은 동도(東島)에서 볼 수 있으며 흑색(黑色) 치밀(緻密)한 암석(岩石)으로써 휘석(輝石), 사장석(斜長石) 등(等)의 반정(斑晶)이 있다.

화산 쇄설암(火山碎屑岩)은 동도(東島), 서도(西島) 양측(両側)에서 볼 수 있으며, 주(主)로 현무암(玄武岩)의 쇄설(碎屑)과 용암류(熔岩流)와의 혼합단결(混合団結)된 겄이다. 서도(西島) 중복(中復)에는 층리(層理)를 볼 수 있다.

조면암(粗面岩)은 동도(東島), 서도(西島) 양측(両側)에서 볼 수 있으며, 동도(東島) 화구벽(火口壁)에는 조면암(粗面岩)이 암맥상(岩脉狀)으로 현출(現出)함을 볼 수 있다. 조면암(粗面岩)은 담녹색(淡綠色), 회색 조면암(灰色 粗面岩)으로써 비교적(比較的) 조면구조(粗面構造)가 발달(發達)하여있고, 휘석(輝石), 파리장석(玻璃長石)의 반정(斑晶)을 가지고 있다.

조면암(粗面岩)이 현무암(玄武岩)을 덥고 있는 점(点)으로 보아, 독도(獨島) 화산(火山)도 먼저 현무암(玄武岩)이 분출(噴出)되고, 그 후(後)에 조면암(粗面岩)이 분출(噴出)되였은 바, 암질(岩質)로 보나, 분출 순서(噴出順序)로 보나 울릉도(欝陵島)와 공통(共通)된 점(点)이 많다.

五. 결언(結言)

이상(以上)으로 보아 울릉도(欝陵島)와 독도(獨島)는 그 지질(地質)이 거이 같으며, 따라서 울릉도(欝陵島)의 지질(地質)을 연구(硏究)함으로써 독도(獨島)의 지질(地質)도 용이(容易)하게 해결(解決)될 것이다.

제한(制限)된 시일(時日)과 제한(制限)된 단체행동(団体行動)으로써 도저(到底)히 충분(充分)한 조사(調査)를 행(行)할 수 없었으며, 특(特)히 독도(獨島)에 대(對)한 보고(報告)는 단기 4280년(檀紀 四二八〇年)에 조사(調査)한 바로써, 지형(地形)의 험난(險難)과 불과 수시간(不過 數時間)의 행동(行動)이였으며, 그나마 사변(事変)으로 기록(記錄)의 대부분(大部分)을 분실(紛失)하였음으로, 지질 여행기 정도(地質 旅行記 程度)의 보고문(報告文)으로써 제출(提出)케 됨을 유감(遺憾)으로 생각(生覚)하는 바이다.

2. 울릉도지질조사개요
(蔚陵島地質調査槪要)

GOVP1197031106

지질광산연구소개요
(地質鑛山硏究所槪要)

제 1 호
(第 1 號)

상무부지질광산연구소
商務部地質鑛山硏究所

1948年 3月

울릉도지질조사개요
(欝陵島地質調査槪要)

◎ 자료출처 : 『지질광산연구소개요』제1호, 상무부지질광산연구소 편, 1948.3, pp.
67-69.(국회도서관소장)

목 적(目 的)

조선산악회 주최(朝鮮山岳會 主崔) 울릉도학술조사대(欝陵島學術調査隊)에
참가(參加)하야 울릉도(欝陵島)의 지질(地質)을 일반(一般)에게 소개(紹介)하며
동시(同時)에 동도(同島)에 발달(發達)한 「알카리 암석(岩石)」에 대(對)한 암석
학적 연구(岩石學的 硏究)를 목적(目的)으로 함.

위 치(位 置)

울릉도(欝陵島)는 북위(北緯) 37도(度) 27분(分)에서 동(同) 37도(度) 33분
(分), 동경(東径) 130도(度) 47분(分)에서 130도(度) 52분(分) 33초(秒)에 위치
(位置)하는 경상북도 소속(慶尙北道 所屬)의 동해(東海)의 고도(孤島)이다.

교 통(交 通)

경상북도 포항(慶尙北道 浦項)과 울릉도 도동간(欝陵島 道洞間)에는 월3회
(月三回)의 정기선(200톤 정도)(定期船(200屯 程度)) 있으나 풍랑관계(風浪關
係)로 결항(缺航)이 많다. 독도간(獨島間)도 定期船(정기선)이 없다. 浦項 道洞
間(포항 도동간)은 약(約) 12시간(時間)을 요(要)하고 도동 독도간(道洞 獨島
間)은 약(約) 6시간(時間)을 요(要)한다.

지 형 (地 形)

울릉도(欝陵島)의 외형(外形)은 대략(大略) 5각형(五角形)이고 본도(本島) 중앙(中央)에 위치(位置)하는 983,6미터(米)의 성인봉(聖人峰)을 중심(中心)으로 수십개(數十個)의 500미터(米) 이상(以上)의 山峰(산봉)이 준험(峻險)한 산세(山勢)를 이루어 장년기(壯年期)의 지모(地貌)를 보이고있다.

해안선(海岸線)은 굴곡(屈曲)이 적고 또 대부분(大部分)이 절벽(絶壁)을 이루어 항만(港灣)이 희소(稀少)하야 본도 동남(本島 東南)에 위치(位置)하는 도청소재지(島廳 所在地)인 도동(道洞)이 유일(唯一)의 항구(港口)이다.

본도 화산(本島 火山)은 복분정파(伏盆頂破)의 와형(窪形)인 화구(火口)를 가지고 북면(北面)만이 열려 있어 특수(特殊)한 지형(地形)을 이루고 있다.

수계(水系)는 성인봉(聖人峰)을 중심(中心)으로 미륵산(彌勒山), 나리령(羅里嶺)을 연결(連結)하는 선(線)이 분수계(分水界)가 되여있다. 수류(水流)는 사방(四方)으로 발달(發達)하였으나 북서(北西)의 태하동(台霞洞), 동남(東南)의 대저동(大苧洞)을 흐르는 수류(水流)가 하천(河川)에 가까운 형태(形態)를 이루고 기타(其他)는 계류형태(溪流形態)로 흐르고 있다. 수량(水量)이 가장 풍부(豊富)한 곳은 나리동 분지(羅里洞 盆地)의 물이 복류(伏流)하는 도(島) 북방(北方)의 용천(湧泉)이다.

지 질 (地 質)

본도(本島)의 지질(地質)은 주(主)로 현무암(玄武岩)과 조면암(粗面岩)으로 되여있다. 현무암(玄武岩)은 암흑색(暗黑色) 치밀(緻密)한 암석(岩石)이고 주(主)로 남양동(南陽洞), 태하동(台霞洞), 와달리(臥達里) 대저동(大苧洞) 부근(附近)에 분포(分布)하고 조면암(粗面岩)은 담녹색(淡綠色)의 비교적(比較的) 치밀(緻密)한 암석(岩石)이며 전도(全島)에 걸쳐 광범위(廣範圍)로 분포(分布)

하고 있다. 화산 기반(火山 基盤)은 불명(不明)하나 최초(最初)의 분출(噴出)은 현무암(玄武岩)으로 사유(思惟)된다. 현무암(玄武岩)의 침식면(侵蝕面)의 존재(存在)로 미루어 현무암(玄武岩) 분출 후(噴出 後) 상당(相當)한 장기간(長期間) 화산활동(火山活動)은 침정(沈靜)하여 玄武岩(玄武岩)의 침식시대(侵蝕時代)가 있었음을 알 수 있다.

그 후(後) 조면암(粗面岩)이 각처(各處)에서 현무암(玄武岩)을 뚫고 분출(噴出)하여 전도(全島)를 덮고 있다. 일본인(日本人) 쓰보이 세이타로씨(坪井誠太郎氏)는 「본도 화산(本島 火山)은 조면암류(粗面岩類)가 다량(多量)으로 분출(噴出)되었는 고(故)로 평형(平衡)을 유지(維持)키 위(爲)하여 화구 부근(火口附近)이 함락(陷落)하여 현재(現在)의 나리동 분지(羅里洞 盆地)가 생기(生起)하였다.」고 논(論)하였다.

과연(果然) 나리동 분지(羅里洞 盆地)는 본도 화산(本島 火山)의 구 화구(舊火口)만으로는 추측(推測)할 수 없슴으로 쓰보이씨(坪井氏)의 의견(意見)이 타당(妥當)할 것이다. 그 후(後) 화산활동(火山活動)의 최후 단계(最後 段階)로 소규모(少規模)의 백류석암(白榴石岩)이 분출(噴出)하여 현재(現在)의 나리동 분지(羅里洞 盆地)를 완성(完成)한 것이다. 백류석암(白榴石岩)은 주(主)로 나리동(羅里洞) 알봉(卵峯) 북서측(北西側)에 부존(賦存)한다. 이상(以上) 울릉도 화산(欝陵島 火山)은 다음의 5단계(五段階)로 요약(要約)할 수 있다.

현무암의 분출(玄武岩의 噴出)
현무암의 침식시대(玄武岩의 侵蝕時代)
조면암류의 분출(粗面岩類의 噴出)
조면암 분출로 인한 화구부근의 함락(粗面岩 噴出로 因한 火口附近의 陷落)
백류석암의 분출(白榴石岩의 噴出)

결 론 (結 論)

본도 성인(本島 成因)에 관(關)하여는 아직 증거자료 불충분(證據資料 不充分)으로 선구학자 제현(先驅學者 諸賢)사이에도 그 학설(學說)이 구구(區々)한 양모(樣模)이나 제3기말(第三紀末)에서 제4기초(第四紀初)에 걸쳐 화산활동(火山活動)으로 인(因)하야 구성(構成)된 화산도(火山島)라는 설(說)이 가장 유력(有力)하다고 사유(思惟)한다. 불과 3~4일(不過 三·四日)의 답사(踏査)로 도저(到底)히 상세(詳細)히 조사(調査)할 수 없어 유감(遺憾)이나 후일(後日)의 재조사(再調査)로서 상세정확(詳細正確)을 기(期)하고져 한다.

3. 독도에 관한 조사의 건(1951년, 내무부)

				기안용지 갑 (起案用紙) (甲)
경북지 제 호 (慶北地第 號)		결재 년 월 일 (決裁 年 月 日)		시행 년 월 일 (施行 年 月 日)
년 월 일 접수 (年 月 日 接受)	정서 (淨書)	교합 (校合)	발송 (發送)	(發送上의 注意) 9월1일 중앙지방국 예산계장편(九月一日 中央地方局 豫算係長 便)으로 발송(發送)하 였음
4284년 9월 1일 기안 (四二八四年 九月一日 起案)				

<table>
<tr><td colspan="5" align="center">지사(知事) 印
내무국장(內務局長) 印
지방과장(地方課長) 印
과원(課員) 印
기안자(起案者) 印</td></tr>
</table>

건명(件名)	독도(죽도)에 관한 조사의 건 (独島(竹島)에 関한 調査의 件) 대 4284년 8월 31일(對 四二八四年 八月 三十一日) 무전통첩(無電通牒)

내무부장관(內務部長官) 앞	도지사(道知事) 명(名)

수제(首題)의 건(件)에 관(関)한 본도(本道) 기조사(既調査)

자료(資料) 및 문헌(文獻)을 좌기(左記)와 여(如)히 제출(提出)함이다.

기(記)

一. 독도(죽도) 관계조서(獨島(竹島) 関係調書)

　　별지(別紙) (一)

二. 독도(죽도) 미공군 폭격사건 관계 조서

　　(獨島(竹島) 美空軍 爆擊事件 關係調書)

　　별지(別紙) (二)

三. 조선반도 극단 경위도표. 발췌 (朝鮮半島 極端 經緯度表. 拔萃)

　　(조선통계협회 발행(朝鮮統計協會 發行)「조선경제도표(朝鮮經濟圖表)」희야실편(姬野實編) 2혈(二頁) 소화 15년 12월 23일 발행(昭和 十五年 十二月 二十三日 發行)

　　별지(別紙) (三)

　　(No.3건너 뜀 - 원문 누락)

(3) 독도(죽도) (동서방 2서) (獨島(竹島) (東西方 二嶼))

　가. 위치(位置) : 2서중 동방도(二嶼中 東方島)

　　　　　　　　북위 37도14분18초(北緯 三七度 十四分十八秒)

　　　　　　　　동경 131도52분22초(東經 一三一度五二分二二秒)

　나. 거리(距離) : 자 울릉도 49리(自 鬱陵島 四九浬)

　　　　　　　　자 은기도 86리(自 隱岐島 八六浬)

　다. 주위(周圍) : 약 1리반(約 一哩半) 이라 하나 정확(正確)한 것은 실측(實測)이 없음으로 미지(未知)임.

　라. 도세(島勢)

(1) 일본해상(日本海上)의 일소군서(一小群嶼)로서 동서양대서(東西兩大嶼)

가 상대(相對)하여 해상(海上)에 조밀(稠密)하였고 그 주위(周圍)에는 다수(多數)한 소서(小嶼)와 암초(岩礁)가 기포(碁布)되어 있는대 비등서초(比等嶼礁)는 편평(扁平)한 암판(岩板)으로서 약간(若干) 수면(水面)에 노출(露出)하여 수십방(數十放)의 방석(초석)(方席(草席))을 부포(敷布)한듯하고 기간(其間)을 통류(通流)하는 청심(靑深)한 해수(海水)는 관객(觀客)으로 하여금 일층흥미(一層興味)를 껠게 한다.

양서(両嶼)는 전부(全部) 척피(瘠疲)한 독암(禿岩)으로서 해풍(海風)에 폭퇴(曝頹)되여 일주(一株)의 수목(樹木)도 무(無)하고 동남방(東南方)에 있어서 겨우 야생초(野生草)가 유(有)할뿐이요 또 도안(島岸)은 단애절벽(斷崖絶壁)으로서 연질(軟質)의 석층(石層)으로 되여 형형색색(形々色々)의 암석(岩石)과 기관(奇觀)의 동굴(洞窟)이 많어 문자(文字)와 갇히 선경(仙境)을 이루었으나 도상(島上)에는 도저(到底)히 반상(攀上)하기 불능(不能)함

도상(島上)에는 평지(平地)가 무(無)하고 다만 2도간(二島間)의 양측(両側)에 협애(狹隘)하나 또 담(担) 녹지(碌地) 23간(二三間)의 통구(筒邱)가 있으나 차역해만(此亦海灣)의 침습(侵襲)을 불면(不免)함

마. 기사(記事)

(1) 이상(以上)과 같은 도세(島勢)임으로 농지(農地)는 물론(勿論) 주거지(住居地)와 음료수(飮料水, (기록(記錄)에는 서방도(西方島)의 남서방(南西方) 동굴(洞窟)에 적출(摘出)하는 담수(淡水)가 유(有)하다하나 발견(發見)하기 난(難)함))가 무(無)함으로 인류(人類)의 주거(住居)에는 부적(不適)하나 좌기제점(左記諸点)으로 보아 아국(我國)으로서 상당(相當)히 중요(重要)한 지대(地帶)임으로 확인(確認)함

(A) 국방상(國防上) : 울릉도(鬱陵島)가 국방상(國防上) 중요(重要)한 것만큼 본도(本島)를 아국(我國)에서 영유(領有)한다면 차지대(此地帶)가 국경선(國境線)

이 될 뿐 불시(不啻)라「맥가―드라인」도 이로부터 연장(延長)되어 영해권(領海權)이 확장(擴張) 되는 동시(同時)에 해안어업구역(海岸漁業區域)이 확대(擴大)됨.

　(B) 어업상(漁業上) : 본도 근해(本島近海)에는 해구(海狗), 렵호(獵虎), 복(鰒), 곽감(藿甘), 오적(烏賊), 기타(其他) 패류(貝類) 등(等) 해산동식물(海山動植物)이 무진장(無盡藏)으로 서식번성(棲息繁盛)함으로 본도(本島)를 어업근거지(漁業根據地)를 삼는다면 우수(優秀)한 어장(漁場)이 될 것이나 이를 어장화(漁場化) 시키는(식ㅎ이는) 대는 동서양도간(東西兩島間)에 간이(簡易)한 축항(방파제)(築港(防波堤))라 동방도서편중복(東方島西便中腹)에 수간(數間)의 가옥((家屋), 어기(漁期)에만 이용(利用)) 설비(設備)가 필요(必要)함.

　(2) 본도(本島)가 조선영유(朝鮮領有)로 인정(認定)할만한 사실(事實)
　(A) 융희 2년 12월 25일 발행(隆熙 二年 十二月 二十五日 發行),
　　　농상공부수산국저작(農商工部水産局著作)「한국수산지(韓國水産誌)」
　　　제1집 자 110혈(第一輯 自 ――〇頁)
　　　　지 111혈(至 ―――頁)에 기록(記錄)되여 있음
　　　(본(本) 수산지(水産誌)에는 한국소속도서(韓國所屬島嶼)만 기록(記錄)되어 있음)
　(B) 소화 8년간(昭和 八年刊) 일본해군성편찬(日本海軍省編纂)
　　　「조선연안　수로지(朝鮮沿岸水路誌)」
　　　제3편(第三編)에 독도(죽도)(獨島(竹島))에는 울릉도민(盈陵島民)이 다수(多數) 출어(出漁)하였다는 사실(事實)이 유(有)함.
　　　(울릉도(鬱陵島)와 인연(因緣)이 깊우다는 것을 입증(立證))
　(C) 조류관계(潮流関係)로 울릉도(盈陵島)에서 표류조난당(漂流遭難當)한 사람은 항상(恒常) 본도(本島)에서 표착구조당(漂着救助當)하는 사실(事實)로 보아 울릉도민(盈陵島民)이 자조 왕래(往來)하였고 인연(因緣)이 깊었음.

(D) 고로(古老)에 언(言)을 들어도 독도(獨島)는 울릉도독도(鬱陵島獨島)라는 것을 자조(自助) 시전(時傳)해 왔다 함.

(E) 거리(距離)로 보아 울릉도(盂陵島)−獨島(49리(四九浬)) 독도(獨島)−은기도(隱岐島)86리(八六浬) 간(間)은 1대2(一対二)로 울릉도(盂陵島)에 접근(接近)하였음.

(3) 동방도서편중복(東方島西便中腹)에 좌(左)와 여(如)한 표목(標目)을 건립(建立)하였음

「조선 경상북도 울릉도 남면 독도(朝鮮 慶尙北道 鬱陵島 南面 獨島)」

(4) 기타 첨부서류 참조(其他 添付書類 參照)

독도해역 개괄도

동해안에서 울릉도-독도간 거리

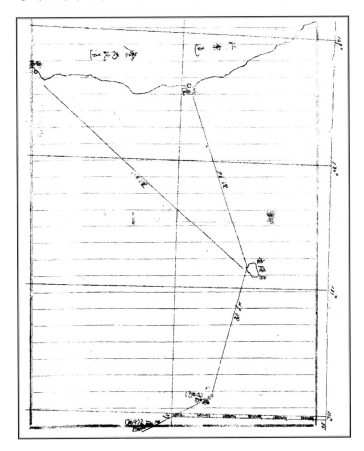

경북지 제   호 (慶北地 第   號)

서기 1947년 6월 17일 (西紀 一九四七年 六月 十七日)

경상북도지사(慶尙北道知事)

민정장관(民政長官)   귀하(貴下)

울릉도 소속 독도영유확인의 건
(鬱陵島 所屬 獨島領有確認 의 件)

관하(管下) 울릉도동방해상(鬱陵島東方海上) 49리(四九浬)에 독도(獨島)라
는 좌우양서(左右両嶼)로 구성(構成)된 무인도(無人島)가 있는대 좌도(左島)는
주위(周圍) 1리반(一浬半), 우도(右島)는 주위(周圍) 반리(半浬)에 불과(不過)
한 고(故)로 원래(元來) 지도(地圖)에 표시(表示)되지 아니하였으나 본도(本島)
는 일본(日本) 도근현(島根縣) 은기도(隱岐島)보다는 울릉도(鬱陵島)에 접근(接
近)되어 있는 고(故)로 한국말(韓國末)에도 이를 아국영토(我國領土)로 확인(確
認)하고 일본(日本)의 침략(侵畧)을 우려(憂慮)하여 당시(當時) 울릉도(鬱陵島)
군수(郡守)로부터 상부(上部)에 대(對)하여 별지(別紙)와 여(如)히 보고(報告)한
기억(記憶)도 있아오니 우기(右記) 보고서(報告書) 및(及) 첨부약도(添付略圖)
를 첨부(添付)하시와 적당(適當)한 수속(手續)으로 본도(本島)가 조선(朝鮮)의
영유(領有)임을 확인(確認)공포(公布)하여 주시압기 자이(玆以) 보고(報告)함.

보고서(報告書)

본군소속(本郡所屬) 독도(獨島)가 재어본군외양백여리(在於本郡外洋百余里) 허(許)이옵더니 본월(本月) 초4일(初四日) 진시(辰時) 량(量)에 윤선(輪船) 일척(一隻)이 내박(來泊) 우(于) 군내도동포이(郡內道洞浦而) 일본관인(日本官人) 일행(一行)이 도우(到于) 관사(官舍)하야 자운(自云) 독도(獨島)가 금위(今爲) 일본영지(日本領地) 고(故)로 시찰(視察) 차(次) 내도(來島)이다. 이몬바 기(其) 일행즉(一行則) 일본(日本) 도근현(島根縣) 은기도사(隱岐島司) 동문보(東文輔) 및(及) 사무관(事務官) 신서유태랑(神西由太郎), 세무감독국장(稅務監督局長) 길전평오(吉田平吾), 분서장(分署長) 경부(警部) 영산암팔랑(影山岩八郎), 순사(巡査) 일인(一人), 회의원(會議員) 일인(一人), 의사(医師) 기수(技手) 각(各) 일인(一人), 기외(其外) 수원(隨員) 십여인(十余人)이 선문호총인구토지생산(先間戶摠人口土地生産) 다소(多少)하고 차문인원(次間人員) 및(及) 경비기허(經費幾許) 제반사무(諸般事務)를 이(以) 조사양(調査樣)으로 록거(錄去)이 압기 자(玆)에 보고(報告)하오니 조량(照亮)하심을 복망(伏望).

광무 십년 병오 음 3월 5일. (光武 拾年 丙午 陰 三月 五日)
도장(島長)   심모(沈某)

울릉도-독도 위치 및 거리

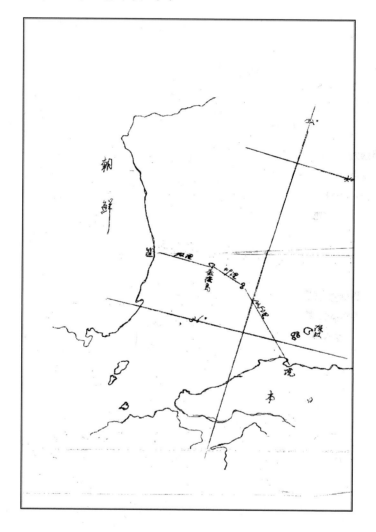

○ 단기 4281년 6월 8일 (檀紀 四二八一年 六月 八日)

미군 비행기 독도 폭격(오인) 사건경위
(美軍 飛行機 獨島 爆擊(誤認) 事件經緯)

1. 경위(一. 經緯)

울릉도인(杰陵島人) 윤영도(尹永道) 이하(以下) 22명(二十二名) 강원도(江原道) 묵호인(墨湖人) 옥만룡(玉萬龍) 이하(以下) 12명(十二名) 죽변인(竹邊人) 이도순(李道順) 이하(以下) 18명(十八名) 평해(平海) 원포리인(浦里人) 김동술(金東述) 이하(以下) 7명(七名) 합계(合計) 59명(五十九名)이 태영환(泰榮丸) 이하(以下) 기선(機船) 7척(七隻)과 범선(帆船) 11척(十一隻)에 분승(分乘)하고 근거지(根據地) 울릉도(杰陵島)를 출범(出帆)하여 독도(獨島)에서 화포(和布)를 채취 중(採取 中) 6월 8일 오전 11시 40분(六月八日 午前 十一時 四十分) 미군 비행기(美軍 飛行機) 14대(十四台)의 연습폭격(演習爆擊)으로

    행방불명(行方不明)　　14명(十四名)
    중경상자(重輕傷者)　　　6명(六名)
    선박대파(船舶大破)　　4척(四隻)의 피해(被害)를 입었음.

2. 경과(二. 經過)
1. 미군측 배상(美軍側 賠償)

6월 16일(六月 十六日) 미군 장교(美軍將校) 수명(數名)이 울릉도(杰陵島)에 출장(出張)하여 행정관(行政官) 및(及) 유지(有志) 조난자(遭難者) 유가족(遺家族) 중상자(重傷者) 가족(家族) 등(等)을 찾어 배상금조(賠償金條)로 2,125,520엔(二,一二五,五二〇円)을 지급(支給)

2. 4282년 6월 8일(四二八二年 六月 八日) 독도(獨島)에서 위령제(慰靈祭)를 거행(擧行)하고 위령비(慰靈碑)를 건립(建立)하였음.

이상(以上) 참고원부(參考原簿)는 해군본부(海軍本部) 및 수산시험장(水産試驗場)에 보관(保管)되어 있을 것임.

경위보고(經緯報告)

1. 독도의 위치와 형태(一. 獨島의 位置와 形態)

독도(獨島)는 울릉도(菀陵島) 남동(南東 (S.E)) 약(約) 61리(浬) 지점(地r)에 있는 대소(大小) 두섬과 약간(若干)의 암초(岩礁)로 형성(形成)된 단애절벽(斷崖絕壁)이 흘립(屹立)한 무인도(無人島)입니다. 이섬은 수림(樹林)이 없고 다만 잡초(雜草)가 번성(繁盛)할 다름이며 음료수(飲料水)가 전무(全無)한 까닭으로 인류(人類)의 주거(住居)에는 부적당(不適當)합니다. 그러나 그 주위(周圍)와 암초(岩礁)에는 어족(魚族)의 유회(遊廻)와 해구(海狗)의 서식(棲息)과 화포번식(和布繁殖)이 풍부(豐富)함으로 이것을 어로채취(漁撈採取)할 목적(目的)으로 하기(夏期)에는 어선(漁船)의 내왕(來往)이 빈번(頻繁)하고 평소(平素)에는 난파선(難破船)의 표기처(漂寄處)로 됩니다.

2. 독도영유문제(二. 獨島領有問題)

독도(獨島)는 지리적(地理的)으로 토지(土地) 및(及) 식물(植物)이 울릉도(菀陵島)와 합치(合致)하며 역사적(歷史的)으로 한일합병전(韓日合倂前)까지 한국영토(韓國領土)로서 어획(漁獲)을 독점(獨占)하였음은 한국수산지(韓國水産誌)에 명확(明確)한 증명(證明)이 있고 울릉도(菀陵島)에 거주(居住)하는 90세(九十歲) 노옹(老翁) 홍재현씨(洪在現氏)의 진술(陳述)한바에 의(依)하면 70년간(七十年間) 울릉도(菀陵島) 생활(生活)을 통(通)하여 화포채취(和布採取)의 사실(事實)과 광무(光武)10년(十年)에 일본(日本) 은기도사(隱岐島司) 일행(一行) 10여명(十余名)이 울릉도(菀陵島)에 내항(來航)하여 독도(獨島)가 자국영토(自國領土)임을 주장(主張)함으로 당시(當時) 향장(鄕長) 전재항(田在恒) 외(外) 다수(多數) 부로(父老)가 그 비(非)를 지적(指摘)하고 즉시(卽時) 정부(政府)에 보고(報告)한 사실(事實) 등(等) 고래(古來)로부터 양국(両國)의 사이에 사소(些少)한 시비(是非)가 있었으나 한일합병후(韓日合倂後)에는 독도소속문제(獨島所屬問題)는 논의(論議)의 필요(必要)가 없게 되어 있었든 것입니다.

그러나 해방후(解放後) 울릉도민(菀陵島民)은 본도(本島)의 소속(所屬)이 불분명(不分明)함으로서 어획상(漁獲上) 주저(躊躇)함이 있음으로 당시(當時) 도사(島司)는 본도(本島) 영유권확인(領有権確認)을 정부(政府)에 신청(申請)하여 서기(西紀) 1946년 6월 22일자(一九四六年六月二十二日字)로 연합국최고지휘관(聯合國最高指揮官) 800,217 각서(八〇〇,二一七覺書) 일본제국정부(日本帝國政府) 경유(經由) 과도정부(過渡政府) 동경중앙연락청(東京中央連絡廳)에 송달(送達)된 『일본인(日本人)의 포어(捕魚) 및(及) 포경어업(捕鯨漁業) 조업(操業)에 관(關)한 승인(承認)된 구역(區域)』나 항(項)에 기재(記載)된 『일본인(日本人)의 선박(船舶) 및(及) 인원(人員)은 금후(今後) 죽도(독도)(竹島(獨島))까지 12미터(米)이상(以上) 접근(接近)하지 못하며 또(又)는 동도(同島)에는 여하(如何)한 접촉(接觸)도 못한다』라는 적확(的確)한 명문(明文)이 공표(公表)되어 아국영토(我國領土)임이 천명(闡明)되었으나 근년(近年)까지 일본(日本) 은기도(隱岐島) 모(某) 개인(個人)이 자기소유(自己所有)라고 주장(主張)한다는 말이 있음으로 차제(此際) 재천명(再闡明)하여 아국(我國) 어부(漁夫)가 안심(安心)하고 출어(出漁)하도록 할 필요(必要)가 있는 것입니다.

3. 독도사건 발생개황(三. 獨島事件發生槪況)

단기 4281년 6월 8일((檀紀 四二八一年 六月 八日) 울릉도인(盎陵島人) 윤
영도(尹永道) 이하(以下) 22명(二十二名) 강원도(江原道) 묵호인(墨湖人) 옥만
룡(玉萬龍) 이하(以下) 12명(十二名) 강원도(江原道) 죽변인(竹邊人) 이도순(李
道順) 이하(以下) 18명(十八名) 강원도(江原道) 평해(平海) 원포리인(原浦里人)
김동술(金東述) 이하(以下) 7명(七名) 합계(合計) 59명(五十九名)은 태영환(泰
榮丸) 이하(以下) 기선(機船) 7척(七隻)과 범선(帆船) 11척(十一隻)에 분승(分
乘)하고 근거지(根據地) 울릉도(盎陵島)를 출범(出帆)하여 풍어기(豊漁期)의 화
포(和布)를 채취(和布採取)코저 독도(獨島)에 출어(出漁)하였습니다. 동일(同
日)은 서남풍(西南風)이 강(强)하게 불었음으로 대개(大槪)가 북측(北側)에 섬
거늘에서 선박(船舶)을 거안(距岸) 300미내(米內)에 정박(碇泊)하고 어부(漁夫)
일부(一部)는 상륙(上陸)하여 채취(採取)한 화포(和布)의 건조작업(乾操作業)
에 종사(從事)하고 혹(或)은 채취(採取)에 종사(從事)하고 있든 중(中) 오전 11
시 40분경(午前 十一時 四十分頃) 남동방면(南東方面)으로부터 비행기(飛行機)
의 폭음(爆音)이 들니었으나 섬의 그늘이 되여 있고 파도(波濤)소리가 심(甚)한
탓으로 폭음(爆音)을 못들은 자(者)도 많었으며 또 폭음(爆音)을 들언 자(者)는
우리를 도우는 미군(美軍)의 비행기(飛行機)거니 하야 경계(警戒)보담, 도리혀
기쁜 마음으로 작업(作業)을 계속(繼續)하고 있었다고 합니다. 생존자(生存者)
의 말에 의(依)하면 비행기(飛行機) 14기(十四機)가 주(主)로 선박(船舶)이 많
은 북측(北側)에 투탄(投彈)을 시작(始作)하고 약(約) 2~30분간(二三丸分間)에
일단(一旦)하여 기관총(機關銃) 소사(掃射)를 가(加)한 후(後) 당초(當初) 출현
방향(出現方向)으로 퇴거(退去)하였다고 합니다. 극도(極度)의 위험(危險)과 공
포(恐怖)에 휩쓸려서 어민(漁民)들은 우왕좌왕(右往左往) 대피(待避)할 장소(場
所)를 찾다가 독도(獨島)에서 원거리(遠距離)에 있든 선박(船舶) 외(外)에는 거
의 다 사격대상(射擊對象)이 되여 침몰대파(沈沒大破) 하고 두섬 일대(一帶)는

피비린내 나는 생지옥(生地獄)을 이루웠다고 합니다. 폭격(爆擊)이 끝난 후(後)
생존자(生存者)들은 사후(事後) 수습(收拾)에 전력(全力)을 다하였다고 하나 행
방불명(行方不明) 14명(十四名) 선박대파(船舶大破) 4척(四隻)을 확인(確認)하
고 중경상자(重輕傷者) 6명(六名)을 구조(救助)하여 간신(艱辛)히 울릉도(菀陵
島)까지 회항(回航)하였든 것임니다

  생환자(生還者)는 울릉도민(菀陵島民) 윤영도(尹永道) 이하(以下) 45명
(四十五名)이고 행방불명자(行方不明者)는 묵호(墨湖) 김중선(金仲善), 울릉도
(菀陵島) 최덕식(崔德植), 김태현(金泰絃), 고원호(高元鎬), 김해도(金海道), 김
해술(金海述), 채일수(蔡一洙), 원포리(原浦里) 김동술(金東述), 죽변(竹辺) 권
천이(權千伊), 김경화(金慶化), 이천식(李千植) 외(外)에 성명미상(姓名未詳) 3
명(三名) 합계(合計) 14명(一四名)이며 기후(其後) 3차(三次)의 구호선(救護
船) 파견시(派遣時)에 발견(發見)된 시체(屍體)는 김중선(金仲善), 최덕식(崔
德植), 성명미상(姓名未詳) 1명(一名) 합계(合計) 3명(三名)뿐이며 중상자(重傷
者)는 울릉도(菀陵島) 장학상(張鶴祥), 이상주(李相周), 죽변(竹辺) 권진문(權
進文), 등(等) 3명(三名)이고 기후(其後) 3명(三名)의 경상자(輕傷者)가 있었으
며 침몰선박(沈沒船舶)은 기선(機船) 태영환(泰榮丸), 도하환(稲荷丸), 경양환
(慶洋丸), 제오행환(第五幸丸) 등(等) 4척(四隻)으로서 손해(損害) 약(約) 94만
엔(九十四万円)에 달(達)했다고 합니다.

4. 구호개황(四. 救護槪況)

1. 제1차 구호(第一次 救護)
  6월 9일(六月九日) 기선(機船) 2척(二隻)에 경찰관(警察官) 2명(二名) 선원
(船員) 19명(十九名)이 분승(分乘)하고 출범(出帆) 수색(捜索)하였으나 시신(屍
身) 2체(二体)를 발견(發見)할 뿐이고

2. 제2차 구호(第二次 救護)

6월 10일(六月十日) 다시 기선(機船) 2척(二隻)을 동원(動員)하여 농무(濃霧)를 무릅쓰고 종일(終日) 탐색(探索)하였으나 아무 소득(所得)없이 공환(空還)하였다고 합니다.

3. 제3차 구호(第三次 救護)

6월 14일(六月十四日) 본(本) 사건(事件)이 도(道)에 보고(報告)되자 그 진상(眞狀)을 조사(調査)코자 본도(本道) 수산과(水産課) 기사(技士) 문영국(文英國), 미인(美人) CIC, 해안(海岸) 경비대원(警備隊員) 6명(六名)이 본도(本道) 소유(所有) 경비선(警備船) 계림환(鷄林丸)으로 울릉도(盓陵島)에 출장(出張)하여 익(翌) 16일 울릉도(盓陵島) 구조(救助) 수부(水夫) 11명(十一名)과 묵호(墨湖) 어부(漁夫) 7명(七名), 원포리(原浦里) 어부(漁夫) 2명(二名) 합계(合計) 28명(二十八名)이 수척(數隻)의 기선(機船)을 동원(動員)하여 독도(獨島) 일대(一帶)를 대수색(大搜索) 하는 일방(一方) 실지(實地) 조사(調査)를 하였으나 시신(屍身) 1체(一体)를 발견(發見)하였을 뿐이였고 반침(半沈) 선박(船舶)을 기후(其後) 재차(再次)의 폭격연습(爆擊演習)이 있었는지 생환자(生還者)의 안목(眼目)에는 사건(事件) 당시(當時) 보담, 더욱 심(甚)한 파괴(破壞)를 당(當)했드라고 합니다.

이상(以上) 3차(次)의 구호(救護) 2작(二作)도 남은 11명(十一名)의 행방(行方)을 찾을길없이 50여만엔(五十余万円)의 비용(費用)만 허비(虛費)하는 결과(結果)를 내어 울릉도민(盓陵島民) 전체(全體)의 눈물겨운 노력(努力)도 도로(徒勞)에 귀(歸)하고 무거운 애수(哀愁)가 동해(東海)에 표불(漂拂)했든 것입니다.

5. 배상 및 유족 원호개황 (五. 賠償 及 遺族 援護概況)

1. 미군의 진사(美軍의 陳謝)

6월 16일(六月十六日) 미군(美軍) 장교(將校) 수명(數名)이 울릉도(盓陵島)

에 출장(出張)하여 행정관(行政官) 및(及) 유지(有志) 조난자(遭難者) 유가족(遺家族), 중상자(重傷者)가족(假足) 등(等)을 찾아 심심(深甚)한 사과(謝過)의 뜻을 표(表)하고 배상금(賠償金)으로 2,125,520엔(二,一二五,五二〇円)을 지급(支給)하고 도라갔다 합니다.

2. 구호금 모집(救護金 募集).

서울 수산경제신문사(水産經濟新聞社), 부산(釜山) 산업신문사(産業新聞社), 대구(大邱) 남선경제신문사(南鮮經濟新聞社)에서는 상호(相互) 호응(呼應)하여 국내(國內) 동포(同胞)에게 진상(眞狀)을 알니고 유가족(遺家族) 원호(援護) 기금(基金)을 모집(募集)하는 일방(一方) 도내(道內) 수산(水産)단체(團體) 공무원(公務員) 등(等)이 궐기(蹶起)하여 총액(總額) 649,269원(円) 80전(錢)을 모집(募集) 반급(頒給)하였든 것입니다.

6. 위령제 거행 (六. 慰靈祭 擧行)

금년 7월 27일(今年 七月二七日) 경북 어업조합 연합회(慶北 漁業組合 聯合會) 주최(主催)로 조난(遭難) 어민(漁民) 위령제(慰靈祭)를 독도(獨島)에서 거행(擧行)코저 하였으나 마츰 일기(日氣)가 불순(不順)하여 출범(出帆)치 못하고 울릉도 어업조합(盂陵島 漁業組合)에서 관민(官民) 다수(多數) 참석하(參席下)에 성대(盛大)히 거행(擧行)하였다고 합니다.

7. 금회 위령비 건립 취의(七. 今回 慰靈碑 建立 趣意)

독도(獨島) 조난(遭難) 어민(漁民)의 억울(抑鬱)한 처지(處地)를 회상(回想)할 때에 횡액(橫厄)에 훌륭한 산업용사(産業用士)를 일코 그 영령(英靈)을 현지(現地)에서 위로(慰勞)하여 수부(水府)의 원굴(冤屈) 을 파여주는 일방(一方) 독도(獨島)가 아국(我國) 영토(領土)임을 정당(正當)히 재천명(再闡明)하여 어업상

(漁業上) 및 군사상(軍事上) 기초(基礎)를 공고(鞏固)히 하여두고 또 차(此)를 공보처(公報處) 및 미국(美國) 공보원(公報院)의 영사기(映寫機)로 촬영(撮影)케하여 영유(領有) 문제(問題)를 국제적(國際的), 국내적(國內的)으로 광범(廣汎)히 소개(紹介)하기 위(爲)하여 사건발생(事件發生) 2주년(二週年)을 기(期)하여 중앙(中央), 지방(地方) 요로귀빈(要路貴賓)과 유가족(遺家族) 기타(其他) 관계관민(關係官民)을 매시고 본도(本道) 조재천(曺在千) 지사(知事)의 정성(精誠)껏 친필(親筆)로 쓴 독도(獨島) 조난어민(遭難漁民) 위령비(慰靈碑)를 영건(營建)하고 이재 제막식(除幕式)과 위령제(慰靈祭)를 거행(擧行)하게 되었읍니다.

이상(以上)

전면(前面)

독도 조난어민 위령비(獨島遭難漁民慰靈碑)

좌측면(左側面)　　대한민국 경상북도지사 조재천 제
　　　　　　　　(大韓民國 慶尙北道知事 曺在千 題)
우측면(右側面)　　단기 4283년 6월 8일 건
　　　　　　　　(檀紀 四二八三年 六月 八日 建)

후면(後面)
단기 4281년 6월 1일(檀紀 四二八一年 六月 一日)이 독도(獨島)에 출어중(出漁中)이든 어민(漁民) 59명(五十九名)이 18척(十八隻)의 어선(漁船)에 분승(分乘) 조업(操業) 중(中) 미군(美軍) 연습기(演習機)의 오인(誤認) 폭격(爆擊)을 받어 사망(死亡) 및 행방불명(行方不明) 14명(十四名) 중경상(重輕傷) 6명(六名) 선박파괴(船舶破壞) 4척(四隻)의 일대(一大) 춘사(椿事)가 발생(發生)하였다.

경도(鯨濤) 풍랑(風浪)에도 석굴(石屈)하는 조국(祖國) 재건(再建)의 해양(海洋) 용사(勇士)들에게 이 무슨 원억(冤柳)한 횡액(橫厄)이냐 일즉, 미군(美軍)의 진사(陳謝)와 사회적(社會的) 동정(同情)이 답지(遝至)하여 수중(水中) 원혼(怨魂)과 자(子) 유가족(遺家族)의 위무(慰撫) 구호(救護)에 성의(誠意)를 바친바 있었으나 다한(多恨) 애정(哀情)의 일단(一端)을 펴고자 사건발생(事件發生) 2주년(週年)을 기(期)하여 단갈(短碣)을 이룩하고 삼가 조난(遭難)어민(漁民)제위(諸位)의 명복(冥福)을 비노라.

조선반도 극단 경위도(朝鮮半島 極端 經緯度)

위령비 그림

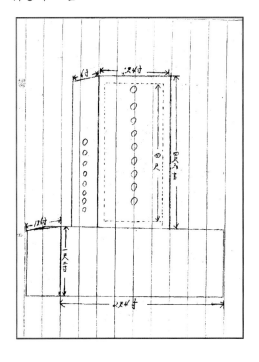

경찰무선전보(警察無線電報)

방위(方位)		지명 (地名)	동경 (東經)	방위(方位)		지위 (地位)	북위 (北緯)
도서를 포함하는 것 (島嶼を含むもの)	극동 (極東)	경상북도 울릉도 부도 (慶尙北道 盎陵島 付島)	130도(度), 5분(分), 2.7초(秒)	도서를 포함하는 것 (島嶼を含むもの)	극남 (極南)	전라남도 제주도 대정면 마라도 (全羅南道 濟州道 大静面 馬羅島)	38도(度) 6분(分) 40초(秒)
	극서 (極西)	평안북도 용천군 신도면 마안도 (平安北道 龍川郡 薪島面 馬鞍島)	124, 11, 00		극북 (極北)	함경북도 온성군 미포면 (咸鏡北道 穩城郡 美浦面)	43, 0, 36
도서를 포함하지 않는 것 (島嶼を含まざるもの)	극동 (極東)	함경북도 경흥군 노서면 (咸鏡北道 慶興郡 蘆西面)	130, 41, 22	도서를 포함하지 않는 것 (島嶼を含まざるもの)	극남 (極南)	전라남도 해남군 송지면 (全羅南道 海南郡 松旨面)	34, 17, 16
	극서 (極西)	평안북도 용천군 용천면 (平安北道 竜川郡 龍川面)	124, 18, 35		극북 (極北)	함경북도 온성군 미포면 (咸鏡北道 穩城郡 美浦面)	43, 0, 36

번호(番號) 59		종류(種類)		
발신국(發信局)		착신국(着信局)		
※ 자 수(字 數) 244 ※ 일 자(日 字) 8월(月) 31일(日) 1000시간(時間)				

경북도지사(慶尙北道知事)   ○ 귀하(貴下)

독도(죽도)에 관(關)한 조사(調査)의 건(件)

대일(對日) 강화조약(講和條約) 제(第) 2차(二次) 초안(草案)에 대(對)한 아국(我國) 정부 (政府)의 의견서(意見書)에 귀도(貴道) 관하(管下) 울릉군(蔚陵郡) 근변(近辺)에 소재(所在)한 독도(죽도)를 아국(我國)영토(領土)로 해야한다는 것을 주장(主張)하였든바 일본(日本) 당국(當局)에서는 동도(同島)를 일본(日本)도 (시마네켄)에서 독자적으로 이를 자기(自己) 관하(管下)에 편입(編入)시켰든 것이라고 전문(傳聞)되오니 이에 대(對)한 확실(確實)한 증거(證據)와 독도(독島)가 아국영토(我國領土)임을 확인(確認)될 만한 점(点點)을 시급(時急) 조사(調査)하여 오는 9월(月) 2일(日)까지 기일(期日) 엄수(嚴守)하여 보고 하시앞

추면(追面)

6.25 사변(事變) 전(前)에 미공군(美空軍) 편대(偏隊)가 동도(同島)를 폭격(爆擊)한 관계 (關係)로 인(因)하여 한국(韓國) 어선(漁船)이 다수(多數) 침몰당(沈沒当)하게 피해(被害) 사망자(死亡者) 위령제(慰靈祭)가 독도(독島)에서 거행(擧行)하고 또 동도(同島)에다 귀도(貴道)(조재천(曺在千) 지사(知事) 당시(當時)에서) 위령비(違令碑)를 건립하였다는 사실(事實)도 상세(詳細)히 조사(調査)하여 보고(報告)하시앞

내무부장관(內務部長官)

※의뢰자(依賴者) 계(係) 인(印) ※전화(電話)				
승인자(承認者) 통신과장(通信課長) 계장(係長) 주임(主任) 274 재(在) 계(係)				
송신일시(送信日時) 일(日) 시(時) 수신일시(受信日時) 31일(日) 16시(時) 60				
통신사(通信士) 000147 이상(以上) 전문(電文)을 접수(接受)함 성명(姓名) ㊞ 000148				

주의(注意) 의탁자(依託者)는 ※표(表)만 기입(記入)하고 2통(通) 제출(提出)하시앞

이 영구보존 문서는 마이크로필름으로 촬영하였음

1974. 6. 25

장부기록 보존소장

4. 독도연해어선조난사건 전말보고의 건

경북지 제 273 호 (慶北地第 二七三 號)			결재 4285년 9월 23일 (決裁 四二八五年 九月 二三日)	시행 85년 9월 24일 (施行 八五年 九月 二十四日)
년 월 일 접수 (年 月 日 接受)	정서 (淨書)	교합 (校合)	발송 (發送)	발송상(發送上)의 주의(注意)
4285년9월20일 기안 (四二八五年九月二0日 起案)	주	■ ■ 印		

<table>
<tr><td colspan="5" align="center">지사(知事)　印
산업국장(産業局長)　印
수산과장(水産課長)　印
과원(課員)　印
기안자(起案者)　印</td></tr>
</table>

건명(件名)	독도연해어선조난사건(獨島沿海漁船遭難事件), 전말보고 (顚末報告)의 건(件) 외정 제 1318호　　　　　4285. 9. 5일자 (外情 第 一三一八号)　　(四二八五. 九. 五日字)

외무부장관(外務部長官)	지사(知事)　　　　명(名)

수제(首題)의 사건(事件), 전말(顚末)에 간(干)한 총괄적(總括的) 자료(사본)

(資料(寫本)을 별지(別紙)와 여(如)히 제출(提出)하나이다

【경상북도】

경위 보고(經緯 報告)

一. 독도의 위치와 형태(獨島의 位置와 形態)

독도(獨島)는 울릉도(蔚陵島) 남동(南東 (SE)) 약(約) 61리(六十一浬) 지점(地點)에 있는 대소(大小) 두섬과 약간(若干)의 암초(岩礁)로 형성(形成)된 단애절벽(斷崖絶壁)이 흘립(屹立)한 무인도(無人島)입니다. 이 섬은 수림(樹林)이 없고 다만 잡초(雜草)가 번무(繁茂)할 다름이며 음료수(飮料水)가 전무(全無)한 까닭으로 인류(人類)의 주거(住居)에는 부적당(不適當)합니다. 그러나 그 주위(周圍)와 암초(岩礁)에는 어족(魚族)의 회유(廻遊)와 해구(海狗)의 서식(棲息)과 화포(和布) 번식(繁殖)이 풍부(豊富)함으로 이것을 어로(漁撈) 채취(採取)할 목적(目的)으로 하계(夏季)에는 어선(漁船)의 내왕(來往)이 빈번(頻繁)하고, 평소(平素)에는 난파선(難破船)의 표기처(漂寄處)로 됩니다.

二. 독도 영유문제(獨島 領有問題)

독도(獨島)는 지리적(地理的)으로 토질(土質) 및(及) 식물(植物)이 울릉도(蔚陵島)와 합치(合致)하며 역사적(歷史的)으로 한일합병(韓日合倂) 전(前)까지 한국(韓國) 영토(領土)로서 어획(漁獲)을 독점(獨点)하였음는 한국수산지(韓國水産誌)에 명확(明確)한 증명(證明)이 있고, 울릉도(鬱陵島)에 거주(居住)하는 90세(九十歲) 노옹(老翁) 홍재현(洪在現) 씨(氏)의 진술(陳述)한바에 의(依)하면 70년간(七十年間) 울릉도(蔚陵島) 생활(生活)를 통(通)하여 빈번(頻繁)한 화포(和布) 채취(採取)의 사실(事實)과 광무10년(光武十年)에 일본(日本) 은기도사(隱岐島司) 일행(一行) 10여명(十余名)이 울릉도(蔚陵島)에 내항(來航)하여 독도(獨島)가 자국(自國) 영토(領土)임을 주장(主張)함으로 당시(當時) 향장(鄕長) 전재항(田在恒) 외(外) 다수(多數) 부로(父老)가 그 비(非)를 지적(指摘)하고 즉시(卽時) 정부(政府)에 보고(報告)한 사실(事實) 등(等) 고래(古來)로부터 양국(兩國)의 사이에 사소(些少)한 시비(是非)가 있었으나 한일합병(韓日合倂) 후

(後)에는 독도(獨島) 소속(所屬) 문제(問題)는 논의(論議)의 필요(必要)가 없이 되어있었든것입니다.

그러나 해방(解放) 후(後) 울릉도민(盅陵島民)은 본도(本島)의 소속(所屬)이 불분명(不分明)함으로서 어획상(漁獲上) 주저(躊躇)함이었음으로 당시(當時) 도사(島司)는 본도(本島) 영유(領有) 확인(確認)을 정부(政府)에 신청(申請)하여 1946년 6월 21일자(一九四六年 六月 二一日字)로 연합국 최고지휘관(聯合國 最高指揮官) 800,217 각서(八○○,二一七覺書), 일본제국정부(日本帝國政府) 경유(經由), 과도정부(過渡政府) 동경(東京)중앙연락청(中央連絡廳)에 송달(送達)된『일본인(日本人)의 포어(捕魚) 및(及) 포경어업조업(捕鯨漁業操業)에 관(關)한 승인(承認)된 구역(區域)나 항(項)에 기재(記載)된 일본인(日本人)의 선박(船舶) 및(及) 인원(人員)은 금후(今後) 죽도(독도)(竹島(獨島))까지 12미(米)이상(以上) 접근(接近)하지 못하며 우(又)는 동도(同島)에는 여하(如何)한 접촉(接觸)도 못한다.』라는 적확(的確)한 명문(明文)이 공표(公表)되어 아국영토(我國領土)임이 천명(闡明)되었으나 근년(近年)까지 일본(日本) 은기도(隱岐島) 모(某) 개인(個人)이 자기(自己) 소유(所有)라고 주장(主張)한다는 말이 있음으로 차제(此際) 재천명(再闡明)하여 아국(我國) 어부(漁夫)가 안심(安心)하고 출어(出漁)하도록 할 필요(必要)가 있는 것입니다.

三. 독도사건 발생개황(獨島事件 發生概況)

단기 4281년6월8일(檀紀 四二八一年 六月 八日)

울릉도인 윤영도 이하 22명(盅陵島人 尹永道 以下 二十二名)

강원도 묵호인 옥만룡 이하 12명(江原道 墨湖人 玉萬龍 以下 十二名)

강원도 죽변인 이도순 이하 18명(江原道 竹辺人 李道順 以下 十八名)

강원도 평해 후포리인 김동술 이하 7명(江原道 平海 厚浦里人 金東述 以下 七名)

합계 59명(合計 五十九名)은

태영환(泰榮丸) 이하(以下) 기선(機船) 7척(七隻)과 범선(帆船) 11척(十一隻)에 분승(分乘)하고 근거지(根據地) 울릉도(盂陵島)를 출범(出帆)하여 풍어기(豊漁期)의 화포(和布)를 채취(採取)코저 독도(獨島)에 출어(出漁)하였습니다. 동일(同日)은 서남풍(西南風)이 강(强)하게 불었음으로, 대개(大槪)가 북측(北側)의 섬 그늘에서 선박(船舶)을 거안(距岸) 300미터내(三〇〇米內)에 정박(碇泊)하고 어부(漁夫) 일부(一部)는 상륙(上陸)하여 채취(採取)한 화포(和布)의 건조작업(乾燥作業)에 종사(從事)하고 혹(或)은 채취(採取)에 종사(從事)하고 있든 중(中) 오전 11시 40분경(午前 十一時 四十分頃) 남동방면(南東方面)으로부터 비행기(飛行機)의 폭음(爆音)이 들니여왔으나 섬의 그늘이 되여 있고 파도(波濤) 노래가 심(甚)한 탓으로 폭음(爆音)을 몰으고 있든 자(者)도 많었으며 또 폭음(爆音)을 들은 자(者)는 우리를 도우는 미군(美軍)의 비행기(飛行機)거니하야 경계(警戒)보담 도로혀 기뿐 마음으로 작업(作業)을 계속(繼續)하고 있었다고 합니다. 생존자(生存者)의 말에 의(依)하면 비행기(飛行機) 14기(十四機)가 주(主)로 선박(船舶)이 많은 북측(北側)에 투탄(投彈)을 시작(始作)하고 약(約) 2~30분간(二三十分間)에 일단(一旦)하여 기관총(機關銃) 소사(掃射)를 가(加)한 후(後) 당초(當初) 출현(出現) 방면(方面)으로 퇴거(退去)하였다고 합니다. 극도(極度)의 위험(危險)과 공포(恐怖)에 휩쓸녀서 어민(漁民)들은 우왕좌왕(右往左往) 대피(待避)할 장소(場所)를 찾다가, 독도(獨島)에서 원거리(遠距離)에 있는 선박외(船舶外)에는 거이다 사격(射擊) 대상(對象)이 되여 침몰대파(沈沒大破)하고 두섬 일대(一帶)는 피비린내나는 생지옥(生地獄)을 일우웠다고 합니다. 폭격(爆擊)이 끝난 후(後) 생존자(生存者)들은 사후(事後) 수습(收拾)에 전력(全力)을 다 하였다고 하나 행방불명(行方不明) 14명(十四名) 선박대파(船舶大破) 4척(四隻)을 확인(確認)하고 중경상자(重輕傷者) 6명(六名)만을 구조(救助)하여 간신(艱辛)히 울릉도(盂陵島)까지 회항(回航)하였든것입니다. 생환자(生還者)는 울릉도민(盂陵島民) 윤영도(尹永道) 이하(以下) 45명(四十五名)이고, 행방불명자(行方不明者)는 묵호(墨湖) 김중선(金仲善), 울릉도(盂陵島) 최덕식(崔德植), 김태현(金泰鉉), 고원호(高元鎬), 김해도(金海道), 김해술(金海述), 채일수(蔡一洙), 후포리(厚浦里) 김동술(金東述), 죽변(竹辺) 권천이(權千伊), 김경화(金慶化), 이천식(李千植) 외(外)에 성명미상(姓名未詳) 3명(三名) 합계(合計) 14명(十四名)이며 기후(其後) 3차(三次)의 구호선(救護船) 파송(派送) 시(時)에 발견(發見)된 시체(屍體)는 김중선(金仲善), 최덕식(崔德植), 성명미상(姓名未詳) 1명(一名) 합계(合計) 3명(三名)뿐이며 중상자(重傷者)는 울릉도(莞陵島) 장학상(張鶴祥), 이상주(李相周), 죽변(竹辺) 권진문(權進文) 등(等) 3명(三名)이고, 기외(其外) 3명(三名)의 경상자(輕傷者)가 있었으며 침몰(沈沒) 선박(船舶)은 기선(機船) 태영환(泰榮丸), 도하환(稲荷丸), 경양환(慶洋丸), 제오행정환(第五幸正丸) 등(等) 4척(四隻)으로서 손해액(損害額) 약(約) 94만환(九十四萬圜)에 달(達)했다고합니다.

四. 구호개황(救護槪況)

1. 제1차 구호(第一次 救護)

6월 9일(六月 九日) 기선(機船) 2척(二隻)에 경찰관(警察官) 2명(二名) 선원(船員) 19명(十九名)이 분승(分乘)하고, 출범(出帆) 수색(搜索)하였으나 시신(屍身) 2체(二体)를 발견(發見)할 뿐이고

2. 제2차 구호(第二次 救護)

6월 10일(六月 十日) 다시 기선(機船) 2척(二隻)을 동원(動員)하여 농무(濃霧)를 무릅쓰고, 종일 탐색(終日 探索)하였으나 아무 소득(所得)없이 공환(空還)하였다고 합니다.

3. 제3차 구호(第三次 救護)

6월 14일(六月 十四日) 본(本) 사건(事件)이 도(道)에 보고(報告)되자 그 진상(眞狀)을 조사(調査)코자 본도(本島) 수산과(水産課) 기사(技士) 문영국(文英國) 미인(美人) CIC 해안(海岸) 경비원(警備員) 6명(六名)이 본도(本道) 소유(所有) 경비선(警備船) 계림환(鷄林丸)으로 울릉도(莞陵島)에 출장(出張)하여 익

(翌) 16일(十六日) 울릉도(欝陵島) 구조수부(構造水夫) 11명(十一名)과 묵호(墨湖) 어부(漁夫) 7명(七名), 후포리(厚浦里) 어부(漁夫) 2명(二名), 합계(合計) 28명(名)이 수척(數隻)의 기선(機船)을 동원(動員)하여 독도(獨島) 일대(一帶)를 대수색(大搜索)하는 일방(一方) 실지(實地) 조사(調査)를 하였으나 시신(屍身) 1체(一体)를 발견(發見)하였을뿐이였고, 반침(半沈) 선박(船舶)은 기후(其後) 재차(再次)의 폭격(爆擊)연습(演習)이 있었는지 생환자(生還者)의 안목(眼目)에는 사건(事件) 당시(當時) 보담 더욱 심(甚)한 파괴(破壞)를 당(當)했드라고 합니다.

이상(以上) 3차(三次)의 구호(救護) 공작(工作)도 남은 11명(十一名)의 행방(行方)을 찾을 길 없이 50여만환(五十余萬圓)의 비용(費用)만 허비(虛費)하는 결과(結果)를 내여 울릉도민(欝陵島民) 전체(全體)의 눈물겨운 노력(努力)도 도로(徒勞)에 귀(歸)하고 무거운 애수(哀愁)가 동해(東海)에 표불(漂拂)했든 것입니다.

五. 배상 및 유족원호개황(賠償 及 遺族援護槪況)

1. 미군의 진사(美軍의 陳謝)

6월16일(六月十六日) 미군 장교(美軍將校) 수명(數名)이 울릉도(欝陵島)에 출장(出張)하여 행정관(行政官) 및(及) 유지(有志) 조난자(遭難者) 유가족(遺家族), 중상자(重傷者) 가족(家族) 등(等)을 차어 심심(深心)한 사과(謝過)의 뜻을 표(表)하고 배상금(賠償金)으로 2,125,520엔(二, 一二五, 五二〇円)을 지급(支給)하고 도라갓다합니다.

2. 구호금 모집(救護金 募集)

서울 수산경제신문사(水産經濟新聞社), 부산(釜山) 산업신문사(産業新聞社), 대구 남선경제신문사(南鮮水産經濟新聞社)에서는 상호(相互) 호응(呼應)하여 국내(國內) 동포(同胞)에게 진상(眞狀)을 알니고 유가족(遺家族) 원호(援護) 기금(基金)을 모집(募集)하는 일방(一方) 도내(道內) 수산단체(水産團體), 공무원(公務員) 등(等)이 궐기(蹶起)하여 총액(總額) 64만9천 269환 80전(總額 六拾四九阡

貳百六拾九圓八○錢)을 모집(募集) 반급(頒給)하였든 것입니다.

六. 위령제 거행(慰靈祭 擧行)

금년 7월 27일(今年 七月二七日) 경북 어업조합연합회(慶北 漁業組合 聯合會) 주최(主催)로 조난(遭難) 어민(漁民) 위령제(慰靈祭)를 독도(獨島)에서 거행(擧行)코저 하였으나 마츰 일기(日氣)가 불순(不順)하여 출범(出帆)치 못하고, 울릉도 어업조합(盍陵島漁業組合)에서 관민(官民) 다수(多數) 참석하(參席下)에 성대(盛大)히 거행(擧行)하였다고 합니다.

七. 위령비 건립(慰靈碑 建立)

독도(獨島) 조난(遭難) 어민(漁民)의 억울(抑鬱)한 처지(處地)를 회상(回想)할 때에 횡액(橫厄)에 훌용한 산업(産業) 투사(鬪士)를 일코 그 영령(英靈)을 현지(現地)에서 위로(慰勞)하여 수부(水府)의 원굴(冤屈)을 파여주는 일방(一方) 독도(獨島)가 아국(我國) 영토(領土)임을 정당(正當)히 재천명(在闡明)하여 어업상(漁業上) 및 군사상(軍事上) 기초(基礎)를 공고(鞏固)히 하여두고, 또 차(此)를 공보처(公報處) 및 미국(美國) 공보원(公報院)의 영사기(映寫機)로 촬영(撮影)하여 영유(領有) 문제(問題)를 국제적(國際的), 국내적(國內的)으로 광범(廣汎)히 소개(紹介)하기 위(爲)하여 사건(事件) 발생(發生) 2주년(二周年)을 기(期)하여 중앙지방(中央地方) 요로귀빈(要路貴賓)과 유가족(遺家族) 기타(其他) 관계관민(關係官民)을 메시고 본도(本道) 조재천(曺在千) 지사(知事)님에 정사(精謝)껏 친필(親筆)로 쓴 독도(獨島) 조난(遭難) 어민(漁民) 위령비(慰靈碑) 건립(建立)하고 위령제(慰靈祭) (4283년 6월8일(四二八三年六月八日) 독도(獨島)에서)를 거행(擧行)하였음니다.

5. 독도침해사건에 관한 건의
이송의 건(1953)

단기 4286년 1월 ~ 4286년 9월
(檀紀 自 四二八六年 一月 ~ 至 四二八六年 九月)

통 제 6호
(通 第 六號)

국회 및 국무회의 관계 서류철
(國會 및 國務會議 關係 書類綴)

국무원 사무국
(國務院 事務局)

(決裁年月日) 결재년월일	(施行年月日) 시행년월일	총 제 371호 (總 第 三七一 號)	편찬류별 (編纂類別)	류(類)	보존종별 (保存種別)	종(種)
		단기 428 년 월 일 접수 (檀紀 四二八 年 月 日接受)	관계번호 (關係番號)		총 제 호 (總 第 號)	
		단기 4286년 7월 12일 기안 (檀紀 四二八六年 七月 十二日起案)	淨寫 (정사)	대조 (對照)	기장 (記帳)	영인 (鈴印)	발송 (發送)

총무처(總務處) 4286.7.15. ㊞

대통령(大統領) ㊞

국무총리(國務總理) ㊞

총무처장(總務處長) ㊞

차장(次長) ㊞

총무과장(總務課長) ㊞

문서과장(文書課長) ㊞

건명 (件名)	독도침해사건에 관한 건의 이송의 건 **(獨島侵害事件에 關한 建議 移送의 件)**

총무처장(總務處長)

외무, 국방, 상공부장관 각하(外務, 國防, 商工部長官 閣下)

　　단기 4286년 7월 12일(檀紀 四二八六年 七月十二日) 국회(國會)에서 이송(移送)된 수제건(首題件)을 귀부(貴部)에 회부(廻付)하오니 선처(善處)하심을 경망(敬望)하나이다.

　　(제2안)　(第二案)

　　대 통 령(大 統 領)　각하(閣下)
　　국무총리(國務總理)

　　단기 4286년 7월 12일(檀紀 四二八六年 七月十二日) 국회(國會)에서 이송(移送)된 수제건(사본)(首題件(寫本))을 회람(回覽)에 공(供)하옵나이다. 건립건(建立件)은 내무(內務), 외무(外務), 국방(國防), 법무(法務), 상공부(商工部)에 회부(廻付)하엿사옵나이다.

국의 제 185 호   (國議 第 一八五 號)

단기 4286년 7월 8일   (檀紀 四二八六年 七月 八日)

　국회(민의원)   (國會(民議院))

　의장대리 조봉암(曺奉巖) ㉑㉠ (議長代理 (曺奉巖))

　대통령　이승만　귀하 (大統領 李承晚 貴下)

독도침해사건에 관한 건의 이송의 건
(獨島侵害事件에 關한 建議 移送의 件)

　대한민국(大韓民國) 영토(領土)인 독도(獨島)에 일본관헌(日本官憲)이 불법침입(不法侵入)한 사실(事實)에 대(對)하여 7월8일(七月八日) 국회(國會) 제19차(第十九次) 본회의(本會議)에서는 별지(別紙)와 여(如)히 건의(建議)키로 결의(決議)되었삽기 자(玆)에 이송(移送)하나이다.

독도침해사건에 관한 대정부건의
(獨島侵害事件에 關한 對政府建議)

【주문(主文)】

　대한민국(大韓民國) 영토(領土)인 독도(獨島)에 일본관헌(日本官憲)이 불법
침입(不法侵入)한 사실(事實)에 대(對)하여 정부(政府)는 일본정부(日本政府)에
엄중항의(嚴重抗議)할 것을 건의(建議)함

【이유(理由)】

　지난 6월27일(六月二十七日) 일본(日本) 도근현청(島根県廳), 국립경찰 도
근현 본부(國立警察 島根県 本部), 법무성(法務省) 입국관리국(入國管理局) 송
강(松江) 사무소원(事務所員) 등(等) 약30명(約三十名)이 역사상(歷史上) 대한
민국(大韓民國) 영토(領土)가 명확(明確)한 독도(獨島)에 대거(大擧) 침입(侵入)
하여 「일본영토(日本領土)」라는 표식(標識)과 아울러 「한국(韓國) 입출어(入出
漁)는 불법(不法)」이라는 경고표(警告標)를 건립(建立)하는 한편 때마침 출로
(出路) 중(中)의 한국인(韓國人) 어부(漁夫) 6명(六名)에게 퇴거(退去)를 요구
(要求)하는 불법행위(不法行爲)를 감행(敢行)하여 엄연(嚴然)한 해양주권(海洋
主權)과 대한민국(大韓民國) 국토(國土)를 침해(侵害)하는 불상사(不祥事)를 야
기(惹起)하여 한일양국(韓日兩國)의 우호적(友好的)인 국교(國交)에 일대(一大)
암영(暗影)을 던진바있다.

　그러므로 대한민국(大韓民國) 정부(政府)는 금후(今後) 한국(韓國)의 주권(主
權)을 보장(保障)할 뿐 아니라 산악회(山岳會)를 포함(包含)한 강력(強力)한 현
지조사단(現地調査團)을 독도(獨島)에 파견(派遣)함에 원조(援助)하며 한국인

(韓國人) 어민(漁民)의 출로(出撈)를 충분(充分)히 보호(保護)하고 금후(今後) 사태수습(事態收拾)에 적극적(積極的) 조치(措置)를 취(取)할 것을 요청(要請) 하여 좌기(左記)의 결의문(決議文)을 제출(提出)한다.

【결의문(決議文)】

一. 대한민국(大韓民國)의 주권(主權)과 해양(海洋) 주권선(主權線)의 침해(侵害)를 방지(防止)하기 위(爲)한 적극적(積極的)인 조치(措置)를 취(取)하여 금후(今後) 독도(獨島)에 대(對)한 한국(韓國) 어민(漁民)의 출로(出撈)를 충분(充分)히 보장(保障)할 것

二. 일본관헌(日本官憲)이 건립(建立)한 표식(標識)을 철거(撤去)할 뿐아니라 금후(今後) 여사(如斯)한 불법침해(不法侵害)가 재발(再發)되지 않도록 일본정부(日本政府)에 엄중항의(嚴重抗議) 할 것

이상(以上)

6. 독도 표석 건립에 관한 건
(내무부—1954)

				기안용지 갑 (起案用紙) (갑)
경북지 제 호 (慶北地 第 號)		결재 년 9월 7일 (決裁 年 月 日)		시행 년 9월 7일 (施行 年 月 日)
년 월 일 접수 (年 月 日 接受)	정서(淨書)	교합(校合)	발송(發送)	발송상(發送上) 의주의(注意)
4287년9월7일 기안 (四二八七年 九月 七日 起案)				
지사(知事) ㊞ 내무국장(局長) ㊞ 지방과장(課長) ㊞ 사무관 ㊞ 과원(課員) ㊞ 기안자(起案者) ㊞				
건명(件名)	**독도(獨島) 표석건립에 관한 건**			
내무부장관 앞		도지사 명(名)		
수제표석을 좌기와 같이 건립하였압기 이에 보고함				

기(記)

一. 건립 년 월 일 : 4287년 8월 24일 19시

　　　　　　　　　(四二八七年 八月 二四日 一九時)

二. 공사개요 : 별지 도면과 같음

　　　　　　　　　(울릉군수 보고서 도면을 첨부할 것)

三. 소요경비 : 400,000환정도

　내역

　표석제작비 :　70,000환(七〇,〇〇〇환)

　표석건립비 : 315,000환(선임, 자재, 인부 및 기타)(三一五,〇〇〇환)

　잡　　　　비 :　15,000환(一五,〇〇〇환)

울네 제   호
단기 4287년 8월 26일(檀紀 四二八七年 八月 二十六日)
울 릉 군 수

내무국장   귀하

독도표석 건립에 관한 건

수제건에 관하여 단기 4287년 8월 24일 19시
(檀紀 四二八七年 八月 二十四日 一九時)
별지 도면과 여히 독도 동도 서측 해안 위령비 건립
장소 부근에 건립하였압기 자이 보고함.

독도표석건립 단면도(獨島標石建立 斷面圖)

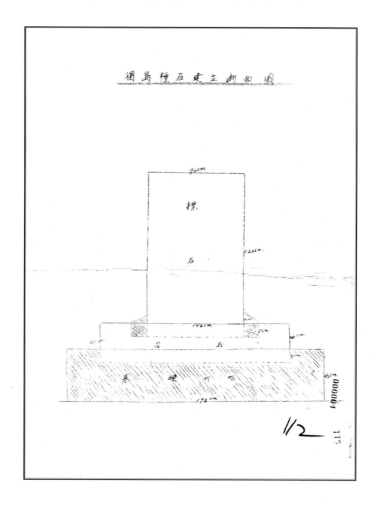

독도표석건립 측면도(獨島標石建立 側面圖)

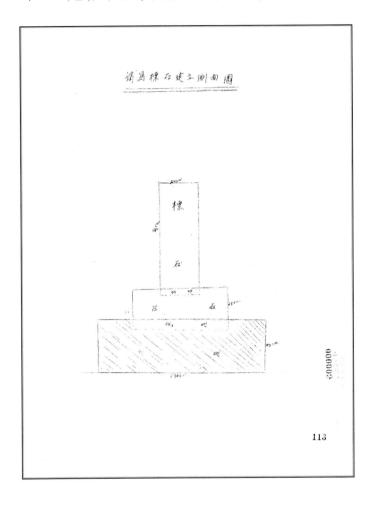

독도표석건립 평면도(獨島標石建立 平面圖)

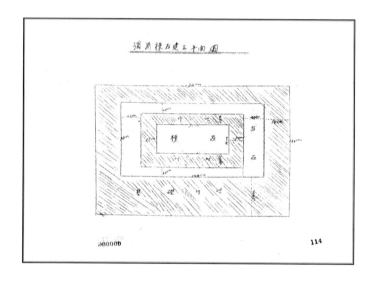

독도 약도(獨島 略圖)

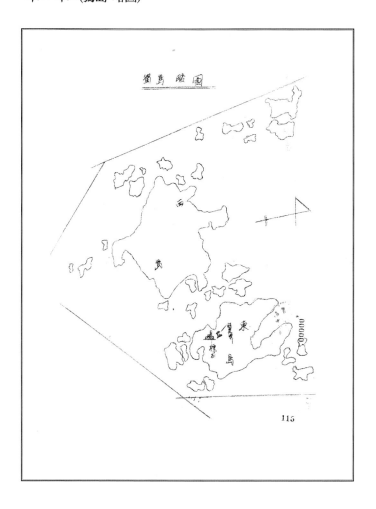

공람

   지사   ㉧

   내무국장 ㉧

   지방과장 ㉧

   과원   ㉧

전보역문

독도표석(独島標石) 건립 24일 19시(二四日 一九時) 준공

울릉군수

경상북도 지사 귀하

8월 18일(八月一八日)

공람

  지사   ㊞
  내무국장 ㊞
  지방과장 ㊞
  과원   ㊞

표석건립차(標石建立次) 8월15일(八月一五日) 독도에 갓으나

상륙작업 불여이로 8월17일(八月一七日) 다시 가지고 왔음

8월(八月) 말일까지 건립예정

  4287년 8월 18일(四二八七年 八月 一八日)

        울릉군수

경상북도지사

조교자 (照校者)	송신 (送信)	접수 (接受)	번호 (番號)	발신국 (發信局)	자수 (字數)	종류 (種類)	착신국 (着信局)
송신자 (送信者)	오(午) 시(時) 분(分)	오(午) 2(二) 시(時) 17(一七) 분(分)	七일 一七	울능	五一		대구
표석건립차 8월 15일(八月一五日) 독도에 갓으나 상륙작업 불여이로 8월 17일(八月一七日) 다시 가지고 왔음 8월(八月) 말일까지 건립예정 울릉군수					지정 (指定) 전자 (傳者)		경북 도지사 동선명 (同線名)

기안-지 갑 (起案用紙) (甲)				
경북 지 제 호 (慶北 第 號)		결재 년 8月 10일 (決裁 年 8月 10日)		시행 년 8月 11일 (施行 年 8月 11日)
년 월 일 접수 (年 月 日 接受)	정서 (淨書)	교합 (校合)	발송 (發送)	발송상(發送上) 의주의(注意)
4287년8월9일 기안 (四二八七年八月九日 起案)				

지사(知事)　㊞
내무 국장(局長)　㊞
경찰국장　㊞
지방과장(課長)　㊞
경비과장　㊞
사무관　㊞
과원(課員)　㊞
기안자(起案者)　㊞

건명(件名)	**독도(獨島)표석 건립의 건 (무전안)**
울릉(欝陵) 군수 경 찰 서 장　　앞	내무국장 경찰국장　　명(名)

금반 독도경비의 완벽을 기하기 위하여 동도에 초사를 설치하기로 되었으니 기히 귀군

에서 보관 중에 있는 수제표석 건립공사도 본 공사와 동시에 완수하도록 지급 조치하시

앞. 70자(字)

Ⅲ

• 원문 자료 •

1. 울릉도독도조사보문(1948.3)

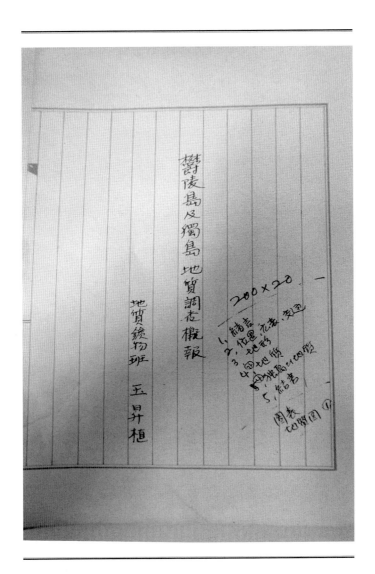

一 緒言

鬱陵島와 獨島는 東海의 孤島로써 우리 韓國人自身

들도 그에 對한 認識이 薄弱하면든 것이다. 今番

朝鮮山岳會主催 鬱陵島學術調査隊의 一員으로 參加하

여. 鬱陵島 및 獨島를 調査할 機會를 얻은것.

鬱陵島 및 獨島는 우리 韓國內에서는 그리 흔이 볼수업

는 火山岩으로 構成되어 있어. 特히 環太平洋地域에 드문

所謂 알카리岩 으로되어있어, 關係學徒들로하여금 一層

의 興味를 늣끼게하는 배이라.

今番調査는 調査期日의 制限과 調査隊의 行動統一關係

로不得已 一種의 遊覽視察程度의 調査에 不過하여 大端

히 不完全한 것이지만, 그 槪要를 報告하는 바이다.

二. 位置·廣裒·及交通

가位置
蔚陵島은 慶尚北道에 所屬하는 東海의 一孤島이다.
即 江原道 墨湖津 東方海上 直距約 一五○粁, 慶尚北道 浦項 北東方海上 直距約 二一○粁, 地点인 北緯 三七度三七分—同三三分과. 東径 一三○度四七分—同五七分間에 位置함.

独島은 亦是 慶尚北道에 所屬하는 東海의 一孤島이며 蔚陵島 東方海上 直距 約九○粁 地点인 北緯 三七度一零八粁 東径 一三二度 五二分三秒 에 位置한다.

나廣裒
蔚陵島은 東西方向 約二粁, 南北方向 約一○粁 이며, 그 面積은 七五·六 平方粁 이다.

独島은 아직 正確한 測量結果를 얻을수업스나. 調査當

省務部地質鑛山研究所

時의 目測에 依하면, 直径 二〇〇米 乃至 二五〇米 程度의 小島 二個도
되여있다.

다. 交通

鬱陵島는 慶尚北道浦項과, 同島 道洞間에 約二〇〇噸級
의 定期連絡船이 月三回 있으나 (調査當時) 欠航이 風浪
關係로 缺航이 만코, 交通이 不便하다.

独島는 無人島임으로, 定期船便은 업고, 鬱陵島 漁船이
同島까지 때々로 出漁한 程度이다.

三. 地形

鬱陵島는 島 全体가 峨々한 險山으로 되여 있으며, 本島
中鈇에 位置하는 最高峰 聖人峰(海拔九八三米)을 비롯하고
로, 海拔 五〇〇米 以上의 峻險한 高峰이 數拾個所에

商務部地質廣山研究所

4

성立하여. 壯年期의 地貌를 이루고 있다.

本島의 特殊한 地形으로써는 火山活動의 結果로 因하여 半圓形의 弧狀北方이

彌勒山-聖人峰-羅里嶺을 連結하는

比較的 廣活한 盆地를 이루고 있는 것이다.

海岸線은 單調로하고. 侵蝕作用을 받어. 大部分이 絶壁이며

所謂 中性式海岸. (Neutral Coast Type)을 이루고 있다. 따라서

港灣이 稀少하고. 本島々廳所在地인 道洞이 惟一한 港口이나.

水系는. 聖人峰을 中心으로 兩側의 彌勒山 東側의 羅里嶺을 連續한

는 稜이 分水界가 되여 있고. 水流는 四方으로 發達하여 있으나.

本島北方의 湧泉과、北西方의 台霞洞、東南方의 大學洞、西南

方의 南陽洞 附近을 흐르는 것이. 河川에 가까우며. 其他는 小溪

流程度에 不過하다. 水量이 가장 豊富한 곳은. 羅里洞 金地

商務部地質 鑛山研究所

에물이 伏流하는 涌泉이다.

独島는 東島(假稱) 及 西島(假稱)로 되어있으며, 海上에突出한

海拔約一〇米程度(目測)의 險한 二個의 山峯에 不過하고,

平地는 全혀업고, 句配(Slope) 四〇度以上의 險한 山이며, 壯年

期의 地貌를 이루고있다.

本島의 特殊한 地形으로써, 東島에는, 過去의 火山活動을

立證하는 噴火口가 直径 八·〇至一〇米, 高深約一〇米(目測)程度

의 円錐狀室洞을 이루어, 本島의 地形을 一層더 險하게하

고있다.

西島는 地形이 險하여 그 峯을 調査치못하였으므로, 噴火口의有

無는 不明하다.

溪流等도 目撃지못하였다.

商務部地質鑛山研究所

四 地質

가. 鬱陵島의 地質.

本島의 地質은 主로 玄武岩·粗面岩類·火山抛出物·타르스

(Talus) 等으로 構成되여 있다.

(一) 玄武岩   玄武岩은 主로 道洞·南陽洞·台霞洞 및 達里附近

에 分布하고 있으며. 火山基盤은 不明하나. 本地域에서는 最初

에 噴出된 火山岩으로 思惟된다.

本岩은 暗黑色 緻密한 岩石이며. 橄欖石·

斑晶을 가지고 있고. 橄欖石·蛇紋石·輝石·斜長石 肉眼으로

等이 있다.   南陽洞附近에 玄武岩은 石基中에

風化된 玄武岩이 赤褐色의 所謂 "Gossan" 갓이 보이는 곳

磁鐵鑛은 比較的 多量 含有하고 있는 것으로 思惟되며.

이 있다. 南陽洞部落附近에는, 玄武岩의 柱狀節理가 發達하여, 奇異한 風景을 이루고 있다.

玄武岩은 粗面岩類와 接觸面에 侵蝕作用을 받은 痕跡이 있어서, 玄武岩噴出後, 粗面岩類가 噴出될때까지, 相當한 時間的間隙(Time gap)이 있었음을 證明하고 있다.

本岩은 本島生成에, 礎石과같은 基本이되어 있다.

2. 粗面岩類:: 粗面岩類는 本島各處에 넓이分布하며,

玄武岩은 덜고 있다.

本岩은, 薄熔岩流·或은 岩脉으로, 全島에걸쳐, 廣範圍하게, 또 錯雜하게分布되여 있으며, 淡綠色·灰綠色·綠色 等을띠우는 比較的 緻密하나. 粗面構造(Trachyte Fabric)를

第을띠우는, 안카리長石. 에질輝石, 黑雲母. 角內石 等으로 되어

일반적으로. 이 粗面岩類는 에길輝石을 比較的 많이 含有

하는 所謂 에길輝石 粗面岩라. 黑雲母·角內石은 含有하는

角內石·黑雲母 粗面岩의 二種으로 大別할 수 있다.

粗面岩類는 本島에서 가장 흔이 볼수있는 岩石이며. 本島形

成에 主導的 役割을 한 岩石이라. 本岩의 分布狀態가 全島

에걸처広範囲하고. 또錯綜하며. 噴出된 量이 相當히만ㅌ吳

으로보아. 數個所에서 粗面岩類는 噴出한것으로 推測된다.

即聖人峰. 旧火口以後에. 數個의旧火口가. 있었거나. 일연것

이 埋没되였을 것이라.

3. 火山抛出物∵ 火山抛出物은 主로 彌勒山·雲之峰·長興洞을

連続한 線以西에 널이 分布하며. 火山灰·火山礫. 浮石等으로 되며

있다.

商務部地質局技師⬚⬚

9

4. 타류스 (Talus)

타류스는 大苧洞·道洞·長興洞·南陽洞·

台霞洞·玄圃洞·平里·臥達里等 本島周辺各處에 分布

하여, 主로 玄武岩小塊로 되여 있다.

本島의 火山活動은 最初 玄武岩이 噴出하고, 그後 火山活動

은 一時 休息되여 玄武岩이 侵蝕을 받았다. 그後 火山活動이

再次 生起하여, 粗面岩類가 噴出되여 大畧 本島의 形態을

이루게 되었다.

日本人 坪井誠太郎氏는, 粗面岩噴出緣 聖人峯 칼데라 (caldera)

는 陷蕗 (함폭)하여 現在와 같은 地形을 이루였다고 論하고, 이 陷蕗後

白榴石岩의 噴出이 있었음을 指摘하였으나 (On a Leucite Rock,

Tsukisuto Uicoito, from Utsuryoto Island in the Sea of Japan.

地質學雜誌 27卷 315號 参照) 卵峯近處의 調査時間이 급하여

二商務部地質廣山開究所

自楠石英 을 發見치 못하였음은 幸遺憾으로 生覺하는바

이라.

나. 獨島의 地質.

獨島의 地質은 主로 玄武岩 粗面岩類·타류스(토로스) 等으로 되여있다.

1. 玄武岩. 火山基盤은 不明이바며, 玄武岩은 最初에 噴出된것으로 思惟된다. 本岩은 暗黑色야 緻密한 岩石이며, 輝石. 斜長石. 橄欖石等이 斑晶을 이루고있으며, 輝石 斑晶은 柱狀의 一種에 運斜料. 할때가 있다.

本岩은 岩脉으로. 則噴出한곳도 있는데. 塔岩流狀의 本岩을 뚫고있는 곳으로 보아 後에 噴出된것이다. 岩脉은 玄武岩으. 斜長石 斑晶이 比較的 顯著하고.

商務部地質廣山研究所 印

微小하다.

2. 粗面岩類: 粗面岩類는 熔岩流 또는 進岩脈 狀을 이루고 있으며 淡灰色淡綠色을 띠우는 比較的 緻密하나 粗面構造(Trachytic Fabric)을 가진 岩石이라. 本岩은 灰色類面岩과 淡綠色粗面岩의 二種으로 大別할 수 있다.

灰色粗面岩은 曹母 알카리長石, 놀라 斑晶이 많고 輝石 斑晶은 稀小하고. 粗面構造(Trachytic Fabric)가 顯著하며 熔岩流 狀態의 産狀으로. 西島에서 만이 볼 수 있다.

淡綠色 粗面岩은. 非顯晶質인바 安山岩質 粗面岩이며. 主로岩脉을 이루고. 東·西兩邁島에서 發達하여 있다.

本岩은 玄武岩, 灰色粗面岩 後로 뚫고 있는듯으로 보아. 前記 兩者보다 後에 噴出된것은 確實하다.

大島에서는

12

旧噴火口東側에 走向 東~西. 傾斜 八〇度南. 脉幅 二〇~一五

米程度의 岩脉이 発達하여있다. 이 岩脉上盤際는 岩脉

走向과 거의 一致하는 走向을 가진 新層作用으로 因하여 弱線

이 生起하여, 噴出口基底部는 海蝕에 못이기며 海水가

侵入하여있다.

西島에서는 亦是 島西側에 走向 北三五度西 傾七〇度北

脉幅 約一〇米程度의 安山岩質輝面岩石脉이 発達하여

있다.

3. 라리스 (Talus)   라리스는 東·西両島及 그 中間海上에

露出한 小岩礁들에 널이 分布하고있으며 主로 玄武岩 小塊

로되여있다.

独島의 火山活動은 玄武岩, 灰色粗面岩, 淡緑色…

13

의 順序로 噴去한 것에 後休息된것으로 思惟된다.

欝陵島와 独島는 다음과 같은 곳이 一致된다.

가. 過去 火山活動이 있었고 大腸 同種類의 火山岩으로 島가 形成되어 있다.

2. 岩石의 噴出順序가 大略一致한다.

3. 岩石의 性質이 恰似하다.

五. 結言

가. 欝陵島及独島는 火山活動으로 因하여 成生起한섬(島)이다. 이 兩섬(島)이 東海中에서 突然히 火山活動으로 因하여 生起한것인지, 또는, 過去陸地의 火山이 大地殼変動으로 因하여 東海가 生起며, 兩島(山峰)가 殘留하게된것인지. 現在로써는 明確치 안타.

鑛務部地質鑛山研究所

14

나. 本島生成의 時代는 이를 滿足시킬만한 諸條件이
明確치는 안으나, 第三紀末葉에서 第四紀洪積期
에걸처이러난 大地殼變動에依하여 生起한것으
로 推測할수잇다.

다. 欝陵島의 火山活動은 最初 玄武岩이噴出하고, 그後 火山
活動은 一時休息하여 玄武岩의 侵蝕時代가잇엇다. 그後
다시, 粗面岩類의 噴出이잇엇다.
하면, 粗面岩類噴出後 聖人峰 갓더라 의 陷落이잇
엇고, 最後로, 白榴石岩의小規模噴出이잇엇다.
(日人坪井氏報告에依)

라. 独島의 火山活動은 最初玄武岩이噴出되엿고, 그後
粗面岩類가噴出하고, 火山活動은 休息하엿다.

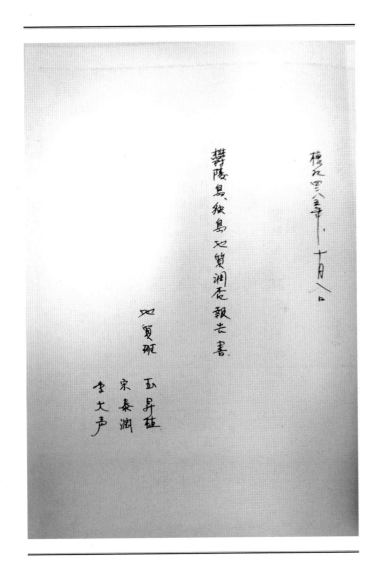

鬱陵島 獨島 巡覽調査 報告書.

巡覽班　玉昇稙
　　　　宋泰潤
　　　　李大声

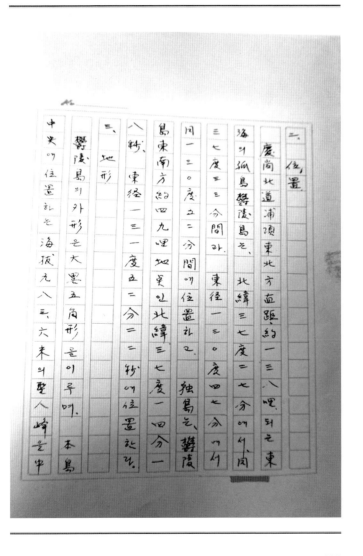

二、 位置

　慶尚北道浦項東北方直距約一三八哩되는東海의 孤島 欝陵島를、北緯三七度二七分에 있고 三七度三二分間과. 東経一三〇度四七分에서 同一三〇度五二分間에 位置하고. 独島는、欝陵島東南方約四九哩地点인 北緯三七度一四分一八秒、東経一三一度五二分二二秒에 位置한다.

三、地形

　欝陵島의 外形은 大畧 五角形을 이루며. 本島 中央에 位置하는 海抜九三六米末의 聖人峰을 中

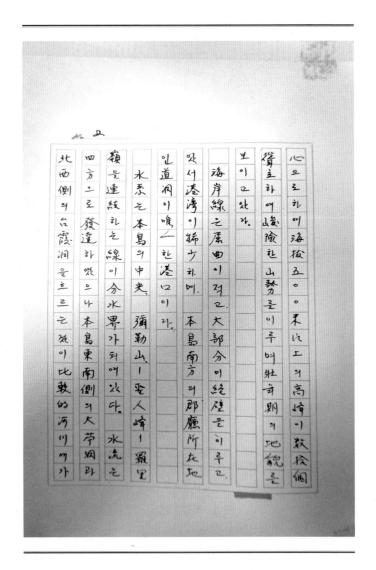

까는 形態를 이루고、 其 外에는 漂流形態로 되고

고 있다。 그 中 水量이 가장 豊富한 곳은 羅里洞金

北의 우이 伏流하는 本島北方의 湧泉이가

独島는 海拔約 一三〇. 米(目測)의 西島와 (鬱島) 海拔

約八〇.米(目測)의 東島(鬱島) 二個의 섬으로 되어 있다。

東島南西側이 左우의 平地로 除하고는 金島

가 絶壁을 이루고 있서、 船舶의 寄港을 거이 不可

能하다。 東島 中央에는 때噴火口 가 있으며、 大

口의 北東側은 斷層線으로 思推되는 弱線에 侵蝕

을 받어 火口底 一部分은 海水가 侵入하고 있다。

今가진 粗鬆한 岩石이다. 玄武岩는 熔岩流로도

表脈狀으로 現出한다.

火山碎屑岩은 全島에 널리 分布하며. 穹潤과

巢里嶺附近에서 之 美麗한 屬理를 이루고 있다.

火山拋出物은 거이 玄武岩의 碎屑과 火山灰이

며 熔燒라. 玄武 碎屑가 混合固結되어 礎岩

와 같뭐치보이는 곳도 많다.

石이며. 島全域에 걸쳐가장 豐富히 分布되어 있

粗面岩은 本島形成의 가장 重要한 役割을 한岩

다.

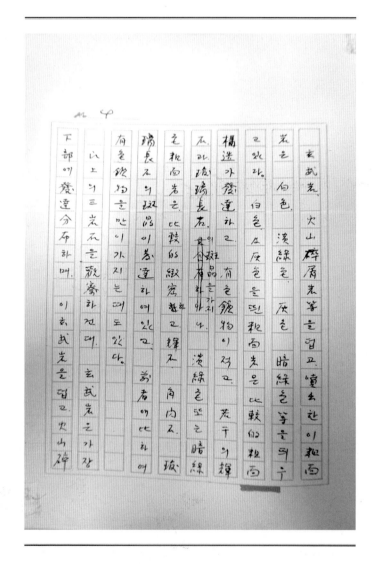

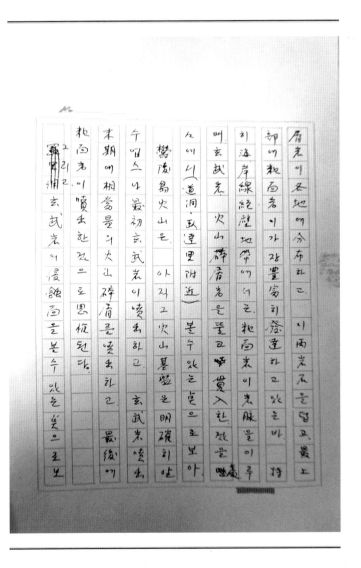

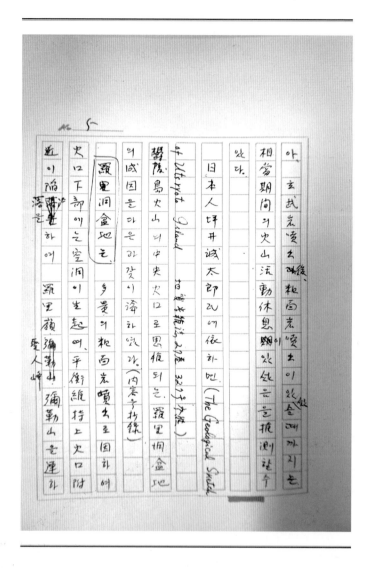

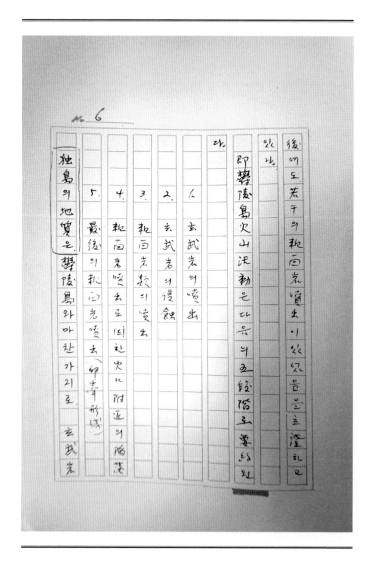

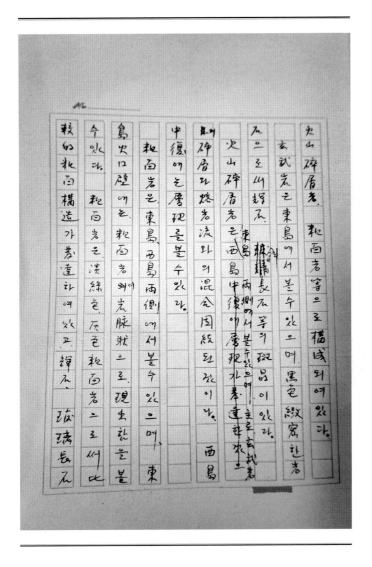

火山碎屑岩.

粒石岩等으로 構成되어 있다.

玄武岩은 東島에서 볼수 있으며 黑色 緻密한 岩

으로 써 輝石

火山碎屑岩은 西島 中復에 層現가 ... 達하水 ... 東島

兩側에서 볼수있으며 主로 玄武岩 斑晶이 있다.

碎屑岩과 熔岩流와의 混合으로 周緻되었이다. 西島

中復에는 層現를 볼수있다.

粒石岩은 東島, 西島 兩側에서 볼수있으며 東

島火山壁에는 粒石岩에어 岩脉狀으로 現出한는 볼

수있다. 粒石岩은 淡綠色, 灰色 粒石岩으로써 比

較的 粒石岩 構造가 考達하여 있고 輝石. 玻璃長石

2. 지질광산연구소개요(1948.3)

6.22.14
人 1987

GOVP1197031106

地質鑛山硏究所槪要

第 1 號

商務部地質鑛山硏究所

1 9 4 8 年 3 月

黑鉛鑛床은 新倉里鳳林山溪谷과 그中復(三分)에 各 々 露出되어있다。溪谷의露頭는 走向北 40°西、傾斜 45° 南이고 두께는 10糎程度이다。中復의露頭는 前記溪谷露 頭의上部約 50 米地點에位置하며 走向北 30°西、傾斜 40° 南이고 두께는 20 糎程度이다。上記兩露頭는 모다膨縮이 甚하여 膨大部는 두께가 40 糎程度의 部分도있으나 이 以下의部分 또는斷絶되는等 極히不規則하다。黑鉛의賦 存狀態는 雲母片蔴岩속에 黑鉛의小鱗片이 散在하여있는 所謂土鉛이다。特히黑鉛의富鑛部는 石英、長石이 極小하 어지고 片理가發達되여 一見石黑片岩같은 性質의岩石으 로보인다。走向延長은 不明하나 纖減이甚하고 走向方向 의새露頭가 發見되지않는點으로보아 現在調査範圍로서는 有望하다고 推測키困難하다。

結 論

黑鉛의賦存狀態와그量的으로보아 鑛床이小規模로 思惟 되는故로 稼行價值가없다。

차. 欝陵島地質調査槪要

目 的

朝鮮山岳會主催 欝陵島學術調査隊에參加하야 欝陵島의 地質을一般에게紹介하며 同時에同島에發達한「알카리岩石」 에對한 岩石學的研究를 目的으로함。

位 置

欝陵島는 北緯 37度 27分에서 同 37度 33分、東徑 130

—(67)—

度 47分에서 130度 52分 33秒에 位置하는 慶尙北道所屬의
東海의 孤島이다。

  交 通

  慶尙北道浦項과 鬱陵島道洞間에는 月三回의定期船 (20
0屯程度) 이 있으나 風浪關係로 缺航이 많다。獨島間도定
期船이없 다。浦項道洞間은 約 12時間을要하고 道洞、獨
島間은 約 6時間을要한다。

  地 形

  鬱陵島의外形은 大略五角形이고 本島中央에 位置하는
983.6米의聖人峰을中心으로 數十個의 500 米以上의山峰이
嶬崛한山勢를이루어 壯年期의地貌를보이고 있다。

  海岸線은 屈曲이적고 또大部分이絶壁을이루어 港灣이
稀少하야 本島東南에位置하는 島廳所在地인道洞이 唯一
의港口이다。

  本島火山은 伏盆頂破의遺形인 火口를가지고 北面만이
열려있어 特殊한地形을이루고 있다。

  水系는 聖人峰을中心으로 彌勒山、羅里嶺을連結하는線
이 分水界가되여있다。水流는 四方으로發達하였으나 北
西의台霞洞、東南의大苧洞을흐르는水流가 河川에가까운形
態를이루고 其他는 溪流形態로흐르고 있다。水量이가장豐
富한곳은 羅里洞盆地의물이伏流하는 島北方의湧泉이다。

  地 質

  本島의地質은 主로玄武岩과 粗面岩으로되여있다。玄武
岩은 暗黑色緻密한岩石이고 主로南陽洞、台霞洞、臥達里
大苧洞附近에分布하고 粗面岩은 淡綠色의比較的緻密한岩

  －(68)－

石이며　全島에걸쳐　廣範圍로分布하고있다。火山基盤은不
明하나　最初의噴出은　玄武岩으로思惟된다。玄武岩의侵蝕
面의存在로미루어　玄武岩噴出後相當한　長期間火山活動은
沈靜하여　玄武岩의侵蝕時代가　있었음을알수있다。

　　그後粗面岩이　各處에서玄武岩을　뚫고噴出하여　全島를
덮고있다。日本人坪井誠太郞氏는「本島火山은　粗面岩類가
多量으로噴出되었는故로　平衡을維持키爲하여　火口附近이
陷落하여　現在의羅里洞盆地가生起하였다。」고論하였다。
果然羅里洞盆地는　本島火山의舊火口만으로는　推測할수없
음으로　坪井氏의意見이妥當할것이다。그後火山活動의最後
段階로少規模의白榴石岩（？）이　噴出하여　現在의羅里洞
盆地를完成한것이다。白榴石岩(？)은　主로羅里洞　卵峯北
西側에賦存한다。以上鬱陵島火山은　다음의五段階로　要約
할수있다。

　　　玄武岩의噴出
　　　玄武岩의侵蝕時代
　　　粗面岩類의噴出
　　　粗面岩噴出로因한火口附近의陷落
　　　白榴石岩（？）의噴出

　結　論
　　本島成因에關하여는　아직證據資料不充分으로　先驅學者
諸賢사이에도　그學說이　區々한樣模이나　第三紀末에서第
四紀初에걸쳐　火山活動으로因하야　構成된火山島라는說이
가장有力하다고思惟한다。不過　三●四日의踏査로　到底히群

細히調査할수없어 遺憾이나 後日의再調査로서 詳細正確
을期하 겨한다。

카. 서울附近地質調査槪要 (繼續中)

目 的

首都서울附近의地質이 아직까지 調査되지못하였는故로
그地質을밝히며 아울러岩石學上의硏究를 施行코자한다。

位 置

서울市를中心으로 南北約 25 粁、東西約 15 粁를占有하
는地域이다。即 北緯 37度 25分－37度 40分間과 東徑 126
度 50分－127度 5分間의地域을 繼續調査中에있다。

地 形

서울附近의地形은 다음의四「부록」으로 區分할수있다

北漢山塊

冠岳山塊

東서울丘陵地帶

西서울丘陵地帶

即 北漢山塊는最高峰白雲臺를中心으로 南北方向의分水
嶺인露積峰、東將臺、補土峴、北岳山等의諸峰과 南西方向
의分水嶺인 硯峰、甕峰、白蓮山等의諸峰으로構成되는 壯
年期의地貌를가진山地이며 冠岳山塊는 漢江南側의最高峯
冠岳山을爲始하여 若干高棧한山地를일우고있다。東서울丘
陵地帶는 北漢山塊의東側漢川沿岸 서울盆地漢江沿岸의平
地及冠岳山東側의 低陵地로여있고 어丘陵地帶는 北漢山
塊의連續이 斷層과節理의發達에依한 差別的侵蝕으로因하

－(70)－

3. 독도에 관한 조사의 건(1951-내무부)

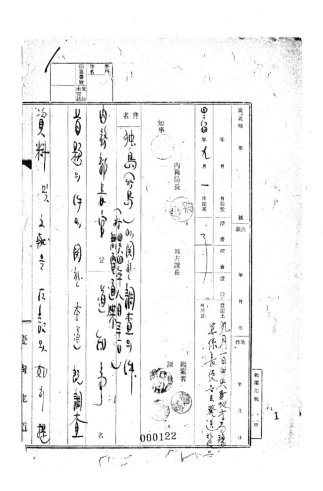

000122

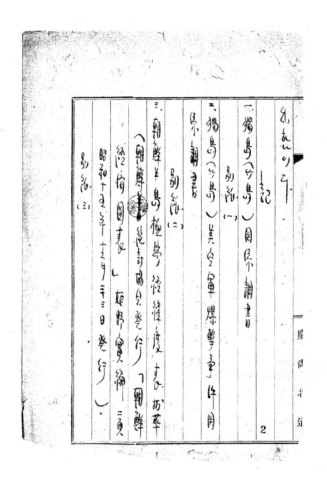

㉣獨島(竹島)(東西二嶼)

가.位置 　二嶼中東方島 北緯三七度一四分一八秒 東經一三一度五二分二二秒

나.距離 　自欝陵島 四九浬 自隱岐島 八六浬

다.周圍 　約一哩半이라하나 正確한것은 實測이없음으로未知임

라.島勢

(1)日本海上의一小群嶼로서 東西兩大嶼가相對하여海上에 屹立하였고 그周圍에는多數한小嶼와暗礁가碁布되어 있는데此等嶼礁는扁平한岩板으로서 若干水面에露出 되며數十枚의거적(草席)을敷布한듯하고其間을通 流하는淸深한海水는觀客으로하여금一層興味를깨기하도다

兩嶼는全部瘠瘠北兒岩으로서 海風이眺望되며 一株의樹

水도 無하고 東南方에 있어서 겨우 群生이 有한 바로 이 또

島岸은 斷崖絶壁으로서 軟質의 石層으로되어 形을 各으러

岩石과 奇觀의 洞窟이 많이 文字와 같히 仙景을 이루

엇으나 島上에 이르는 到底히 攀上하기 不能함

島上에는 平地가 無하고 다만 二島間의 兩側에 狹隘하고도 狟

磽地로도 周의 向卵가 있으나 此亦 海濤의 侵襲을 不免함

마 記事

(1) 以上과 같은 島勢임으로 農地는 勿論 居住地나 飲料水(記錄에
는 西方島에 南方 洞窟이 滴出하는 淡水가 有하다가 發見
하기 艱함)가 無함으로 人類의 住居에는 不通하나 左記諸

實으로보아 我國으로서 捕當히 重要한 地帶임으로 左에 槪說함

3 (A) 國防上

欝陵島가 國防上 重要한 것은 吾本島를 我國

에서領有한다에 此地帶가 國境線이 될뿐 不啻라 이맥外는다

인즉 이로부터 延長되어 領海權이 擴張되는 同時에 海岸漁

業도 盛이 擴大된

(B)漁業上 本島近海에는 海狗獵虎、鰒、窄甘、烏賊、其他

具類茱 海産動植物이 無盡藏으로 棲息繁茂함으로 本

島은 漁業根據地를 삼는다면 優身한 漁場이 될것이나

이를 漁場化ㅎ는데는 東西兩島間에나 簡易한 業港(行政

堤)가 東方島西便中腹이 數間이 家屋(漁期에따列南이設

備가 必要함

(2)氷島가 朝鮮領有로 恝証할바 最實

(A)隆熙二年十二月二十五日發行 農商工部水産局著作「韓國水

産誌第一輯」自二○頁至二二頁에 記錄되어있음

（本水産誌에는 ●韓國所屬島嶼로 記錄되어 있음）

(B) 昭和八年刊 日本海軍省編纂「朝鮮沿岸水路誌」第三編에 獨島(竹島)에는 杏陵島民이 多數出漁하였다는 史實이 有함

[鬱陵島外 周緣이 길우나는 것을 立證]

(C) 潮流關係로 杏陵島에서 漂流遭難當하는 事實로보아 杏陵島民이 자조往來
島에서 漂着救助當하는 事實로보아 杏陵島民이 자조往來
하였고 因緣이 깊었음

(D) 古老에게들은 獨島는 鬱陵島獨島와는 것을 幼時傳해었다함

(E) 距離로보아 杏陵島－獨島(四九浬)獨島－隱岐島(八方浬)間을
一對二로 杏陵島에接近하였음

(小) 東方島 西便 中腹에 左 標目을 建立하였음

「朝鮮慶尚北道 鬱陵島南面獨島」

(サ)其他添付書類参照

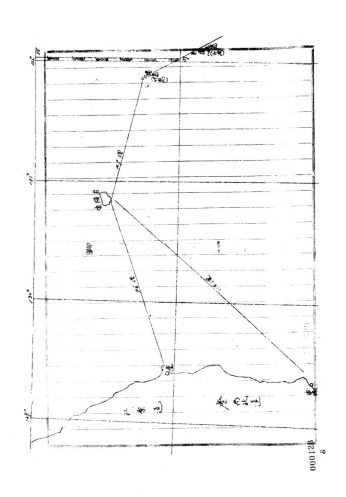

慶北地第　　號

西紀一九四七年　十二月十七日

民政長官　貴下

鬱陵島所屬獨島領有確認의件

慶尙北道知事

第下鬱陵島東方海上四十九浬에獨島라는右島는周圍一浬半右島는周圍半浬에不過한故로元來地圖에表示되지아니하였으나本島를構成된無人道가있는데右島는周圍一浬半右島는周圍半浬에

本島根縣隱岐島보다는鬱陵島에接近되어있는故로

韓國末期이르기로我國領土로確認하고日本侵略言言慶應

其日本島根縣隱岐島보다는鬱陵島에接近되어있는故로

其當時鬱陵島郡守로부터上部에對하여別紙와如히

其報告한記錄도있어自記本島가頃文漆付累圍를添

付하야通常右手續으로本島가朝鮮의領有인言

確認公布하야郡주사앉기를茲以報告함

記

報告書

本郡所屬獨島가在於本郡外洋百餘里許이삽더니

本月初四日辰時量에輪船一隻이來泊于郡內道洞浦

而日本官人一行이到于官舍하야自云獨島가今爲日本

領地故로視察次來島이다云온바其一行則日本

根縣隱岐島司東文輔及事務官神西由太郎稅務監

督縣安吉田平吾分署長警部影山岩八郎巡査一人

會議員一人醫師技手各一人其外隨員十餘人이오

戶摠人口土地生産多少와次人員及經費諸般事

務를次調查樣으로錄去이압기玆에報告하오니照亮

하심을伏望

光武拾年丙午陰三月五日

島長 沈興澤

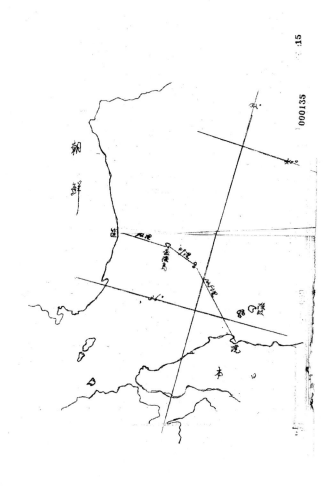

ⓞ

檀紀四八一年六月八日

美軍飛行機獨島爆擊(誤認)事件經緯

一. 經緯

査陵島人尹永道以下三十二名 江原道墨湖人王芳

龍以下十二名과 遼人李道順以下二八名至湖石浦

里人食東遑以下七名 合計五十九名이 泰榮九

以下 機船又隻 外帆船十一隻에 分乘하고 根據地査

陵島를 出帆하야 鬱島沿岸에서 操業中六月八日午前十

時甲分 美軍飛行機十四台이 演習爆擊으로

行方不明 十四名

重輕傷者 六名

船舶大破 四隻이 彼害를 입었음

五. 經過

一. 美軍側賠償

六月十六日美軍將校數名이 鬱陵島에 出張하여 行政官及 有志 遭難者遺家族 重傷者 家族 等을 찾아 賠償金條로 二,一三五五萬円을 交給

又 今年六月六日 獨島에서 慰靈祭를 擧行하고 慰靈碑를 建立하였음

以上參考原書と海軍本部及水産試驗場에保管
되어있을것임

經緯報告

一, 獨島의 位置와 形態

獨島는 鬱陵島南東(S.E)約大十一浬地点에있는大

小두섬과 若干의岩礁로形成된斷崖絶壁이屹立

北은 無人島입니다. 이섬은 樹林이없고 다만 雜草가

繁茂할다르이며 飮料水가全無한까닭으로 人類의

住居에는 不適當합니다. 그러나 上面周와岩礁에

는 魚族의 遊迎와 海狗의棲息과 和布繁殖이豊富

함으로 이것은 漁撈採取할 目的으로 夏期에는 漁船의

東往이 頻繁하나 平素에는 難破船의 漂着處로

됩니다.

二, 獨島領有問題

獨島는 地理的으로 土質及植物이 鬱陵島와 合致하며

歷史的으로 韓日合倂前까지 韓國領土로서 漁獲을

獨占하였음은 韓國水産報에 明確히 證明이 되고 鬱陵

島에서 居住하는 九十歲老翁 洪在現民의 陳述과 해서 採取한

依하면 七十年間 鬱陵島生活을 通하여 和布採取의

事實과 光武十年에 日本隱岐島司一行十余名이

鬱陵島에 來航하여 獨島外의 國領土임을 主張한

至當時鄕長田在恒外多數父老外 邦을 揭摘하고

即勝政府에 報告한事實等 古來로 日封兩國이

서이에 받少한 是 邦外에 있으나 韓日合倂後에는

獨島所屬問題는 論議의 必要外 없기되어 있었

든 것임니다.

그러나 解放後 鬱陵島民은 本島의 所屬이 不分明함으
로서 漁獲工具搬搭함이 있음으로 當時 島司는 本島領有
權確認을 政府에 申請하여 西紀 一九四六年 六月 二五日字
로 聯合國最高指揮官 人○○ 二之 覺書 日本帝國政府
經由 遇度政府 東京 中央連絡廳 送達된「日本人의
鮑魚及捕鯨漁業操業에關한 承認된 區域」小項에記
載된 日本人의 船舶及人員은 今後 竹島(獨島)까지 一二米
以上 接近하기를 不하며 又는 同島에는 如何한 接觸도 못한
단다는 的確한 明文이 公表되며 我國領土의 一의 凰胴된
았으나 近年까지 日本 隱岐島 某 伯人이 自己所有라고
主張한다는 말이 있음으로 此際 再闡明하여 我國漁夫
가 安心하고 ○操하 獨島○한 必要가 있는 것입니다

三. 獨島事件發生槪況

檀紀四二八一年六月八日 蔚陵島 人民永遠以下二名 江原

島墨浦人 二名 龍以下二名 江原道沙邊人 ○○順以

下十八名 江原道平海原浦里人 食東速以下○名 合計

五十九名은 藁草로다 機船之隻外帆船十二隻에分乘하야

己根據地 蔚陵島를 出帆하야 豊漁期라 如布로 操取코

저 獨島에 出漁하얏읍니다. 同日은 西南風이 强하게 불므로

읍으로 大槪外北側에 付近 ○○○ ○船軸을 距岸二○○米 內

에 碇泊하고 漁夫一部는 上陸하야 操取코 如布를 乾操作

業에 從事하고 或은 採取에 從事코 以로 當日午前十一時

四十今頃 南東方面으로부터 飛行機이 爆音이들리며

섯가고 그것이 頭上에잇고 波濤소리外 甚히 하여 爆音으로만 들다로

者도 앉었으며 爆音을들인者는 우리를 도우는 美軍의

飛行機라 하야 安心하고 도리혀 기쁜 마음으로 作業

을 繼續하고 있었다 그러나 生存者의 말에 依하면

飛行機 一回機가 또 船舶이 路을 北側에 投彈을 始作

하고 約二三十分間 마다 機銃掃射를 加하되 後當

初 出現한 方向으로 退去하였다 한다 程度의 危險과

恐怖에 처할 어漁民들은 左往右往 待避할 場所

를찾다가 獨島에서 遠距離에있는 船舶外에는 거의다

射擊対象이되어 沈没大破하고두섬一帶는 크게된

小는 地獄을 이루었다 한다 爆擊이끝난後

生存者들은事後收拾에全力을다하였으나 行方不明

十四名 船舶大破四隻을確認한 重軽傷者去名을救助

하여ᅟ難事 前 鬱陵島까지 □航하였든 것이었나니다

또選 若은 鬱陵島民 ᅟᅵ 道 以下 四十五名이ᅟ 行方不明

若은 豊湖 金仲義 本鬱陵島 住德植 金泰鉉 高元鏞

金海道 金海迷蘆 一沐 ᅟᅵ 金東迷 椎甲伊

金慶化 李牛植 外에 姓名未詳 名이 金針 面名이며 其

後 三次의 椎穀때 流遷時에 發見된 屍体 之 金仲義를

縷植 姓名未詳 一名 合計 이며 重傷者는 鬱陵島

張鶴祥 李喆相爾 外 椎追文書 名이오 其分 二名이 輕

傷者外 效然이며 沈沒 船舶은 機帆 泰榮丸 稻得丸 慶

洋丸 第五章 云云 二흥에 搭宅納 九十歲 某月에

遠製하고 함니다

四, 秋穀 槪況

八. 第一次 救護 六月九日 機船 二隻에 轉覆 窟 二名 船
爲 九名이 分乘하고 出帆 搜索 하였으나 屍身 二体를
發見치 몯이고

又 第二次 航護 六月十日 다시 機船 二隻을 動員하여 濃
霧를 무릅쓰고 終日 探索 하였으나 아무 所得 없이 空
還하였다고 합니다

又 第三次 航護 六月十四에 本 事件이 道에 報告되자
本道 水産 課技士 文 씨를

工喜 狀을 調査 으로 本道 所有 警備船
C.I.C, 海岸警備隊員 六名이

總林丸으로 鬱陵島에 出張하여 翌 十六日 香
陵島 漁業水

夫 土 名과 黑湖洞 天 文 名 合하 二十 金

이 數隻이 機船 등 動員하여 獨島 一帶를 大搜索

하는 一方 實地視察을 하였으나 屍身 全體를 發見했을

뿐이었고 已半 沈沒船舶을 其後 再次의 爆撃演習이

있었으니 거기 生還者의 眼目으로는 事件 當時 보다, 더

무甚한 破壞를 當했으리라 하니다

以上 二次의 救護로 二十一名이 行方을 찾을 길없이

五十餘 名의 費用을 盧費한 結果를 내어 鬱陵島

民全體가 힘을 써서 努力을 徒勞에 歸하고 무거운 哀

愁가 東海에 漂掃되는 것이니다

五 賠償 及 遭難救護概況

人 美軍의 陳謝 二月十六日 美軍 將校 数名이 鬱陵

島에 出張하여 行政官 및 ⦿ 有志 遭難者 遺家族 重

傷者 家族 等을 찾기 深甚한 謝過의 뜻을 表하고

賠償金으로二一二五五○円을交給하 였도다 하였나이다

2. 敖設金募集、서울水產經濟新聞北、釜山產業
新聞北、大邱南鮮經濟新聞北에서는 相互呼應하
야全國內同胞에게 實狀을 알니고 道家族援護
金을 募集하는 一方道內水產團體에서 援護를
躍起하여 總領 一金二六九二六九円八錢을 募集하야 頒給하
였든 것임이다

六. 慰靈祭擧行

今年七月二七日慶北漁業組合聯合會의 後之遵
難漁民慰靈祭를 獨島에서 擧行하였거니와
아즉 日氣가 不順하여 出帆치못하고 當隆島漁業
組合에서 官民多數參集下에 盛大히 擧行하였다

賠償金으로 二一二五, 五0円을 支給하고도 다 갔다 합니다.

2. 救護金募集, 서울水産經濟新聞社, 釜山産業新
聞社, 大邱南鮮經濟新聞社에서는 棚民을 呼應하
야 國內同胞에게 呼訴狀을 내리고 遂家獲援發動

食量募集하고 一方 道內水産團體 公修萬壽이
蹶起하야 總額 五九二六九円의 食錢을 募集頒給하고

獎忘겠읍니다

六. 慰靈祭를 擧行
今年 七月二十七日 慶北漁業組合聯合會의 後主遵
難漁民 慰靈祭를 獨島에서 擧行하였스며 또한
水産日氣가 不順한데 出帆하였든 之鬱陵島漁業
組合에서 官民多수 參集席上에서 盛大히 擧行하였다

乙한니다

七今面慰靈碑建之感慨

獨島遭難漁民의柳遭爵郁盧地를回想할때에橫尼

에 흐르는 産業개拓을인긴 그寬靈을閔地에서

慰号하데水府의寬屬을되며주는一寸獨島外

我國領土이있음을조割引再聞昨하여漁業上및軍事

上基礎를鞏固引하여조國此를公報倉및美國

公報院의映寫機로撮影引하여領有問題를國際

的國內的으로廣流引紹介하여為하여事件發生之

週年을期하여中央地方要路貴賓과遺家族

其他閉係官民을메시는本道曹단千知事의精誠

以親筆로쓴獨島遭難漁民慰靈碑를營建하

로 이제 除幕式과 慰靈祭를 擧行하게 되였음
니다.

以上

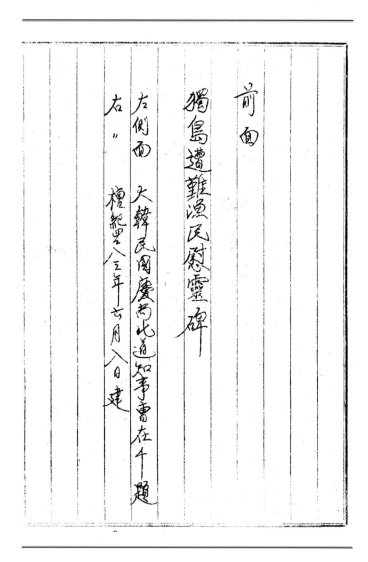

前面

獨島遭難漁民慰靈碑

左側面 大韓民國慶尚北道知事曹在千題

右 〃 檀紀八三年六月八日建

後面

檀紀四二八一年六月一日에 獨島에出漁中이든漁民五十九名
이十八隻의漁船에分乗操業中 美軍演習機의誤
認爆撃을當받이 死亡十一명行方不明十四名重輕傷
大名船舶破壊四隻이라 天椿事가發生하였다
鯨濤風浪에도 不屈하는 祖國再建의海洋軍士들에게
이같은 寃柳가横厄이나 일으키 美軍의陳謝와
社會的同情이 遠至하여 水中怨魂과子遺家族
의慰撫救護에誠意를 다친바 있었으나 多眼表情
의一端을 과고 事件發生二週年을期하여 短碣
을 이르키니 삼가 遭難漁民諸位의 冥福을 빌노라

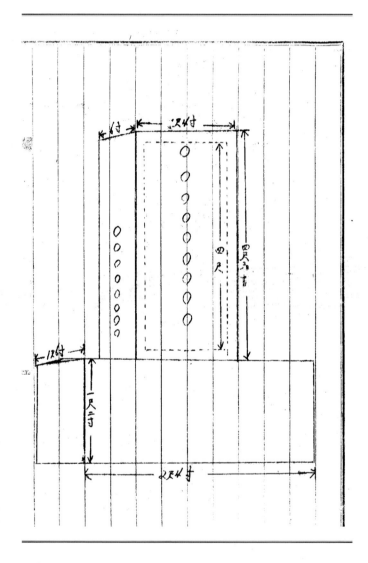

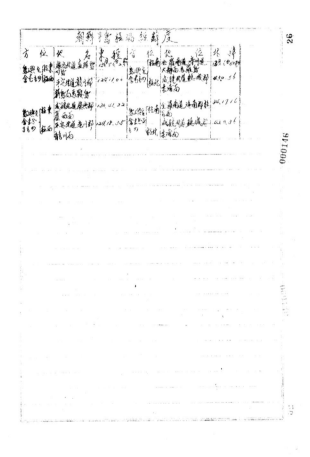

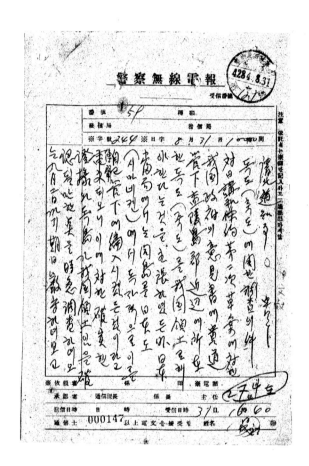

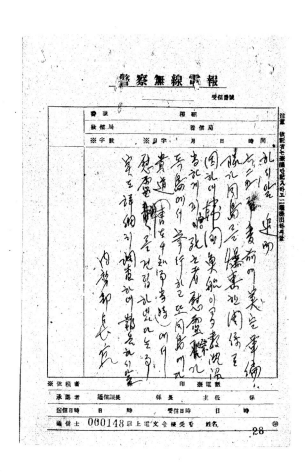

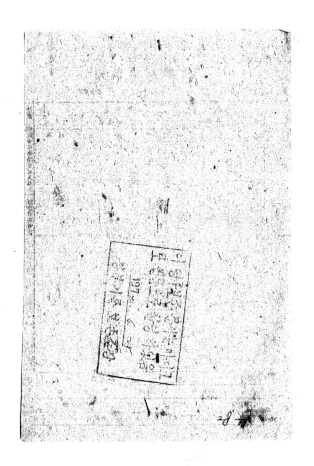

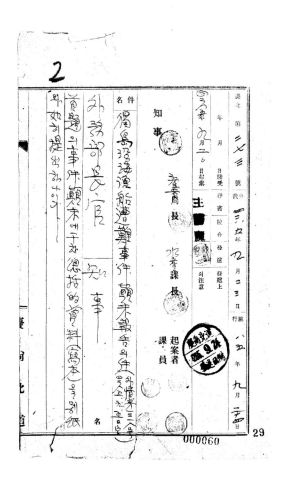

慶北 第二七三號

知事

産業局長

水産課長

起案者 課員

件名　鬱島近海漁船遭難事件顚末報告의件（外情第三〇九號）

鬱島近海漁船遭難事件顚末報告의件에對하야別紙外如히提出하오니外務部長官을經由하야總括的資料（寫本）을別紙

2

000060

29

經緯報告

一, 獨島의 位置와 形態

獨島는 鬱陵島 南東(SE) 約六十一浬地點에있는 大小두 섬과 若干의 岩礁로 形成된 斷崖絶壁이屹立한 無人島 임니다 이섬은 樹林이없고 다만 雜草가 繁茂하지르못하며

飮料水가 全無한까닭으로 人類의 住居에는 不適當하나 그러나 그 周圍와 岩礁에는 魚族의 洞窟와 海狗의 棲息과 不時 突風으로 이것을 漁撈採取할 目的으로 來往하는 漁船의 來往이 頻繁하며 또 春夏에는 漁船의 來往이 頻繁하며 또 한 年中 秦秦하는 難破船

이 漂着處로 됩니다

二, 獨島領有問題

獨島는 地理的으로 土質及植物이 鬱陵島와 合致하며

歷史的으로 韓日合併前까지 韓國領土로서 漁獲을 獨
占하였음은 韓國水産誌에 明確한 證明이 있고 鬱陵
島에 居住하는 九十歲老翁洪在現民의 陳述에 依하면
七十年間 查陵島生活을 通하여 漁業繁殖採取
의事實과 光武十年에 日本隱岐島司一行十餘名이
查陵島에 來航하여 獨島가 自國領土임을 主張함으로
當時鬱島郡長 田在恒이 亥數不差가 非로 指摘하고
那時政廳慶州報告하던 事實 古來로부터 兩國의 사이에
此것은 是非가 있었으나 韓日合併後에는 獨島紛爭
問題는 論議의 必要가 없이되어 있었든 것이다
그러나 解放後 查陵島民은 本島의 所屬이 分明
함으로서 漁獲上 歸屬하이 있었음으로 當時島司는 本島

領有確認을 政府에 申請하여 一九四六年 六月 二二日

으로 聯合國最高指揮官에 ○○二三으로 韓國覺書. 日本帝

國政府로 經由 過渡政府 東京中央連絡廳에 送達한

日本人의 捕漁及捕鯨漁業事에 關한 承認된 區域

나타에 記載된 日本人의 船舶及人員은 今後 竹島(獨島

까지 二来 接近하지 못하며 又는 同島에는 如何한 接

觸도 못했다 고 라는 的確한 明文이 公表되여 我國領

土임이 闡明되였으나 近年까지 日本隱岐島 某個人이

自己 所有라고 主張하라는 말이 있음으로 此際再 闡明하여

我國漁夫가 安心하고 出漁하도록할 少要가 있는 것입니다

二. 獨島事件 及 全概況

檀紀四二八一年 六月 ○日 蔚陵島人 ○永道 外 三十二名

江原道蔚珍人王萬石以下十二名 江原道府迈人金

道順以下十八名 江原道平海厚里人金東沭等

十名合計三十九名은柴薪丸以下機船七隻과帆船十

一隻에分乘하고糧糧地盃陵島를出帆하여豊漁期

의利益을採取코저獨島에出漁하였음니다 同日은

西南風이强하게불어옴으로 大槪가沈倒의念慮

하여採取하고 安内의乾燥作業에從事하고或은採取에

船舶을離岸三〇〇米內에碇泊하고漁夫一部는上陸

從事하고있는中 午前十一時四十分頃 南東方面으로부터

飛行機의爆音이들니여와있으나 그늘이되고있는着도많었으며

흐믈음도드므으로着는 우리들도우는美軍의飛行機거니하여도爆

보럼도록하기뿐마음으로, 作業을 繼續하고 있었다고합니다

生存者의말에 依하면 飛行機十四機가 主로船舶이많은

北側에 攻運을 始作하고 約二三十分間에 回하여 機関銃

掃射를 加한後 當初出現方面으로 退去하였다고합니다

極度의危險과恐怖에 접을내여서 漁民들은 右便左舷

待避할場所를찾다가, 獨島에서 遠距離

船外에는거이다 射擊對象이되여 流沒大破하고두서一帶

는月 피비린내나는生地獄을 열우었다고합니다 爆撃이

끝난後生存者들은 事後收拾에 全力을다했다

고하나行方不明十四名 船舶大破四隻又는 確認하고

軽傷者大名만을 救助하여 艱辛히 査彦島까지

航하였드것입니다 生還者는 盃洛島民 尹永道以下

四十五名이고 行方不明者는 臺湖 金仲善 秦慶島

崔德植 金泰鉉 高允鍋、金海道 金海述 蒙一洙

厚湖見 金東述 附邊權千伊、金慶化 孝午植 外에 婦

名未詳 三名 合計 西名이며 其後 三次의 救護船 激送

時에 發見된 屍体는 金伊善 崔德植 娃 名未詳 名合

計 三名型이며 重傷者는 盧膚島 張鶴祥 李相唐 竹

邊權追文等 三名이고 其外 三名의 軽傷者가 있었으며 流

没船舶은 機船 養榮丸 稲荷丸 慶洋丸 算五等 正九

等四隻 文으로서 損害額은 九十四萬余 弗에 達하였다고 하나

四 救護概況

八等一次 救護、六月九日 機船二隻 文에 警備艇二名

船員十九名이 分乘하고 出帆搜査하였으나 屍身二

体를發見할뿐이고

○. 第二次救護、有十日다시機船二隻으로動員하여

濃霧를무릅쓰고, 終日探索하였으나 아무所得이없이

空遷함있다고한다.

3, 第三次救護 六月卄四日本事件이 道에 報告되자고

眞狀을調査코자 本道水産課技士文英國美人

CIC海岸警備隊員六名이本道所有警備船

鷄林丸으로盆陵島에出發하여翌卄五日盆陵島救助

水夫十名과墨湖通夫七名厚浦里漁夫三名合計二十人

名이敎員의機船을動員하여獨島周帶를大搜索

한一方軍人地調查를하였으나 屍身一体를發見치

못하였을뿐이었고 半沈船舶은其後再次의爆擊演習

習이 있었는지生遺者의服目에는事件호籍보망러우

其한波瀾을부얼젔는라오합니다

以上三次의救護工作도남우十혼의行方을찾을길없이

五十余名의救助된其名用处遊費하는結果를내여盂蘭島民

全体의노力을거운勞力도徒勞에欣하고무거운盂蘭島

東海에薄坤했두것입니다

五膳償及遺族援護状光

八. 美軍의陳謝 六月十六日美軍勝校教名이盂蘭島
에와慰하여行政官도有志曹瀚者遺鳥家族重傷者
家族等을차어深心한謝過의뜻으로表하고五膳償金을
三二五五〇月을으支給하도라가나합니다

2. 救護金募集 서울水產經濟新聞社、釜山産.

業務新聞社大韓南鮮經濟新聞社에서는 相互呼應하여
團員向胞에게遠來를앓으니고遣家族救護基金으로募
集하는二方道內水産團體公務員等이蹶起하여呼應
六旅四五千到百五拾第入○斛으로募集頒給하였는것임으
大慰庄祭擧行

今年七月二十七日慶丑漁業組合聯合會로서備品連難
漁民慰庇擧를獨島에서擧行코저하였으나當日
天가고順하여出帆치못하고盃慶島漁業組合에서
教参席우에盃大의慰擧行하였다고함이다

七慰霊碑建立
獨島遭難漁民의慰霊碑地로써想할때에樓
尼에골풍짼春틀일고一英霊들서慰

勞하며 水府의 寃魂을 慰하여 주는 一方 獨島가 我國領土임을

正式으로 再闡明하여 漁費上 및 軍事上 基礎를 鞏固히

하여 두고 또 此를 公報 및 美國公報院의 快寫機로 撮

影하여 領有問題를 國際的 國內的으로 屬케 하기 爲하여 事件發生 二周年으로 期하여 史地方

今 하기 爲하여 事件發生 二周年으로 期하여 央地方

要路 貴賓과 遺家族 其他 官民을 메시고

本道當局의 各事業의 精細히 親筆로쓴 獨

島遭難漁民慰靈碑建立하고 感憶 圣圣圣圣之文

六月 今 獨島에서 으로 臨 午行 하 였 을 ᄂ 니다

4. 독도연해어선조난사건(1952)

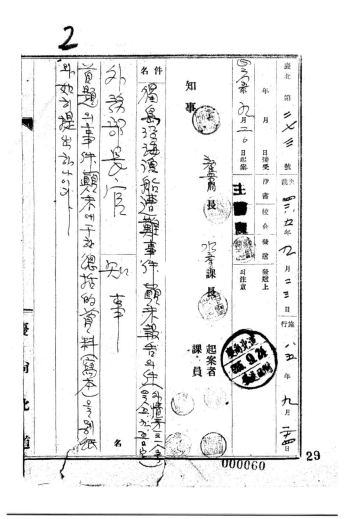

經緯報告

一, 獨島의 位置와 形態

獨島는 盧陵島南東(S E)約六十一浬地點에있는 大小두

섬과 若干의 岩礁로 形成된 斷崖絕壁이屹立한 無人島

임니다 이점은 樹林이없고 다만 雜草가 簇生할뿐이므로

飲料水가全無한까닭으로 人類의 住居에는 不適當합니다

그러나 그周圍와 岩礁에는 魚族의 洞遊와海狗의 棲息과

不布 昆布 等이 豊富함으로 이것을 漁撈採取할目的으로

夏季에는 漁船의 來往이 頻繁하고 平素에는 雜漁船

이源島로 됩니다

二, 獨島領有問題

獨島는 地理的으로 土質及植物이 盧陵島와 合致하며

30

000061

歷史的으로 韓日合倂前까지 韓國領土로서 漁獲을 獨

하였음은 韓國水産誌에 明確한 証明이 있고 鬱陵

島에 居住하는 九十歲 老翁洪在現民의 陳述한바에 依하며

七十年間 鬱陵島生活을 通하야 親緣하야 亦取

의事實과 光武十年에 日本隱岐島司一行十餘名이

鬱陵島에 来航하야 獨島가 自國領土임을 主張함으로

當時郡守 裵田在恒外多數文武가 非를 指摘하고

當時政府에 報告한事實等 古来로부터 両國의사이에

問題가 是非가 있었으니 韓日合倂後에는 獨島所屬

問題는 論議의 少要가 없이되여 있었든것이다

그러나 解放後 鬱陵島民은 本島의 所屬이 分明

함으로서 漁獲上障碍가 있었음으로 當時島司는 本島

領有確認을 政府에 申請하여 一九四六年 六月二日

으로 聯合國最高指揮官 八〇〇二三七 覺書 日本帝

國政府經由 連度政府 東京中央連絡廳에 送達된

日本人의 捕魚及捕鯨漁業等業務에 關한 承認된 區域

까지 二米 以上接近하지 못하며 又는 同島에는 如何한 接

觸도 못한다 라는 的確한 明文이 公表되어 我國領

自己所有라고 主張한다는 말이 있음으로 此際 再闡明하여

我國漁夫가 安心하고 出漁하도록 措치 要가 있는 것임니다

五 獨島事件 及 生概況

檀紀四二八一年 六月○日 蔚陵島人口 水道 二十三名

나 要에 記載된 日本人의 船舶及人員은 今後 我島(獨

土이 이 闡明되었으나 近年까지 日本隱岐島 某伐人이

江原道蔚湖人王萬龍外下十三名 江原道旌边人李
道順外下十八名 江原道平海厚浦邑人金東述外
七名 合計子九名은豪紫丸以下機舡七隻과帆舡
一隻에 分乘하고 根據地 盃陵島를 出帆하여 豊漁期
의 和布를 採取고저 獨島에 出漁하였으니 同日은
西南風이 强하게 불었음으로 大概가 坤側의 섬 그늘에서
舡舶을 距岸三〇米內에 碇泊하고 漁夫一部는 上陸
하여 採取한 和布의 乾燥作業에 從事하고 或은 採取
從事하고 있는 中 今前十一時四十分頃 南東方雷로부터
飛行機의 爆音이 들녀와 있으나 그들이 되여 있는 着도
濤노래가 甚하다으로 爆音을 드르고 있는 着도 몰랐있으며 또爆
음을 들으으는 着든 우리들도 우는 美軍의 飛行機거니 하야 爆

보담도 도혀기뿐 말음으로、作業을 繼續하고 있었다고 함니다

生存者의 말에 依하면 飛行機 十四機가 主로 船舶이 많은

北側에 投彈을 始作하고 約二十分間에 또한 機関銃

掃射를 加한 後 當初出現方面으로 退去하였다고 함니다

極度의 危險과 恐怖에 휩쓸녀서 漁民들은 右往左往

待避할 場所를 찾다가、獨島에서 遠距離에 있는 船

船까에 는 거이다 射擊 對象이 되여 沈没大破하고 두섬一帶

는 月피버러나는 生地獄을 열우엇고 爆撃이

끝난 後 生存者들은 事後收拾에 全力을다하였다

고하나 行方不明十四名、船舶大破四隻으로 慘謀하고

重軽傷者六名을 救助하여 戴운히 盃陵島까지回

航하였드것임니다 生還者는 盃陵島民乎永道以下

000063

32

四十五名이고、行方不明者는 莞島 金仲善 海陰島

崔德植 金泰銘、高允鎬、金海道 金海述 蔡一洙

慶州郡 金東述 外 邊權千伊 金慶允 李千植 外 姓

名未詳 三名 合計 四名이며 其後 三次의 救護船派送

時에 發見된 死体는 金仲善 崔德植 姓名未詳

計 三名뿐이며 重傷者는 孟陵島 張鶴洋 李相俊 竹

邊權進文 等 三名이고 其外 三名의 輕傷者가 있었으며 沉

没船舶은 機船 豊榮丸 稻荷丸 慶洋丸 등 五隻 正丸

等四隻 又 二로서 損害額은 九十四萬圓의 巨額에 達했다고한다

四. 救護狀況

一. 第一次 救護、六月九日 機船 二隻에 警察官 二名

船員 十九名이 分乘하고 出帆 搜索 하였으나 屍身 二

屍體를 發見할 뿐이고

2, 第二次救護, 六月十日 다시 機船 二隻으로 動員하여

濃霧를 무릅쓰고 終日探索하였으나 아무 所得이 없이

空還하였다고 합니다.

3, 第三次救護 六月十四日 本事件이 道에 報告되자고

真相을 調査코자 金道 水産課 技士 文英國 美人

C·I·C 海岸警備隊員 六名이 本道 所有警備船

鷄林丸으로 盂陵島에 渡航하여 翌十六日 盂陵島救助

水夫十名과 盂陵漁夫七名 厚浦里漁夫 合計十八

名이 救助의 機船을 動員하여 獨島一帶를 大捜索

한 方策으로 調査를 하였으나 屍身一體를 發見하

였을 뿐이었고 半潛船船은 其後 再次의 爆撃演

習이 있었는지 事變當者의 服目에는 事件當時보다도

甚히 破壞를 當했드라고 함니다

以上 三次의 救護工作도 남은 十名의 行方을 찾을길 없이

五十余名 海外同人用 經費라는 結果를 내여 孟骨島民이

全体의 눈물을 겨운 努力도 徒勞에 없하고 거거운 哀愁가

東海에 潭拂 했든 것일서

五 贈償 及 遺族 救護 概況

八 美軍의 感謝

六月十六日 美軍將校 數名이 孟浚島

에 와 遇하여 行政府의 有志遺族遺家族, 軍傷者

家族等을 차아 深心한 謝過의 뜻을 表하고 贈償金을

三四五○月을 支給하고도 라 갔다 함니다

六 救護金募集 서울시藜民濟新聞社, 釜山産.

某新聞社 大韓南鮮經濟新聞社에서는 相互呼應하여

國民에게 眞相을 알니고 遭難家族救護基金을 募

集하는 方道와 水産團體(公務員等)이 蹶起하여 提唱

方法으로 許키 方法으로 萬人分을 募集頒給하였든 것입니다.

六, 慰靈祭舉行

 今年 七月 二十七日 慶北漁業組合聯合會主催로 遭難

 遭民慰靈祭를 獨島에서 舉行코저 하였으나 當日

 風浪이 險하여 出帆치 못하고 盂慶島漁業組合에서 官民多

 數參席下에 盛大히 慰靈祭行하였다고 합니다.

七, 慰靈碑 建立.

 獨島遭難漁民의 靈을 弔慰코저 慶北을 回想하야 대에 橫

 死에 遭遇한 좋은 漁民들 알고 그 英靈을 現地에서 慰

34

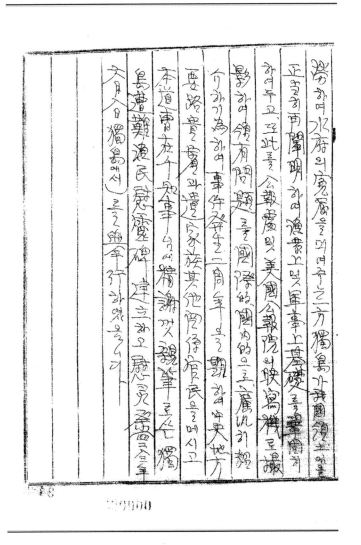

5. 독도침해사건에 관한 건의
이송의 건(1953)

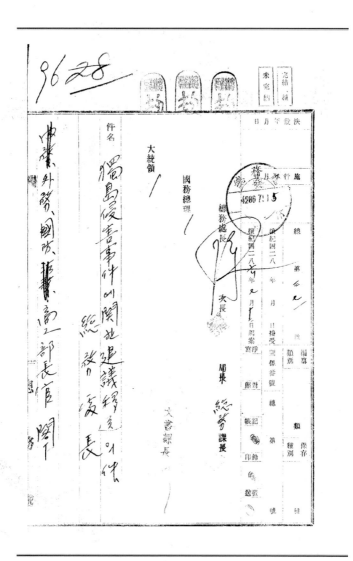

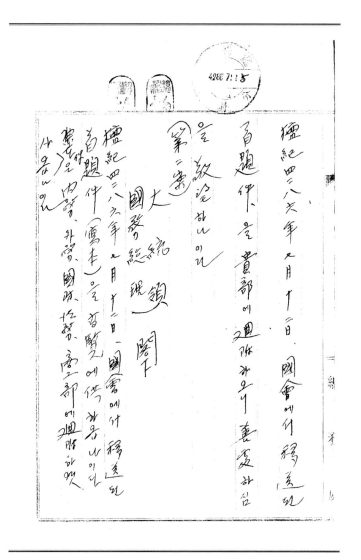

國議第一八五號

檀紀四二八六年七月八日

國會 (民議院)

議長代理 青　　　奉

大統領 李承晚 貴下

獨島侵害事件에關한建議移送의件

大韓民國領土인獨島에日本官憲이不法侵入한事實에對하여七月八日國會第十九次本會議에서는別紙와如히建議키로決議되였삽기玆에移送하나이다

獨島侵害事件에 關한 對政府建議

（主文） 大韓民國領土인 獨島에 日本官憲이 不法侵入한 事實에 對하여

政府는 日本政府에 嚴重 抗議할 것을 建議함

（理由） 지난 六月二十七日 日本島根縣廳、國立警察島根縣本部、法

務省入國管理局松江事務所員等約三十名이 歷史上 大韓民國領土가 明

確한 獨島에 大擧侵入하여 「日本領土」라는 標識판아울러 「韓國人出漁

는 不法」이라는 警告機을 建立하는 한편 때마침 出撈中의 韓國人漁夫六

名에게 退去를 要求하는 不法行爲를 取行하여 儼然한 海洋主權과 大韓民國

國土를 侵害하는 不祥事를 惹起하여 韓日兩國의 友好的인 國交에 一大暗影

을 던진바있다

그러므로 大韓民國政府는 今後 韓國의 主權을 保障할뿐아니라 山岳會를包

含한 强力한 現地調査團을 獨島에 派遣함에 援助하며 韓國人漁民의 出撈를

充分히 保護하고 今後 事態 收拾에 積極的 措置를 取할 것을 要請하여 左記의

決議文을 提出하다

〔決議文〕

一. 大韓民國의 主權과 海洋主權線의 侵害를 防止하기 爲하여 積極的인 措置를 取하여 今後 獨島에 對한 韓國漁民의 出漁를 充分히 保障할 것

二. 日本官憲이 建立한 標識을 撤去할 뿐 아니라 今後 如斯한 不法 侵害가 再發되지 않도록 日本政府에 嚴重抗議할 것

以上

6. 독도표석건립에 관한 건(1954)

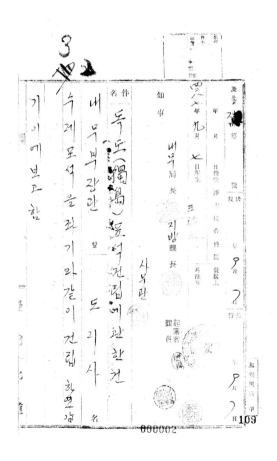

000002

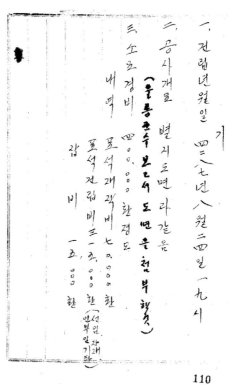

기

一, 건립년월일 四二七년 八월 二四일 一九시

二, 공사개요 별지도면 라같음
(울릉군수 보고서 도면을 첨부햇것)

三, 소요경비 ₩○,○○○ 환경도

내역 목재 각재비 七○,○○○ 환
(선임 과재)

포석 건립비 三○,○○○ 환
(인부임 기타)

갑비 一五,○○○ 환

110

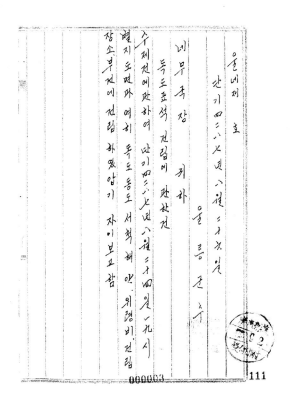

울네제 호

단기四二八七년 八월 二十六일

내무국장 귀하

울릉군수

독도표석 건립에 관한 건

수제건에 관하여 단기四二八七년 八월 二十四일 一九시

별지도면과 여히 독도 동도 서측해안 위령비 건립

장소 부근에 건립 하였압기 자이 보고함

000063

111

獨島標石建立斷面圖

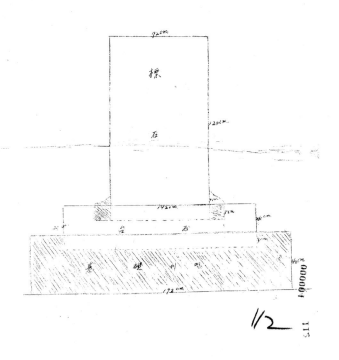

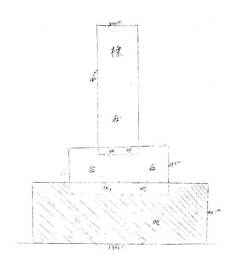

獨島標石建立平面圖

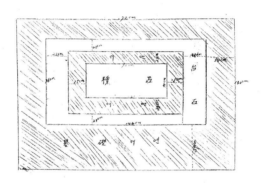

600000

114

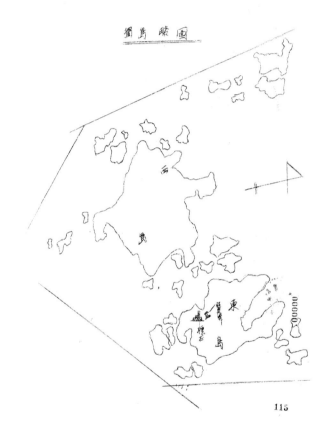

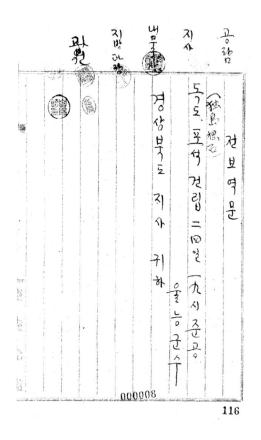

○월○일
공람

표석(標石) 건립(建立) 관리
○월○초일 독도에 것으나

상륙작업 불여이로
○월○七일 다시가

지고 있음
○월만일까지 건립예정

경상북도리사
울릉군수

000009

117

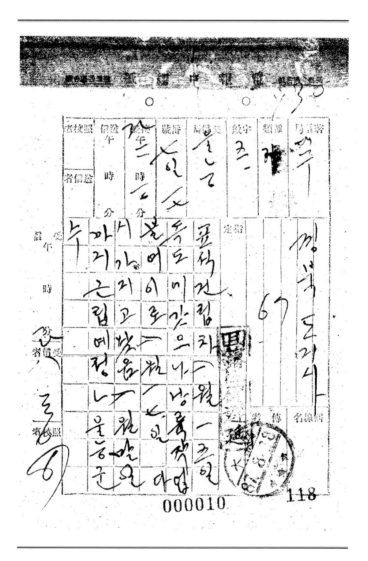

000010

118

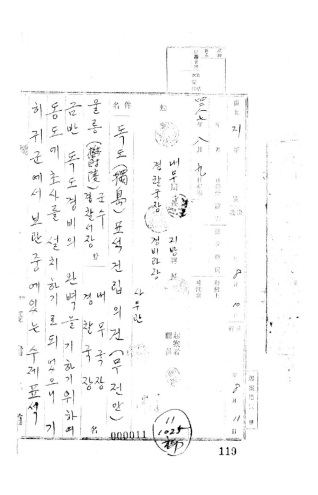

독도(獨島) 표석 건립 의견 (무전안)

울릉(鬱陵) 군수

경찰서장앞

경찰국장

내무부 국장

금반 독도경비의 완벽을 기하기 위하여

동도에 초사를 설치하기로 되었으니 기

히 귀군에서 보관 중에 있는 수개 표석

知

경찰국장
경비과장

내무부장
지방과

事件

사무관

000011

119

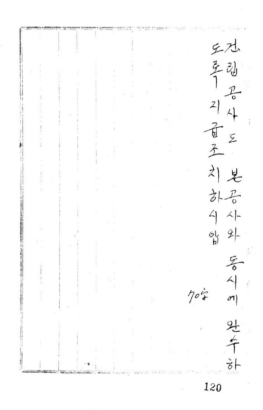

건립공사도 본공사와 동시에 완수하

도록 지급조치하시압

70앙

120

• 참고 자료 •

〈참고자료〉

1948년 독도폭격사건의 경과와 발생배경[*]

이태우[**]

1. 머리말

독도폭격사건은 1948년 6월 8일과 1952년 9월15일에 있었던 독도에 대한 미군의 폭격사건을 지칭한다. 특히 1948년 폭격사건은 많은 인명과 재산손실을 초래한 사건으로 전 국민의 슬픔과 공분을 자아낸 사건이었다. 이 사건은 아직까지 그 진상이 명백히 규명되지 않은 부분이 많을 뿐 아니라 피해자들에 대한 보상도 제대로 이루어지지 않았다. 1952년 폭격사건은 때마침 한국산악회가 제2차 울릉도 · 독도 학술조사단을 파견했는데, 미군기의 독도 폭격으로 인해 독도에 상륙하지 못하고 중도에서 포기해야만 했다. 다행히 인명피해는 없었지만 대규모 독도조사를 실시하려던 관련전문가들의 입도 시도를 저지한 충격적 사건이었다. 다행히 1952년의 2차 폭격사건의 경우 어느 정도 사건 규명에 대한 연구가 이루어졌지만, 1948년 1차 폭격사건의 경우 사건 규명을 위한 몇 편의 선행 연구가 있었지만 여전히 의문과 의혹이 해소되지 않고 있다.

과연 독도폭격사건의 진실은 무엇인가? 폭격이 일어났던 당시 한국정부, 즉 남조선 과도정부와 이승만 정부는 이 사건의 성격을 어떻게 인식하고 있었으며, 또한 이 사건에 대해 어떻게 대응했는가? 이 사건을 초래한 배후가 있었는

---

[*] 이 논문은 『독도연구』20호(영남대독도연구소, 2016.6.30. pp. 121-141)에 수록된 것임
[**] 영남대학교 독도연구소 연구교수

가? 그렇다면 과연 그 배후는 어떤 세력인가? 독도를 폭격한 공격자와 피해자에 대한 의문은 많이 밝혀졌으나, 독도폭격사건의 배경 대한 의혹은 여전히 줄어들지 않고 있다.

현재까지 1948년 독도폭격사건의 진실을 밝히기 위한 중요한 연구 성과들이 있었다. 이 연구들은 주로 독도폭격사건의 경과와 진상을 규명하면서 독도 영유권과 관련해 이 사건이 가지는 의미를 제시하는데 주안점을 둔 것이었다. 독도폭격사건과 관련한 최근의 연구 중에서 특히 홍성근[46]과 정병준[47]의 연구는 독도폭격사건의 진상을 규명하는데 중요한 기여를 한 것으로 평가할 수 있다. 이들의 연구는 사건의 배경이나 원인을 일본과의 관계 속에서 밝히려는 시도였다.

또한 로브모(M.S. Lovmo)[48]의 연구는 1948년 독도폭격사건의 몇 가지 의혹들, 즉 조업선박에 대한 폭격 여부, 기총소사와 실제 폭탄사용 여부 등의 미해결 쟁점을 해명하고 사건의 실체를 밝히는데 중요한 기여를 한 것으로 평가받고 있다.

반면에 김태우[49]의 연구는 이 사건의 근본원인을 1947~1948년 미국의 극동지역 군사정책의 변화에서 찾고자 하였다. 즉 1948년 독도폭격사건은 당시 미국이 극동지역 대소봉쇄정책의 일환으로 독도를 폭격연습장으로 활용하면서 발생한 사건으로, 이는 미국의 냉전정책에 따른 불가피한 희생임을 강조한 것으로 보고 있다. 이것은 독도폭격사건에 대한 기존의 연구와는 또 다른 시각

---

46) 홍성근, 「독도폭격사건의 국제법적 쟁점 분석」, 『독도 연구총서』10, 독도연구보전협회, 2003. pp. 377-417; 「평화선 선언과 독도 폭격 연습지 지정에 대한 법·정책적 이해」, 『독도연구』18호, 영남대 독도연구소, 2015.6. pp. 167-192.

47) 정병준, 『독도 1947 : 전후 독도문제와 한.미.일 관계』, 돌베개, 2010.(이하 『독도 1947』로 표기)

48) Lovmo, M. S., "Further Investigation into The June 8, 1948 Bombing of Tokdo Island", International Journal of Korean Histoy, vol.4, Aug. 2003. pp. 261-278.

49) 김태우, 「1948년 미 공군에 의한 독도 폭격의 전개양상과 군사정책적 배경」, 『동북아역사논총』32호, 동북아역사재단, 2011.6. pp. 375-411.

을 제시한 것이라 할 수 있다.

이 연구는 기존의 홍성근, 정병준, 로브모, 김태우 연구의 연장선상에서 1948년 독도폭격사건의 경과를 재구성해보고, 이 사건이 일어난 배경을 검토해보고자 한다. 아울러 이 사건에 대한 당시 한국(과도)정부의 인식과 대응에 대해서도 함께 살펴보고자 한다. 1952년 독도폭격사건이 발생한 배경에 대한 의혹은 상당히 밝혀졌지만, 1948년 독도폭격사건의 발생 배경에 대한 의혹은 아직까지 충분히 규명되지 못했다. 이러한 측면에서 이 연구는 1948년 1차 폭격사건이 발생한 배경에 대한 의혹과 배후를 규명해보고자 한다.

2. 1948년 독도폭격사건의 경과

1) 1948년 독도폭격사건의 발생과 피해상황

"독도에 폭탄이 떨어지고 기관총이 난사 되자, 괭이갈매기의 울음소리와 함께 독도의 바다는 온통 붉은빛으로 물들었다. 어업을 위해 강원도와 울릉도에서 온 어선들이 갑작스런 폭탄세례에 바다는 마치 태풍을 만난 듯 동요하고 어부들은 죽어갔다. 이것은 소설이 아니다. 1948년 6월8일 화요일 정오께 독도에서 벌어진 거짓말 같은 사실이다. 당시 생존자들의 증언에 따르면 다른 어부들과 함께 30여 척의 배에 나눠 승선해 독도 근해에서 고기잡이와 미역을 채취하다 봉변을 당했다. 증언에 의하면 이 날에만 거의 150여 명 가까운 어부들이 폭격으로 사망한 것으로 추정되고 있지만 정확한 내용은 아직 밝혀지지 않고 있다. 폭격으로 대부분 어선은 침몰하고 3명의 생존자를 포함한 극소수만이 부서진 15t급 목선을 타고 표류하다 저녁이 돼서야 동해상에서 구조됐다."[50]

---

50) 《대구일보》, 2015.02.06자 기사 「1948년 미공군 폭격연습 표적 "어민 150여명 무고한 희생"」.

위 이야기는 최근 《대구일보》에서 다룬 기사내용이다. 67년 전 이야기이지만, 이 기사에서도 여전히 그날 발생한 사건 상황에 대해서 많은 의혹을 제기하고 있다. 특히 사건 당일 폭격으로 인해 발생한 사상자 수가 아직까지 정확히 밝혀지고 있지 않다는 점이다.

당시 신문 자료를 살펴보면 피해상황을 다음과 같이 보도하고 있다.

폭격사건을 처음 보도한 《조선일보》는 禑월 8일 오전 11시 반경 국적불명의 비행기가 독도에 폭탄을 투하하고 기총소사를 가해 울릉도·강원도 어선 20여 척이 파괴되고, 어부 16명이 즉사하고, 10명이 중상을 입었다."[51]고 보도했다.

《동아일보》는 "독도에서 어선이 폭격을 받아 20여 명이 사상한 사건이 일어났다. 미역을 채취 중이던 어선 15척이 작업 하던 중 상공에 나타난 비행기로부터 폭탄과 기관총 공격을 받아 11척이 침몰하고 사망 9명, 실종 5명, 중상 2명, 경상 8명이라는 큰 희생을 냈다"[52]고 보도하고 있다.

같은 날 《경향신문》은 "정체 모를 비행기 울릉도 어선 폭격"이란 제목으로 謂척의 어선에 45명의 어부가 독도 근해에서 미역을 채취하던 중 정체 모를 비행기 아홉대가 날아들어 폭탄과 기관총 사격을 받았으며, 9일 구호선을 출동시켜 구호작업을 하는 중"[53]이라고 전하고 있다. 신문보도 외에도 그날의 참상은 잡지를 통해 보다 상세히 알려졌다.[54]

---

51) 《조선일보》, 1948.06.11자 기사
52) 《동아일보》, 1948.06.12자 기사
53) 《경향신문》, 1948.06.12자 기사
54) 조춘정, 「독도폭격사건의 진상」, 『민성』 8월호; 한규호, 「참극의 독도(현지레포-트)」, 『신천지』 7월호(통권27호).

그림1 <조선일보>
1948.06.11자 관련기사

그림2 <경향신문> 1948.06.12자 관련기사

　최근《대구일보》취재 기사에 따르면, 당시 생존한 3명의 어부는 김태홍(22), 최만일(33), 최춘삼(44)씨로, 이들은 霽일 독도에 도착해 미역을 따고 있었고, 이튿날 8일 오전 11시30분께 정체 모를 비행기 6대가 날아와 어선으로 10여 개 이상의 폭탄을 던졌다"고 전했다. 또 "폭탄이 터지면서 일어난 파도로 어선은 침몰 됐고, 당시 부근 해상에는 약 20~30척의 어선이 있었다.""결국 발동선 2척과 전마선 2척이 겨우 귀환했다."며 "같이 간 일행 중에는 행방불명된 자가 2명이며, 김동술(39)씨는 기관총의 탄환을 맞고 사망했다"고 당시 상황을 전했다. 당시 언론보도에 따르면 폭격으로 사망한 사람이 십 수명이라 보도 됐지만, 생존자들의 증언에 의하면 30여 척의 배에 200여 명의 어부가 사망했을 것이라는 추측이 나오고 있다.[55]

55)《대구일보》, 2015.02.06자 기사「1948년 미공군 폭격연습 표적 "어민 150여명 무고한 희생"」.

국내의 언론매체들은 앞 다투어 당시의 참상을 소개하고 있음을 알 수 있다. 이 사건으로 인해 독도에 대한 우리 국민들의 관심은 크게 높아졌으며, 또한 독도가 우리의 영토라는 인식이 더욱 확고해진 계기가 되었다. 그러나 문제는 위의 신문보도기사에서 보듯이 당시의 상황들에 대한 파악이 정확하지가 않다는 점이다. 애초에 공습을 가한 국가와 비행기의 정체는 그 후 미국의 폭격기로 밝혀졌지만, 서둘러 피해조사와 보상을 마친 관계로 사건의 실체와 원인 규명, 피해규모, 사후 보상 등이 제대로 이루어지지 못하게 되었다. 따라서 세월이 갈수록 이 사건에 대한 의혹은 증폭되어 왔다.

다행히 2003년을 기점으로 이 사건의 실체를 규명하는 의미 있는 연구들이 이어져 사건의 의혹을 풀어주는데 상당부분 기여하였다.[56]

2) 진상조사와 어민피해 보상

많은 어민들이 희생당한 이 사건에 대해 1948년 6월15일 제헌국회는 제11차 본회의를 열고 독도 폭격사건을 의제로 다뤘다. 진상을 규명하자는 긴급동의안이 나왔기 때문이다. 결국, 외무국방위원회에 일임하자는 의견이 채택됐다. 이튿날 미군정 당국은 외무위원회 소속 장면 의원에게 "폭격사건에 대해 조사하고 있으며 만약 미군에 책임이 있으면 손해를 보상하는 등 모든 조치를 취하겠다"는 내용의 성명서를 보내왔다.

당시 미군정 정보당국은 폭격사건이 알려지고 나서 한국인들이 분노했으나, 16일 하지 중장이 성명을 발표하자 미국에 대한 비우호적인 여론이 사라졌다고 평가했다. 다음날 극동공군사령부는 우발적인 사고였다는 내용의 조사결과를 발표하고, 미군정은 조사결과 대신 29일 보상이 이뤄지고 있다는 사실만 밝혔다.

---

56) 홍성근(2003/2015), 로브모(2003), 정병준(2010), 김태우(2011)의 앞의 논문 참조.

뒤늦게 밝혀진 사실이지만, 당시 피해보상이 제대로 되지 않았던 것으로 나타나고 있다. 보상을 못 받은 사람이 대다수인데다 보상받은 사람들도 당시 돼지 한 마리 값 정도에 그쳐 보상금으로 위령제를 지냈다고 전해진다. 당시 언론에서는 정확한 진상 규명을 요구했지만, 별다른 조치 없이 사건은 이렇게 마무리됐다.

당시는 미군정 치하였기 때문에 한국인은 정부 차원의 항의를 할 수 없었다. 사건 조사와 수습도 미군이 맡았다. 그 결과 폭격을 한 B-29편대의 승무원들이 어선들을 보지 못해 저지른 실수라는 식으로 조사는 흐지부지 끝나버리고 말았다.[57]

1948년 1차 독도폭격사건의 진상은 2000년대 이후 학계를 중심으로 몇몇 연구자들에 의해 상당 부분 밝혀졌다. 앞서 언급한 홍성근, 정병준, 로브모, 김태우 등의 연구는 이 사건의 진상을 밝히는데 중요한 기여를 했다.

또한 앞선 연구들의 성과를 확인하고 보충하는 작업으로서 김응학의 조사·연구 결과는 이 사건에 대한 보다 구체적이고 실증적인 자료들을 제시해주었다. 그는 2005년 12월 1일 출범한 「진실화해를 위한 과거사정리위원회」에서 독도폭격사건에 대한 공식적인 조사를 하였으며, 그 결과를 논문으로 발표하였다.[58] 유족의 신청으로 국가에서 공식 조사하게 된 이 사건은 민원신청인, 유족, 당시 울릉도에 근무하면서 이 사건을 조사했던 경찰관 등 관련 참고인의 구술 증언을 토대로 재구성한 것이다. 구술증언을 통해 독도폭격사건을 재구성한 것은 기존의 연구와는 다른 접근 방법을 시도한 것으로, 당시의 사건현장 상황을 보다 구체적이고 생생하게 재현설명해주는 장점을 가진다. 이 논문은 증언자들과의 대담을 통해 사건이전 상황, 폭격사실, 기총소사 사실, 피해사실, 폭격사실에 대한 증언과 군문서의 비교 등을 실증적으로 제시하고 있다.

---

57) 《대구일보》, 2015.02.06자 기사
58) 김응학, 「증언을 통해 본 1948년 독도폭격사건」, 「독도논총」 제6권 제1호, 2012.6, pp.65-116.

구분		인명피해		재산피해			일자
		사망/실종자	부상자	침몰선박	파손선박	피해액	일자
언론보도	조선일보	16명	중상 10명	20여척			1948.06.11
	동아일보	14명(9/5)	중상2/경상8	11척	4척		1948.06.12
	경향신문	14명(9/5)	중상2/경상8	11척	4척	500만원	1948.06.12
	민주일보	14명(3/11)	중상 3명	19척	4척		1948.06.13
	자유신문	9명	중경상 36명	11척		500만원	1948.06.12
	한겨레신문	150명		80척	2척		1999.10.11
	대구일보	200명		30척			2015.02.06

그림3 1948년 독도폭격사건 피해규모

이 밖에도 월간 '신천지'1948년 7월호에는 사망 16명(중상 3명), 침몰선박 23척으로, 1952년 울릉도·독도학술조사단은 사망자를 30명으로 집계했다. 특히 '푸른울릉·독도가꾸기모임'과 한국외국어대 독도문제연구회는 1995년 생존자 3명의 증언을 종합하여 150~320명의 사망자가 발생한 것으로 추산하기도 했다. 로브모는 그의 논문에서 사망자 최소 30명, 침몰선박 80여척으로 조사내용을 각각 발표하였다.

위의 표에서 보듯이 사건 당시 언론에 보도된 피해규모에는 큰 차이가 없었으나 2000년을 전후해서 피해자와 유가족을 상대로 한 조사에서는 피해규모가 10배 이상 큰 것으로 나타난다. 피해규모가 이렇게 큰 차이를 보여주는 이유는 무엇일까?

여러 가지 이유가 있겠지만 우리가 추정해 볼 수 있는 이유는 일단 다음과 같은 몇 가지로 제시해볼 수 있을 것이다. 첫째, 단편적인 언론 보도와 몇몇 피해자의 진술 외에는 당시 사건현장을 재구성할 수 있는 자료가 현저히 부족하다는 사실이다. 둘째, 지리·교통적 여건으로 사건현장에 대한 보존이나 상황 파악이 지체되었다는 점이다. 셋째, 따라서 제대로 된 피해상황 조사가 이루어지지 못했으며, 넷째, 미군정체제 하에서 사건의 실체를 파악하기 위한 과도정

부의 신속한 조사나 대응이 부족하였다는 점이다. 다섯째, 특히 아쉬운 점은
피해 가족들의 실종 신고 등이 부족하여 정확한 피해 규모의 파악이 어려웠다
는 점이다.

이상과 같이 여러 언론기관의 보도기사와 연구논문, 시민사회단체 조사내용
등을 종합해보면 현재까지 인명피해와 재산피해는 당시 미공군기의 폭격으로
인한 사망/실종자가 약 200명 내외, 침몰선박이 약 50척 내외일 것으로 추산
된다. 피해규모의 많고 적음을 떠나 명확한 진상규명의 차원에서 민 · 관 · 학
3자로 구성된 진상조사가 필요하리라 본다.

3. 1948년 독도폭격사건의 발생배경

1) 독도폭격사건에 대한 미국의 태도

독도폭격사건으로 미군의 책임을 지탄하는 국내 여론이 비등해지자 주한미
군정사령부도 6월 24일 주한미군사령부를 경유해 극동군사령관에게 독도폭격
금지를 요청하는 공문을 보냈다. 군정장관 윌리엄 딘 소장 명의로 된 이 공한
에서 "리앙쿠르암 인근이 한국어부들이 가용할 수 있는 최상의 어장에 속"하며
"이 해역이 울릉도와 인근 도서에 거주하는 1만 6,000명의 어부 및 그들 가족
들의 주요 자원"이라고 지적했다.[59]

여기서 주목할 점은 딘 군정장관이 독도 동방 10해리 지점부터 동해안에 이
르는 지역에 대한 폭격금지를 요청한 사실이다. 이는 단지 이 해역이 한국어민
들의 어로지역이기 때문만이 아니라 주한미군정의 관할구역이자 한국영토임
을 인지했기 때문이다. 미군정은 이 지역이 한국어부들의 어업구역이라며 구
체적인 어획고를 제시하기까지 했다. 딘이 제시한 독도 동방 10해리 이서(以

---

59) 정병준, 『독도 1947 : 전후 독도문제와 한.미.일 관계』, 돌베개, 2010. p. 192(이하 『독
도 1947』로 표기.

西) 지역은 연합군최고사령부지령(SCAPIN) 1033호(1946. 6. 22) 「일본의 어업 및 포경업 허가구역에 관한 건」의 제3항, "일본의 선박 및 선원은 리앙쿠르 암으로부터 13해리 이내에 접근해서는 안되며, 또한 이 섬과의 일체의 접촉은 허용되지 않는다"라는 지령, 즉 맥아더라인을 반영한 것으로 보인다. 맥아더라인은 일본 어부들의 출어경계선으로 선언되었을 뿐만 아니라, 미군정에 의해 한국 어부들의 어장이자 한국 해역으로 판단된 것이었다.[60]

독도폭격사건과 관련하여 주한미군정사령부나 극동군사령부, 극동공군사령부, 제5공군 등은 무고한 사망, 부상, 재산상의 손실에 대해 공식적으로 사과·사죄하지 않았다. 또 이 사건과 관련한 최종적인 조사결과도 발표되지 않았다. 극동공군은 "가장 불행한 유감스러운 사고"라고 발표했고, 하지는 "큰 충격을 받았"으며 "미군이 그 책임을 져야 한다는 것이 판명되면 그 책임은 도저히 피할 수 없을 것"이라는 성명서를 발표함으로써 사건을 일단락했다. 한국 언론들은 폭격기 조종사가 군법회의에 회부되었다는 등의 낙관적이고 주관적인 전망을 내놓았지만,[61] 후속조치는 없었다.[62]

독도폭격사건과 관련한 최종 조사결과보고서는 발표되지 않았다. 극동군사령부, 극동공군사령부, 제5공군, 주한미군정사령부 중 어느 쪽도 조사결과보고서를 발표하지 않았다. 진상은 규명되지 않았고, 진심을 담은 사과도 없었다. 주한미군정은 최고책임자인 하지가 아닌 딘 군정장관이 배상이 완료되었다고 기자회견을 통해 밝히는 것으로 사건을 종결지었다.[63]

아래의 그림은 1·2차 독도 폭격사건을 일자별로 정리한 것이다.[64]

60) 『독도 1947』, pp. 193-194.
61) 「근일발표, 猛爆한 비행사들 군법회의 회부?」,《수산경제신문》(1948. 7. 8.); 「민주독립당, 독도폭격사건 진상규명촉구」,《조선일보》(1948. 7. 8). 정병준, 『독도 1947』, 194쪽 각주 30) 재인용
62) 『독도 1947』, p. 194.
63) 『독도 1947』, p. 200.
64) 《대구일보》 2015.02.06자 기사에서 인용

독도 폭격사건 일지

1947. 4	독도 폭격사건 발생 추정(48년 6월12일자 조선일보)
1948. 6. 8	미군 독도폭격 양민학살 사건
1950. 4. 25	한국정부, 미 제5공군 앞으로 폭격사건과 관련한 조회
1950. 5. 4	미국 회답, 독도와 그 근방에 출어가 금지되었다는 사실이 없었다는 것과 극동공군의 연습폭격의 목표로 되어 있지 않았다는 내용
1950. 6. 25	한국전쟁 발발
1951. 7. 6	연합국사령부, SCAPIN 제2160에 의해 독도를 폭격 연습지로 지정
1951. 6. 8	독도조난어민 위령제 개최(독도에 위령비 건립)
1952. 7. 26	미일합동위원회, 독도를 미군폭격연습지로 재지정
1952. 9. 15	미군 독도 폭격사건 발생(폭탄 4발 투하)
1952. 9. 22	미군 독도 폭격사건 발생(52년 9월22일자 조선일보 보도)
1952. 9. 24	미군 독도 폭격사건 발생 (울릉도 독도 학술조사단 독도입도 포기)
1952. 11. 10	한국정부, 미국대사관에 폭격사건 재발방지 공문 발송
1952. 12. 4	미국대사관 회답, 진상파악 곤란, 재발방지를 위한 신속한 조치 예정
1953. 1. 20	유엔군 총사령관, 독도폭격연습지 중단 조치 명령
1953. 3. 19	미일합동위원회, 독도를 미군폭격연습지에서 해제결정

그림4 〈독도폭격사건 일지〉

2) 독도폭격사건의 진상과 의문점

1948년 독도폭격사건은 여러 가지 의문점을 남겼다. 사건 자체와 관련해서는 폭격을 가한 비행기의 소속 · 대수, 폭격시각 · 고도, 기총소사 여부, 사망자 · 실종자 수, 파괴된 어선 수 등이 쟁점이며, 사건의 배경으로 가장 중요한 것은 언제, 왜, 어떻게 독도가 극동공군의 폭격연습장으로 지정되었는가 하는 점이었다.[65]

특히 중요한 의문은 '왜 한국 아닌 일본 어민 · 어선에 폭격연습을 사전 경고하도록 했나?'는 것이다. 연합군최고사령부지령(SCAPIN) 677호(1946. 1. 29)에 의해 독도는 일본정부의 정치상 · 행정상 권력행사가 정지되었고, 연합군최고사령부지령(SCAPIN) 1033호(1946. 6. 22) 맥아더라인 선포에 따라 일

---

65) 『독도 1947』, p. 201.

본의 선박과 선원은 독도로부터 13해리 이내에 접근이 금지되었을 뿐만 아니라 독도와의 일체 접촉이 불허되었다. 즉, 독도는 일본령에서 배제된 상태였고, 일본 어민·어선은 독도 인근 13해리 이내 접근이 금지된 상태였다. [그런데 한국 어선·어민이 아니라] 이미 접근이 금지된 상태였던 일본 어민·어선들에게 폭격연습 2주 전에 경고했다는 것은 불가사의한 일이다.[66]

그렇다면 왜 SCAPIN 1778호가 일본의 정치상·행정상 권리가 정지되고, 일본 선박·선원들이 13해리 이내 접근 혹은 접촉이 허용되지 않는 독도에 일본 어민들이 가지말아야 한다고 규정한 것인지에 대해서 여러 가지 가능성을 생각할 수 있다. 그 중 하나의 가능성으로 일본 외무성 등이 직간접적 방식의 공작력을 발휘했을 경우를 상정할 수 있다.[67]

이미 1947년 6월 일본 외무성은 「일본의 부속소도: 제Ⅳ부(태평양 소도서, 일본해 소도서)」라는 팸플릿을 만들어 독도는 물론 울릉도가 일본령이라는 선전을 연합국에 대대적으로 한 바 있다. 이 팸플릿에서 일본 외무성은 "다즐렛(Dagelt, 울릉도)에 대해서는 한국 명칭이 있지만, 리앙쿠르암(Liancourt Rocks, 독도)에 대해서는 한국명이 없으며, 한국에서 제작된 지도에서 나타나지 않는다는 점에 주목해야 한다"는 허위주장을 했다. 일본 외무성은 허위사실에 기초한 팸플릿을 통해 일본의 독도영유권을 주장했던 것이다. 즉 1947년 4월 일본 어부는 독도에 불법 상륙해 독도가 자신의 어구라며 한국 어부에게 총격을 가했고, 1947년 6월 일본 외무성은 독도가 일본령이라는 팸플릿을 만들어 연합국에 대대적인 홍보작업을 벌였다.[68]

일본이 1905년 독도를 자국령으로 불법 편입할 때의 가장 중요한 목적은 러일전쟁에서 러시아 함대를 감시하기 위한 군사망루의 설치였는데, 이런 맥락에서 일본정부가 주일미군으로 하여금 독도를 군사시설로 활용하게 함으로써

---

66) 『독도 1947』, p. 232.
67) 『독도 1947』, p. 233.
68) 『독도 1947』, p. 233-234.

독도에 대한 일본의 영유권을 강화하고, 미군을 통해 증거문서를 확보하는 책략을 구사하지 않았는가 하는 의문에 도달한다. 왜냐하면 1948년의 독도폭격은 1947년의 독도폭격연습장 지정 때문이었는데, 같은 상황이 1951~1953년에도 반복되었기 때문이다. 1951년 일본 외무성과 일본 국회가 독도영유권을 주장하기 위해 벌인 공작은 1947년의 독도 폭격연습장 지정에 끼친 일본의 영향력 유무에 대한 실마리를 제공한다.[69]

대일강화조약 체결이 급물살을 타던 1951년 제10회 일본 중의원 외무위원회 (1951. 2. 6)에서 야마모토 도시나가 의원은 "위도(緯度)관계 혹은 기타 조치에 의해 점령군정 밑에"있는 하보마이, 시코탄, 다케시마에 대해서는 '특수한 수단'을 강구해야 하며, 종래의 도(道)·도(都)·부(府)·현(縣) 관할하에 있는 곳은 일본의 영토로 반환받기 위해 노력해야 하지 않겠느냐고 질문했다. 이에 대해 시마즈 히사나가 정무국장은 "종래부터 충분히 연구", "거듭하여 충분히 경청해 연구"하겠지만 "어떻게 손을 쓰는지는 양해 바란다"라고 답변했다. 특수한 수단의 정체는 독도를 미군 폭격연습장으로 지정·해제하는 전략이었다.[70]

제13회 중의원 외무위원회(1952. 5. 23)에서 야마모토 도시나가 의원은 "이번 일본 주둔군 연습지 설정에서 다케시마 주변이 연습지로 지정되면 이를 일본의 영토로 확인받기 쉽다는 발상에서 외무성이 연습지 지정을 오히려 바란다는 얘기가 있는데 사실이냐"라고 질문했고, 이시하라 간이치로 외무성 정무차관은 "대체로 그런 발상에서 다양하게 추진"한다고 답변했다.

1951년 체결된 미일안전보장협정의 후속조치로 행정협정(SOFA)이 체결되었고, 이의 이행을 위한 미일합동위원회가 설치되었다. 미일합동위원회는 1952년 7월 26일 「군용시설과 구역에 관한 협정」을 체결했는데, 이는 일본 외무성이 추진한 대로 독도를 미군의 공공훈련구역으로 선정한다는 내용이었다.

---

69) 『독도 1947』, p. 234.
70) 『독도 1947』, p. 234-235.

이는 독도를 일본령으로 만들고자 주일미군을 활용해 증거문서를 확보하려는
일본 외무성 책략의 구현이었다. 그 후 1952년 9월 한국 어선과 한국산악회
독도조사대에 대한 미군기의 폭격사건이 재발했다. 일본정부는 시마네현 주민
들의 어업불편 등을 내세워 1953년 3월 19일 미일합동위원회 소위원회를 통
해 독도를 미공군의 훈련구역에서 제외했다.[71]

  미일합동위원회 소위원회가 개최되기 직전에 열린 제15회 참의원 외무·법
무위원회 연합심사회(1953. 3. 5)에서 시모다 다케소 외무성 조약국장은 이러
한 "조치를 취한 것이 다케시마가 일본이 영유하고 있는 섬이란 사실을 명확
하게 법률적으로 뒷받침 하는 근거"를 마련하기 위한 것이라고 밝혔다.[72] 일
본정부는 이러한 독도 폭격연습장 지정·해제 조치를 완료한 4개월 후 이 조
치가 독도의 일본영유권을 증명한다고 한국정부에 통보했다. 결국 일본정부는
1951~1953년 간 미국을 이용해 독도를 자국령으로 확보하기 위해 정부 차원
에서 책략을 구사했고, 정해진 방침에 따라 이를 실천에 옮겼다.

  일본 외무성의 계획에 따라 독도를 일본령으로 전제한 토대 위에서 주일미
공군 훈련장으로의 지정, 일본 어민을 내세운 독도 훈련장 지정의 해제, 이후
한국정부를 향한 미일교섭과정 공개 등이 진행되었다. 미군은 독도 접근이 불
법인데다 원천봉쇄되어 있었던 시마네현 등 일본 어민에게만 훈련사실을 통보
했고, 아무런 통보를 받지 못한 채 자국 어장에서 조업 중이던 한국 어선·어
민들은 폭격에 희생되었다. 일본 외무성과 중의원은 거리낌 없이 이런 책략의
진행에 대해 논의했다. 미국은 이용당했고, 한국의 주권은 침해당했으며, 한
국인들의 생명은 존중되지 못했다. 국가 간의 신의는 존재하지 않았다. 일본은
이웃 국가인 한국은 물론 우방인 미국을 상대로 독도영유권 증빙을 얻기 위해
공작적 책략을 구사했던 것이다.

---

71) 『독도 1947』, p. 235.
72) 『제15회 참의원 외무·법무위원회 연합심사회 회의록』(1953. 3. 5)[이종학(전 독도박
   물관장),『독도박물관 보도자료』(2001. 12. 20)에서 재인용.]

1951~1952년에 벌어진 일련의 사건, 즉 독도의 미공군 폭격연습장 지정, 미공군의 폭격, 한국 어민·어선의 피해 등은 1947~1948년에 벌어진 사건과 정확히 일치하는 것이다. 1947~1948년의 사례가 1951~1952년 일본정부 책략의 원천이 된 것인지, 아니면 두 사례가 모두 일본의 독도영유권 확보를 위한 준비된 책략의 결과였는지 밝혀지지 않았다. 그러나 1947~1948년, 1951~1952년 간 사례에서 명백히 드러난 사실은 미공군이 독도를 폭격연습장으로 지정한 후 훈련사실을 독도 접근이 원천 봉쇄된 일본 어민에게만 통보했고, 폭격은 무고한 한국 어민·어선들에게 가해졌다는 점이다.[73]

우리는 1952년 2차 독도폭격사건에 개입한 일본의 책략을 볼 때 1948년 독도폭격사건도 동일한 일본의 책략에 의한 것이라고 볼 수 있다. 즉 일본은 ① '독도문제'를 쟁점화해 ②국제사법재판소로 가져가고 ③자신들에 유리한 논리와 증거를 만들어 내기 위해 ④독도를 미공군 연습장으로 지정하는 협정을 미군당국과 체결하고 ⑤미군으로 하여금 폭격 당일 일본 어민들에게만 독도인근 출어금지를 내리게 한 것이다.

이러한 일련의 과정은 1948년 독도폭격사건이 일본의 치밀한 기획에 의한 것임을 보여주는 것이며, 따라서 이 사건의 배후에 일본이 있다는 것을 재삼 확인시켜주는 것이다.

3) 독도폭격사건에 대한 한국(과도)정부의 대응

1948년 6월 8일에 일어난 1차 독도폭격사건 당시는 민정장관 안재홍이 이끄는 '남조선과도정부'가 통치하던 시기로 공식적인 한국정부가 수립되기 전이었다. 때문에 한국정부가 공식적인 항의나 대응을 하기에는 한계가 따를 수밖에 없었다. 그럼에도 불구하고 과도정부는 미군에 의한 독도폭격사건을 적극적으로 항의하고 책임규명과 재발방지를 위한 노력을 기울였다.

---

73) 『독도 1947』, pp. 236-237.

1948년 8월 15일 대한민국 정부 수립 후에도 이러한 노력은 이어져 1950년 4월 25일 미국 제5공군에 독도폭격사건을 조회하여 항의하였다. 미국 제5공군으로부터 같은 해 5월 4일자로 "당시 독도와 그 근방에 출어가 금지된 사실이 없었으며, 또 독도는 극동공군의 연습 목표가 되어 있지 않았다"는 요지의 회답을 받았다. 그 후 한국전쟁 기간에 독도가 미·일합동위원회에 의하여 미국 공군의 연습기지로 선정되었다는 정보가 한국에 입수되었다. 대한민국 정부는 이를 미국 공군에 항의했는데, 미국 공군사령부는 1953년 2월 27일자로 독도'는 미국 공군을 위한 연습기지에서 제외되었다는 공식 회답을 대한민국 정부에 보내어 왔다.

이러한 사실들은 대한민국 정부가 수립된 1948년 8월 15일 이후 '독도'에 대하여 주권을 행사해서 미국 공군사령부와 항의 문서를 교환했으며, 미국 공군사령부도 '독도'를 한국영토로 인정하여 이에 회답하고 승복했음을 잘 나타내는 것이다.[74]

1948년 1차 독도폭격사건에 이어서 1952년 2차 독도폭격사건에서도 대한민국 정부의 독도영유권에 대한 인식과 대응은 확고하게 나타나고 있음을 알 수 있다. 일본의 독도폭격 연습지 지정과 관련하여, 일본은 미일행정협정에 의하여 독도를 폭격연습지로 지정하고 해제하였으므로 일본영토라고 주장하였다. 그러나 한국은 일본이 1953년 3월 19일 미일합동위원회 소위원회에서 지정해제를 결의하기 전에 이미 1952년 11월 10일 주한미국대사관에 폭격재발방지를 요청하였고, 같은 해 12월 4일 답장까지 받았다. 이러한 사실은 독도폭격연습지가 일본의 요청에 의해 해제되었다기보다는 한국의 요청에 의해 해제된 것을 알 수 있다. 한국은 1952년 1월 평화선 선언으로 독도에 대한 영유권을 대내외에 공표하였다. 또한 한국전쟁 중임에도 불구하고, 1952년 9월 울릉·독도학술조사단(단장 홍종인)을 파견하고, 한국의 영토인 독도에 대한

---

74) 신용하, 『독도영유의 진실이해』, 서울대학교 출판문화원, 2012. p. 277.

폭격 재발 방지 약속을 요구하는 등 적극적인 독도정책을 추진하였다. 그러한 결과, 미국은 러스크 서한 등으로 일시적으로 취하였던 일본에 편향된 태도를 바꾸어, 1952년 12월 독도를 더 이상 미군의 폭격연습구역으로 사용하지 않을 것임을 통보하는 한편, 독도문제에 개입하지 않겠다는 입장을 취하게 되었다.[75]

4. 맺음말

1948년 독도폭격사건은 한국인들에게 중요한 교훈과 계기를 제공했다. 이 폭격사건으로 말미암아 독도가 한국령 이라는 국민적 공감대와 국내외적 확인 작업이 이루어진 것이다. 언론의 보도는 피해 어민들이 강원도 울진 · 묵호, 울릉도 어민들로 모두 한국인들이며, 이들이 조업하던 독도 역시 한국령 이라는 것을 전제로 하고 있었다. 또한 미군정 역시 사건이 발생한 독도에 "군의를 포함한 조사 및 구호반"을 파견했다. 즉, 독도의 관할권이 미군정에 있음을 보여주는 것이었다. 또한 『뉴욕타임스』는 "해안 주민들이 생계를 획득하기 위해 수세기 전부터 그들의 조상 대대로부터의 어장에 출어"했다가 사고를 당한 것이라며 독도가 한국의 어장임을 확인했다.

나아가 독도 사건의 유가족들에게 보내는 의연금 · 성금이 전국에서 답지했다. 수산협회, 중학생 등은 독도사건 유족들에게 성금과 위문품 등을 전달했다. 이는 수해 · 화재 의연금처럼 국토 내의 불행에 대한 국민적 관심과 위로의 표현이었다.

이러한 인식과 조치들은 모두 사건발생지인 독도가 한국 영토라는 분명한 증거였다. 또한 이 사건의 조사와 처리에 일본정부나 연합군최고사령부

---

75) 홍성근, 「평화선 선언과 독도 폭격 연습지 지정에 대한 법 · 정책적 이해」, 『독도연구』18호, 영남대 독도연구소, 2015.6. pp. 189-190.

(SCAP)은 전혀 개입하지 않았으며 일본 언론에 보도되지도 않았다. 때문에 독도폭격사건을 계기로 모든 한국인들은 독도가 명백히 한국의 영토이며, 불행한 사건이 발생한 울릉도의 부속도서로 관심을 기울여야 한다는 공감대를 형성했다.[76]

1948년 독도폭격사건은 울릉도·독도를 생업터전으로 삼고 있는 어민들에게 엄청난 상처와 고통을 안겨준 사건이었다. 희생자가 없었던 2차 폭격사건과는 달리 1948년 1차 폭격사건은 많은 사상자가 발생하였기에 범국민적 아픔과 공분을 일으킨 사건이었다. 그렇지만 이 사건은 우리정부와 국민이 독도영유권 수호에 대한 의지를 더욱더 확고히 하는 계기가 되었다. 또한 울릉도·독도 조사단의 파견과 이승만 평화선의 선포 등으로 이어진 대한민국 정부의 적극적인 행동은 독도 수호에 대한 한국정부의 단호한 대처였다고 볼 수 있다.

---

76) 『독도 1947』, p. 244.

참고문헌

국사편찬위원회 편, 『독도자료 : 미국편 I ~ Ⅲ』, 국사편찬위원회, 2008.

김동조, 『냉전시대의 우리 외교』, 문화일보, 2000.

김명기 편저, 『독도특수연구』, 독도조사연구학회, 법서출판사, 2001.

김응학, 「증언을 통해 본 1948년 독도폭격사건」, 『독도논총』 제6권 제1호, 2012.6, pp.65-116.

김태우, 「1948년 미 공군에 의한 독도 폭격의 전개양상과 군사정책적 배경」, 『동북아역사논총』32호, 동북아역사재단, 2011.6, pp. 375-411.

박진희, 「독도 영유권과 한국·일본·미국」, 『독도자료 : 미국편 I ~ Ⅲ』, 국사편찬위원회, 2008, pp. 1-18.

신용하, 『독도영유의 진실 이해』, 서울대학교 출판문화원, 2012.

윤한곤, 「미군의 독도폭격과 독도영유권」, 『독도특수연구』, 법서출판사, 2001.

이종학, 「독도박물관 보도자료」, 2001.12.20.

정병준, 『독도 1947 : 전후 독도문제와 한.미.일 관계』, 돌베개, 2010.

조성훈, 「1954년 밴 플리트 사절단보고서와 미국의 독도인식」, 『동양학』 제46집, 단국대학교 동양학연구원, 2009.8, pp. 199-218.

조춘정, 「독도폭격사건의 진상」, 『민성』 제4권 제7-8호, 1948. 8, pp. 32-34.

홍성근, 「다시 쓰는 독도폭격사건」, 『외대』 제46호, 2000.7.20, pp. 120-127.

─────,「독도폭격사건의 국제법적 쟁점 분석」,『독도 연구총서』10, 독도
　　　　연구보전협회, 2003.

─────,「평화선 선언과 독도 폭격 연습지 지정에 대한 법·정책적 이해」,
　　　　『독도연구』18호, 영남대 독도연구소, 2015.6.

한규호,「참극의 독도(현지레포-트)」,『신천지』7월호(통권27호), 1948.

Lovmo, M. S., "Further Investigation into The June 8, 1948 Bombing
　　　　of Tokdo Island", International Journal of Korean
　　　　Histoy, vol.4, Aug. 2003.

이예균·김성호,『일본은 죽어도 모르는 독도 이야기 88』, 예나루, 2005.

뉴스메이커 편집부,「포커스: 독도폭격 미공군 93폭격대대가 했다」,『뉴스
　　　　메이커』630호, 경향신문, 2005.

《대구일보》2015.02.06.

《조선일보》1948.06.11./1948.07.08

《동아일보》1948.06.12

《경향신문》1948.06.12

《수산경제신문》1948.07.08

〈편역자 소개〉

■ **최재목**
- 영남대 독도연구소장
- 저서: 『독도영유권 확립을 위한 연구11』(2019, 공저)
- 논문: 「독도 관련 고지도의 현황과 특징 분석」(2020, 공저)
  　　 「울릉도·독도 국가지질공원의 역사적 유래와 보존활용 방안」(2021)

■ **이태우**
- 영남대 독도연구소 연구교수
- 저서: 『울릉도·독도로 건너간 거문도 초도 사람들』(2019, 공저)
- 논문: 「1696년 안용복 뇌헌 일행의 도일과 의승수군에 관한 해석학적 연구」(2020)
  　　 「거문도 초도 사람들의 울릉도 독도 도항과 영속적 경영」(2021)

■ **김은령**
- 영남대 독도연구소 연구원
- 저서: 『시로 만나는 독도』(2019, 공편)
- 논문: 「독도에 대한 문학적 관심과 그 실태」(2020)